GUIDE

DES

JUGES DE PAIX

PARIS. — IMPRIMERIE DE E. DONNAUD,
RUE CASSETTE, 9.

GUIDE

DES

JUGES DE PAIX

DANS L'ORDRE ALPHABÉTIQUE DES MATIÈRES

DIVISÉ EN TROIS PARTIES :

PREMIÈRE PARTIE. — MATIÈRES CIVILES.

COMPÉTENCE JUDICIAIRE, ATTRIBUTIONS EXTRAJUDICIAIRES ET ADMINISTRATIVES.

DEUXIÈME PARTIE. — MATIÈRE DE SIMPLE POLICE.

COMPÉTENCE ET ATTRIBUTIONS.

TROISIÈME PARTIE. — MATIÈRES CRIMINELLES.

INSTRUCTION SUR FLAGRANT DÉLIT ET SUR COMMISSION ROGATOIRE.

PAR

P. H. POUGNARD

Juge de paix du canton de la Tremblade, ancien président de la Chambre des Notaires de Marennes.

PARIS

A L'ADMINISTRATION DU JOURNAL DES NOTAIRES ET DES AVOCATS

RUE DES SAINTS-PÈRES, 52

1865

INTRODUCTION.

Il faut, disait M. Thouret à l'Assemblée nationale constituante, en lui présentant la loi de 1790, institutive des justices de paix, « il faut que tout homme de bien, pour » peu qu'il ait d'expérience et d'usage, puisse être juge de » paix..., la compétence de cette magistrature devant être » bornée aux choses de convention très-simples et de la plus » petite valeur et aux choses de fait qui ne peuvent être » jugées que par l'homme des champs. »

Mais cette théorie, fruit d'une illusion bientôt détruite, « née de l'enthousiasme des premiers jours de notre glo» rieuse révolution, de l'espérance que la France, régénérée, » allait revenir à la simplicité des premiers âges », n'a pas été acceptée par le législateur.

En effet, la loi du 16-24 août 1790 n'a pas réduit la compétence des juges de paix *aux choses de convention très-simples, à celles de fait qui ne peuvent être jugées que par l'homme des champs;* elle a classé dans cette compétence, avec des limites de *quantum,* des matières attribuées aux tribunaux supérieurs au delà de ces limites et soumises, pour toutes les juridictions, au droit commun;

Et, depuis, le législateur a donné à la compétence des juges de paix une grande extension; en matière civile, le Code de procédure, la loi de compétence de 1838 et de nombreuses lois spéciales ont élevé la limite du quantum et même étendu, sans limite, la compétence à un grand nombre d'actions mixtes; de telle sorte qu'aujourd'hui ces magistrats connaissent de presque toutes les questions de droit civil;

Juges de simple police, ils appliquent nos lois pénales : Code d'instruction criminelle, Code rural, Code pénal, Code forestier, lois spéciales, règlements anciens, etc.;

Officiers de police judiciaires et auxiliaires du procureur impérial, ils remplacent ce magistrat et le juge d'instruction et doivent se livrer à l'instruction criminelle;

Suppléant dans plusieurs cas, les présidents des tribunaux de commerce, ils doivent appliquer certaines parties du droit consulaire ;

Ils sont en outre chargés de nombreuses attributions extra-judiciaires et administratives.

On ne peut assurément pas admettre qu'il suffise d'être homme de bien pour remplir une aussi vaste mission.

Sans doute, les juges de paix doivent être des hommes d'une conscience pure, mais cela ne suffit pas ; sans doute encore il faut que ces magistrats aient de l'expérience et de l'usage pour apprécier les questions de fait, mais cela ne suffit pas non plus ; l'homme le plus honnête ayant *un peu d'expérience et d'usage* ferait un fort mauvais juge de paix s'il ignorait la science du droit, car cette judicature touche à tout ; tous nos codes, un grand nombre de lois spéciales, de décrets, d'ordonnances, de règlements, de décisions ministérielles qu'ils sont chargés d'appliquer, ne peuvent pas être pour eux une lettre morte et doivent leur être familiers, ou tout au moins ces magistrats doivent-ils savoir qu'ils existent et où les trouver «disséminés et perdus qu'ils sont dans le chaos que présente le Bulletin des lois». (G. Chaix-d'Est-Ange).

Dans toute affaire, abstraction faite des incidents, qui souvent présentent de sérieuses difficultés, le juge doit examiner et résoudre au moins deux questions : 1° la question de compétence ou d'attribution, qui domine, car, en tout et toujours, il faut respecter le grand principe de la division des pouvoirs, 2° et celle du fond.

Devant les tribunaux supérieurs, le litige et toutes les questions qu'il soulève sont mis en lumière par une procédure écrite, par les plaidoiries, par les conclusions du ministère public et par le délibéré des magistrats chargés de les résoudre ; il n'en est pas ainsi devant le juge de paix ; isolé sur son siége, abandonné à ses propres lumières, ce magistrat doit instantanément trouver la règle de la solution qui lui est demandée, ou que, dans certains cas, il doit proclamer d'office.

Où puisera-t-il cette règle, sinon dans la loi ? Il lui faut donc voir la loi ; où la trouvera-t-il dans le chaos du Bulletin des lois ?

Cette question est la première qui s'est présentée à mon esprit en prenant possession du siége que j'ai l'honneur d'occuper, et cependant j'avais alors l'expérience et l'usage que peuvent donner 39 années passées dans l'exercice du notariat.

Pour la résoudre, je me suis entouré d'un grand nombre

de bons ouvrages sur les justices de paix ; j'y ai trouvé de nombreux enseignements utiles et j'en remercie leurs auteurs ; mais mon but n'a pas été rempli ; bien des questions se sont produites sur lesquelles ces ouvrages sont muets ; il m'a fallu chercher ailleurs ; j'ai fouillé le Bulletin des lois, le recueil des lois antérieures non abrogées et celui des instructions ministérielles ; j'ai consulté la doctrine des auteurs et la jurisprudence ; j'ai recueilli des notes sur toutes les matières qui intéressent la justice de paix ; j'ai classé ces notes en les divisant en trois parties : 1° matières civiles ; compétence judiciaire et attributions extrajudiciaires et administratives ; 2° matières de simple police ; compétence et attributions ; 3° matières criminelles ; informations sur flagrant délit et sur commission rogatoire.

J'ai adopté l'ordre alphabétique des matières pour accélérer les recherches et faire instantanément trouver pour chaque matière la loi qui fixe la compétence et ses limites, celle qui régit la question du fond et aussi celle qui s'applique à l'attribution extrajudiciaire, comme à l'administration des juges de paix.

Toutes les fois qu'il y a compétence judiciaire, un tableau synoptique, placé à la droite du texte, indique les limites de cette compétence et l'article de la loi générale du 25 mai 1838 qui la régit ; le texte cite les articles des codes et des lois spéciales, décrets, ordonnances, etc., applicables à la matière et à la solution du fond.

Je cite aussi les auteurs et les arrêts comme documents à consulter et non pour professer leurs solutions; « les auteurs » se modifient et les arrêts, quelque respectables qu'ils » soient; ne sauraient, jusqu'à ce que le sens d'une loi ait » été fixé par le mode voulu, déterminer les tribunaux à » appliquer cette loi dans un sens qu'ils ne croient pas exact; » la jurisprudence varie et la Cour suprême, toujours disposée à rendre hommage aux principes, revient volontiers » sur celles de ses décisions qu'elle croit erronées. »

Les greffiers des justices de paix ont des attributions importantes, délicates, nombreuses et variées; ils exercent leurs fonctions, tantôt sous la dictée, sous la direction et sous l'autorité des juges de paix, tantôt hors la présence de ces magistrats, mais toujours sous leur surveillance; ils n'ont point de loi organique; les lois, ordonnances, décrets, etc., qui les régissent, épars dans le Bulletin des lois, intéressent autant le juge de paix que le greffier; à ce titre je les ai recueillis et codifiés.

Telle est la première partie de mon Guide; telles seront la deuxième et la troisième, s'il plaît à Dieu que je les termine.

Cette première partie a été faite pour mon usage personnel; elle n'était point destinée à la publicité; des magistrats supérieurs qui m'ont fait l'honneur de la lire, m'engagent à la publier; je m'incline devant leurs conseils.

POUGNARD.

ABRÉVIATIONS

Cass.	— Arrêt de la Cour de cassation.	C. p.	— Code pénal.
C. N.	— Code Napoléon.	C. f.	— Code forestier.
C. pr.	— Code de procédure.	Décr.	— Décret.
C. c.	— Code de commerce.	L.	— Loi.
C. i.	— Code d'instruction criminelle.	Ord.	— Ordonnance.
		V.	— Voyez le mot, ou les mots....

AVIS ESSENTIEL

Le tableau en trois colonnes placé à la droite du texte est destiné à indiquer, sans recherches, en ouvrant la page, les limites de la compétence judiciaire et l'action de la loi de compétence générale du 25 mai 1838.

Ces colonnes font connaître :

La première, les limites de la compétence en dernier ressort;

La deuxième, celles de la compétence en premier ressort;

La troisième, l'article à appliquer de la loi de 1838.

Des guillemets placés dans ces colonnes indiquent :

Pour les deux premières, qu'il n'y a pas de compétence judiciaire dans le ressort auquel correspond la colonne (dernier ou premier), ou bien que la compétence est indiquée vis-à-vis un autre paragraphe du même mot;

Pour la troisième, que la matière, étrangère à la loi de 1838, est régie par une autre loi visée au texte.

GUIDE

DES

JUGES DE PAIX

PREMIÈRE PARTIE.

MATIÈRES CIVILES.

COMPÉTENCE JUDICIAIRE, ATTRIBUTIONS EXTRAJUDICIAIRES ET ADMINISTRATION.

Abornement. — V. *Bornage.*

Abreuvoir. — V. *Source.*

Abréviation de délai. — V. *Cédule; Citation.*

Absence. — L'absence du défendeur, connue du juge de paix, autorise la prorogation du délai d'opposition (C. pr., 21), et, dans le cas où la prorogation n'aurait pas été accordée, le défaillant peut être relevé de la rigueur du délai et admis à opposition, en justifiant qu'à raison d'absence ou de maladie grave, il n'a pu être instruit de la procédure (*ibid.*). — Si la cause invoquée n'est pas justifiée par écrit, le juge de paix peut et doit ordonner une enquête (Cass., 2 janvier 1828; O. Bourbeau, Procéd. civile, nº 497).

Les envoyés en possession provisoire des biens d'un absent (C. N., 134), l'administrateur chargé de pourvoir à l'administration du tout ou partie des biens laissés par une personne présumée absente, et qui n'a point de procureur fondé (C. N., 112), les envoyés en possession définitive, qui sont de véritables propriétaires sous condition résolutoire (C. N., 129), et l'époux qui, au cas d'absence de son conjoint, conserve l'administration des biens de celui-ci, en optant pour la continuation de la communauté (C. N., 124), ont qualité pour agir au possessoire ou défendre à l'action intentée (O. Bourbeau, nº 393).

Sur la réquisition du procureur impérial, le juge de paix assiste à l'inventaire du mobilier et des titres de l'absent, fait, après déclaration d'absence, à la requête de ceux qui ont obtenu l'envoi en possession provisoire, ou de l'époux qui a opté pour la continuation de la communauté (C. N., 126).

Six mois après la disparition du père, si la mère était décédée lors de cette disparition, ou si elle vient à décéder avant que l'absence du père ait été déclarée, la surveillance des enfants sera déférée, par le conseil de famille, aux ascendants les plus proches, et, à leur défaut, à un tuteur provisoire (C. N., 142, 143).

V. *Caisse des retraites pour la vieillesse.*

Absent (héritier). — V. *Conseil de famille*, § 3, III, au titre *Militaire absent.* V. aussi *Scellé*, tit. 2, § 2, n° 3.

Abstention. — V. *Déport.*

Accessoires. — Lorsqu'à la demande d'un capital se joignent des demandes secondaires ou accessoires, il faut, pour apprécier la compétence, se rendre compte de l'importance qui s'attache à ces éléments du procès au point de vue de la valeur de la demande.

Ces demandes secondaires ou accessoires peuvent avoir pour objet, notamment des intérêts, arrérages ou restitutions de fruits, des dommages-intérêts, des dépens.

Un principe domine l'application à faire dans les cas indiqués, celui-ci : « Une valeur *principale* est celle qui résulte d'un droit » préexistant, de sorte que la demande judiciaire est la manifes- » tation de ce droit, mais non pas sa cause ; les obligations *acces-* » *soires* sont celles que la demande prétend imposer au défendeur ; » elles sont ainsi qualifiées parce qu'elles ne peuvent exister in- » dépendamment de l'instance ou du quasi-contrat qui les a pro- » duites.

» Les intérêts conventionnels et ceux qui courent de plein droit, » comme dans les cas des art. 1378 et 2001 C. N., compris dans » la demande comme exigibles, et ceux qui sont demandés comme » réparation d'un préjudice antérieur à l'instance, doivent être » ajoutés au capital comme éléments de la demande principale.

» Au contraire, les intérêts non exigibles réclamés comme » conséquence de la mise en demeure, constituent un accessoire » et ne doivent pas être cumulés au principal pour déterminer la » compétence.

» La même règle s'applique aux dommages-intérêts ; s'ils s'ap- » puient sur un fait antérieur à la demande, ils doivent être » comptés pour déterminer la compétence ; il n'en serait pas de » même s'ils résultaient de faits postérieurs à l'instance ; par » exemple, s'ils étaient demandés comme réparation d'imputa-

» tions outrageantes que la défense aurait témérairement hasar-
» dées.

» La même règle s'applique aussi aux dépens. » (O. Bourbeau, n 78).

Acte administratif. — V. *Bac ; Bail administratif ; Sursis.*

Acte de commerce. — Les actions entre commerçants ayant pour objet un trafic, un fait ou un acte de commerce, échappent à la compétence des juges de paix (C. c., 631 et s.).

Celles qui s'appuient sur un contrat dans lequel l'une des parties seulement a fait acte de commerce, alors que l'autre partie souscrivait un engagement purement civil (par exemple, un cultivateur vendant sa récolte), n'appartiennent pas exclusivement à la compétence exceptionnelle des tribunaux consulaires (C. c., 636 ; ord. de 1673, art. 10 ; Cass., 12 déc., 1836, 6 nov., 1848 et 22 fév. 1859).

Sont réputés actes de commerce :

Tout achat de denrées et marchandises pour les revendre, soit en nature, soit après les avoir travaillées et mises en œuvre, ou même pour en louer simplement l'usage (C. c., 632) ;

Toute entreprise de manufactures, de commission, de transport par terre ou par eau (*ibid.*) ;

Toute entreprise de fournitures, d'agences, bureaux d'affaires, établissements de ventes à l'encan, de spectacles publics (*ibid.*) ;

Toute opération de change, banque et courtage (*ibid.*) ;

Toutes les opérations des banques publiques (*ibid.*) ;

Toutes obligations entre négociants, marchands et banquiers (*ibid.*) ;

Entre toutes personnes, les lettres de change, ou remises d'argent faites de place en place (*ibid.*), sauf les exceptions écrites dans les art. 636 et 638 C. c.

La loi répute pareillement actes de commerce :

Toute entreprise de construction, et tous achats, ventes et reventes de bâtiments pour la navigation intérieure et extérieure (C. c., 633) ;

Toutes expéditions maritimes (*ibid.*) ;

Tout achat ou vente d'agrès, apparaux et avitaillements (*ibid.*);

Tout affrétement ou nolissement, emprunt ou prêt à la grosse (*ibid.*);

Toutes assurances et autres contrats concernant le commerce de mer (*ibid.*);

Tous accords et conventions pour salaires et loyers d'équipages (*ibid.*);

Tous engagements de gens de mer, pour le service de bâtiments du commerce (*ibid.*)

Les juges de paix ne connaissent pas :

Des actions contre les facteurs, commis des marchands ou leurs serviteurs, pour le fait seulement du trafic du marchand auquel ils sont attachés (C. c., 634) ;

Des billets faits par les receveurs, payeurs, percepteurs ou autres comptables de deniers publics (*ibid.*) ;

De tout ce qui concerne les faillites (C. c., 635).

V. *Incompétence* ratione materiæ ; *Avarie et perte d'effets.*

Acte de l'état civil. — V. *Conseil de famille*, § 3, III, au sous-titre : *Acte de l'état civil ;* — *Greffier*, § 4, VIII ; — *Légalisation.*

Acte de notoriété. — V. *Notoriété.*

Acte notarié. — V. *Légalisation.*

Action mixte. — L'action est mixte lorsqu'elle s'exerce tout à la fois et contre la personne obligée (V. *Action personnelle*), et contre le possesseur (V. *Action réelle*), parce qu'alors elle sert à réclamer et l'accomplissement d'une obligation personnelle, et la restitution d'une chose (*Dictionnaire du Notoriat*, 4e édition, au mot *Action*, n° 3).

V. *Demandes réunies.*

Action mobilière. — Cette action a pour but de faire obtenir une chose certaine, déterminée que la loi répute meuble (C. N., 520, 521, 522, 527 et s.). — Elle doit être portée devant le juge de paix du domicile ou, à défaut de domicile connu, de la résidence du défendeur (C. pr., 2), excepté lorsqu'elle est formée entre commerçants et prend son origine dans un trafic, un fait ou un acte de commerce.	100 fr.	200 fr.	1er.

V. *Acte de commerce.*

Action personnelle. — Cette action se produit quand nous soutenons que la personne contre laquelle nous agissons est obligée envers nous, de son chef, ou comme héritière d'une autre personne qui était notre obligée (C. N., 1134 et s., 873), en vertu d'un contrat (C. N., 1101), ou de l'autorité	100 fr.	200 fr.	1er.

de la loi, ou d'un fait personnel (C. N., 1370), c'est-à-dire d'un quasi-contrat (C. N., 1371 et s.), d'un délit ou d'un quasi-délit (C. N., 1382 et suiv.). — Elle doit être portée devant le juge de paix du domicile ou, à défaut de domicile connu, de la résidence du défendeur (C. pr., 2).	100 fr.	200 fr.	1er.

V. *Preuve testimoniale; Reliquat; Réserves.*

Le juge de paix n'est pas compétent si la demande, formée entre commerçants, s'appuie sur un fait de commerce (V. *Acte de commerce*), ou si elle est dirigée par l'administration publique ou contre elle, pour l'exécution ou l'interprétation de ses actes. V. *Bac; Bail administratif; Sursis; Officiers ministériels.*

Action pétitoire. — V. *Action réelle.*

Action possessoire. — L'action possessoire est celle que la loi accorde au possesseur d'un immeuble ou de certains droits réels (C. N., 517 et s.), à l'effet d'être maintenu dans sa possession lorsqu'il y est troublé, ou d'y être rétabli lorsqu'il en a été dépossédé.

Elle doit s'appuyer sur une possession utile (C. N., 2228 et s.), et annale (C. pr., 23).

Elle est ouverte toutes les fois que l'on est troublé dans sa possession, quand même le trouble ne cause pas un préjudice actuel (Cass., 2 déc. 1829) ; il suffit que le trouble annonce l'intention d'acquérir la possession ou de la rendre équivoque dans la personne du demandeur (Sirey, notes 176 et s., sur l'art. 23 C. pr.)

L'action possessoire est recevable de la part du propriétaire qui se plaint d'un trouble apporté, par l'exécution de travaux publics, aux fondations mêmes de sa maison, que lesdits travaux attaquent de manière à compromettre la solidité du bâtiment. La circonstance que la partie atteinte par les travaux est un empâtement qui s'avance de quelques centimètres sur le mur lui-même au-dessous de la voie publique ne fait pas obstacle à l'exercice de l'action possessoire. — Mais le juge du possessoire excéderait ses pou-	»	»	L. 28 pl. an 8, art. .

voirs si, ne se bornant pas à arrêter les entreprises contre la propriété riveraine, il va jusqu'à ordonner la destruction des travaux publics exécutés sur la voie publique elle-même au-devant de la propriété dont il s'agit. (Cass., 8 nov. 1864.)	»	»	L. 28 pl. an 8, art. 4.

Elle ne peut être intentée pour la conservation des meubles corporels ou des droits mobiliers incorporels (Cass., 1er février 1864).

L'action possessoire est un acte d'administration ; elle appartient au possesseur qui a capacité pour administrer, et, lorsque cette capacité lui manque, à la personne qui a pouvoir d'administrer pour lui (Curasson, sur l'art. 6 de la loi de 1838, sect. 2, § 3, n° 23 ; O. Bourbeau, n° 392 et s.) V. *Absence*.

Le préfet, au nom du département (L. 10 mai 1838, art. 37), et le maire, au nom de la commune (L. 18 juillet 1837, art. 55), peuvent former l'action possessoire et y défendre sans autorisation préalable. Cependant la Cour suprême a décidé (28 décembre 1863) que le maire a besoin de l'autorisation du conseil municipal, laquelle ne peut pas être suppléée par celle du préfet.

Le possesseur annal, troublé par la prise de possession de l'adjudicataire d'un immeuble vendu sur expropriation, a le droit d'intenter l'action possessoire (Cass., 7 février 1849), car cet adjudicataire n'a acquis que les droits du débiteur exproprié et non ceux du tiers possesseur. (O. Bourbeau, n° 343).

Toutes les actions possessoires, fondées sur des faits commis dans l'année doivent être portées devant le juge de paix de la situation des lieux litigieux (C. pr., 3, n° 2), ou devant celui de l'exécution des travaux (Cass., 25 juin 1844).	»	toujours.	6, n° 1er.

Le juge du possessoire devant lequel sont portées des contestations entre deux voisins, impliquant, de part et d'autre, des prétentions à la propriété et à la possession, peut, si les possessions alléguées ne sont ni prouvées, ni même soutenues par l'articulation d'aucun fait précis, renvoyer purement et simplement les parties à se pourvoir au pétitoire (Cass., 2 déc. 1862).

Le demandeur au pétitoire n'est plus recevable à former l'action au possessoire (C. pr., 26), à moins qu'il ne s'agisse d'un fait de trouble postérieur à l'action au pétitoire (Cass., 6 août 1863).

V. *Complainte; Cours d'eau; Dénonciation de nouvel œuvre; Lais et relais de la mer Récréance; Réintégrande; Rivage maritime; Servitudes; Source; Titre.*

Action réelle. — L'action est réelle quand on réclame l'attribution d'un droit ou d'une chose indépendamment de toute considération de la personne contre laquelle elle est dirigée, de telle sorte que celle-ci n'étant tenue qu'en sa qualité de détentrice, si elle cesse de posséder avant d'être actionnée, l'action suit la chose entre les mains du nouveau débiteur (*Dictionnaire des Justices de Paix*, au mot *Action*, nº 12).

Elle a pour objet la propriété ou la possession d'une chose corporelle ou incorporelle (Curasson, 1re partie, sect. 1re), ou bien d'un immeuble; dans le cas où il s'agit de la propriété, c'est l'action pétitoire qui n'appartient pas au juge de paix; s'il s'agit de la possession, c'est l'action possessoire, dont le juge de paix connaît V. *Action mobilière; Action possessoire; Incompétence ratione materiæ.*

V. aussi : *Arbres et haies vives; Bornage; Canaux et fossés; Cours d'eau; Drainage*, mots sous lesquels sont indiquées des actions relatives aux immeubles, qui, sans se rattacher essentiellement aux actions possessoires, s'en rapprochent beaucoup.

Adoption. — L'acte des consentements respectifs de l'adoptant et de l'adopté est passé devant le Juge de Paix du domicile de l'adoptant (C. N., 353).

Affiche de jugement. — Lorsque, sur une demande en réparation civile, pour injure ou diffamation (V. ces mots), le demandeur conclut à l'affiche du jugement en même temps qu'à des dommages-intérêts n'excédant pas 100 fr., les conclusions relatives à l'affiche rendent la demande indéterminée (Cass., 14 janvier 1845; O. Bourbeau, nº 216).	»	illimité.	5, nº 5.

V. *Demande indéterminée.*

Affirmation. — Les affirmations civiles de la compétence judiciaire ou dans les attributions extra judiciaires des Juges de Paix sont, notamment :

1º Celle du maître pour la quotité des gages de ses domestiques et ouvriers, pour le payement du salaire de l'année échue et pour les à-compte donnés pour l'année courante (C. N., 1781); — dans la pratique, l'apprenti qui, pendant une période de l'apprentissage, reçoit un salaire réduit, est assimilé à l'ouvrier;

2° Celle des tiers saisis (C. pr., 571);

3° Lorsque l'action principale est de la compétence du Juge de Paix, celle faite par le souscripteur d'une lettre de change ou d'un billet à ordre dont la prescription est invoquée, qu'il n'est plus redevable, et celle faite par la veuve, les héritiers ou ayants-cause du souscripteur, qu'ils estiment de bonne foi qu'il n'est plus rien dû (C. c., 189);

4° L'affirmation des débiteurs qui invoquent la prescription de six mois ou d'une année (C. c., 2271, 2272, 2275);

5° Celles relatives à la navigation. V. *Francisation; Naufrage; Navire*. — V. aussi *Serment*.

D'autres affirmations sont faites devant le Juge de Paix; elles se rattachent à la justice criminelle et sont réservées pour le mot *affirmation* de la deuxième partie de ce Guide.

Aliénés. — Le Juge de Paix a mission de visiter les établissements d'aliénés de son canton, de recevoir des personnes qui y sont placées les réclamations qu'elles veulent faire, et de prendre à leur égard tous les renseignements propres à faire connaître leur position (L. 30 juin-6 juillet 1838, art. 4 et 12).

V. *Conseil de famille*, § 3, III, au sous-titre: *Aliéné placé*, etc.; *Interdit*.

Aliments. — V. *Pension alimentaire*.

Alliés. — V. *Enquêtes*.

Amas de sel et matières corrosives. — V. *Distances prescrites*.

Amendes. — Les amendes prononcées par la loi en matières fiscales, notamment pour contraventions aux lois de douanes, sont considérées comme des réparations civiles; c'est à ce titre que le Juge de Paix, saisi comme juge civil, peut les appliquer. V. *Douanes*.

Le Juge de Paix est compétent pour prononcer en audience civile,

1° Les amendes encourues par les huissiers, pour avoir assisté les parties comme conseil ou les avoir représentées comme mandataire, hors les cas de parenté (C. pr., 86). .	50 fr.	»	18

2° Et celles encourues par toute personne pour délit d'audience (C. pr., 10; C. i., 505; O. Bourbeau, n° 464).	10 fr.	»	»

V. *Audience; Exécution provisoire.*

Anticipation. — V. *Action possessoire.*

Appel. — En général, l'appel n'est recevable que pour les jugements qui ne peuvent être rendus qu'en premier ressort, ce qu'indique pour chaque matière la deuxième colonne du tableau qui accompagne le texte.

La qualification donnée à un jugement n'est d'aucune influence relativement aux limites de la compétence;

En conséquence sont sujets à appel tous les jugements qualifiés en dernier ressort, s'ils ont statué, soit sur des questions de compétence, soit sur des matières dont le juge de paix ne pouvait connaître qu'en premier ressort.	»	»	14, § 2.
Et les jugements mal à propos qualifiés en premier ressort, ou qui, étant en dernier ressort, n'ont pas été qualifiés, ne sont pas soumis à l'appel.	»	»	14, § 1er.
L'appel des jugements rendus par les juges de paix n'est recevable ni avant les trois jours qui ont suivi celui de la prononciation du jugement, à moins qu'il n'y ait lieu à exécution provisoire, ni après les trente jours qui ont suivi la signification, à l'égard des personnes qui sont domiciliées dans le canton.	»	»	13.
Ce délai est augmenté, savoir : Pour les personnes domiciliées en France, d'un jour par cinq myriamètres de distance (C. pr., 1033); Pour celles qui demeurent en Algérie, dans les îles Britanniques, en Italie, dans le royaume des Pays-Bas et dans les états ou confédérations limitrophes de la France, d'un mois (C. pr., 73);	»	»	13.

Pour celles qui demeurent dans les autres États, soit de l'Europe, soit du littoral de la Méditerranée et de celui de la mer Noire, de deux mois (C. pr., 73); Pour celles qui demeurent hors d'Europe, en deçà des détroits de Malacca et de La Sonde et en deçà du cap Horn, de cinq mois (C. pr., 73); Pour celles qui demeurent au delà des détroits de Malacca et de La Sonde et au delà du cap Horn, de huit mois (C. pr., 73); Tous ces délais sont doublés pour les pays d'outre-mer en cas de guerre maritime (C. pr., 73).	»	»	13.

Le jour de la signification et celui de l'échéance ne sont pas comptés dans le délai (C. pr. 1033).

L'appel des jugements préparatoires (C. pr., 31) et de ceux pour lesquels le juge de paix s'est déclaré incompétent ne peut être formé qu'après le jugement définitif.	»	»	14, § 3.

L'appel des jugements interlocutoires est permis avant que le jugement définitif ait été rendu (C. pr., 31), et cet appel peut frapper sur le chef de la compétence (Sirey, note 263 sur la loi de 1838).

L'appel suspend l'exécution du jugement interlocutoire ou définitif qu'il frappe, si ce jugement ne prononce pas l'exécution provisoire (C. pr., 157).

V. *Exécution provisoire; Péremption d'instance.*

Apprentis. — Dans les lieux où il n'existe pas de conseils de prud'hommes, les contestations entre les apprentis et leurs maîtres au sujet de leurs engagements respectifs (L. 22 février 1851, art. 18) sont portées devant le juge de paix du domicile du défendeur (C. pr., 2).	100 fr.	illimité.	5, n° 3.

V. *Affirmation; Apprentissage; Livret; Louage d'ouvrage; Domicile.*

Apprentissage. — Les juges de paix ont qualité pour autoriser le contrat d'apprentissage des mineurs restés sans père ni mère et n'ayant pas de tuteur (L. 22 février 1851, art. 3). V. *Greffier*, § 3, II.

Arbres et haies vives.

PLANTATION.

Texte	Taux	Durée	Renvoi
Le juge de paix de la situation des lieux (argument de l'art. 59 C. pr.; Sirey, sur la loi de 1838, n° 220), connaît des contestations relatives à l'inobservation des distances prescrites pour les plantations (C. N., 671), lorsque la propriété ou les titres qui l'établissent ne sont pas contestés.	»	toujours.	6, n° 2.

V. *Usages locaux.*

ÉLAGAGE.

Texte	Taux	Durée	Renvoi
Les actions relatives à l'élagage (C. N., 672) doivent être portées devant le juge de paix de la situation de l'objet litigieux (argument du même art. 59; Sirey, *ibid.*, n° 163), lorsque les droits de propriété ou de servitude ne sont pas contestés.	100 fr.	illimité.	5, n° 1er.

L'art. 672 n'est pas applicable aux lisières des bois et forêts qui ont plus de trente ans (C. f., 150), ni aux arbres plantés, soit sur les routes impériales ou départementales (L. 12-18 mai 1825, article 1er), soit sur les chemins vicinaux (L. 21 mai 1836, art. 21).

Archevêché. — Les procès-verbaux de la prise de possession des menses épiscopales et des biens des cures sont dressés par le juge de paix du lieu (L. 6 nov. 1813, art. 7 et 46). V. *Scellé*, tit. 2, § 2, 4°.

Arrérages. — V. *Accessoires.*

Arrhes. — Les arrhes peuvent être données lors d'un marché proposé avant qu'il ait été conclu; elles peuvent l'être aussi à l'appui d'un marché après sa conclusion (Sirey, note 3 sur l'article 1590, C. N.).

Dans le premier cas, celui de l'art. 1590, c'est un contrat particulier par lequel celui qui les donne consent à les perdre s'il refuse de conclure le marché, et celui qui les reçoit à restituer le double s'il est l'auteur du refus de conclusion (Dict. du Notariat, 4e édit., au mot *Arrhes*, nos 2 et 14).

Dans le second cas, les arrhes sont un commencement d'exécution, un signe de la perfection du marché; elles obligent à l'accomplir et la somme donnée est considérée comme un à-compte sur le prix (*ibid.*, nos 6, 22 et 23).

Pour décider si les arrhes sont une faculté de repentir, premier cas, ou une preuve de la convention, deuxième cas, il faut s'attacher à l'ensemble des circonstances dans lesquelles la convention est intervenue, et examiner quel est le rapport de ces arrhes avec l'importance du marché (Dijon, 15 janvier 1845).

L'arrêt cité a décidé que si les arrhes ne sont aucunement en rapport avec l'importance de la convention, elles doivent être réputées n'avoir eu d'autre but que de constater l'existence irrévocable de la convention et non de lui attribuer un caractère conditionnel. Cette doctrine est consacrée par deux arrêts de Colmar, 15 janvier 1813, 19 juin 1814, et partagée par Pothier, *De la vente*, n° 507, Delvincourt, Maleville, Duranton, Pardessus (Dictionn. du Notariat).

Dans le doute, il vaut mieux ne voir dans les arrhes qu'une simple promesse, avec faculté de repentir (*ibid.*, nos 27 à 30).

L'ordre public n'est point intéressé dans le contrat d'arrhes; les parties peuvent l'appliquer à toute espèce de convention et en régler les effets autrement que l'art. 1590 (*ibid.*, nos 19 et s.).

Les arrhes données sur un bail fait sans écrit, dénié et non suivi de commencement d'exécution, n'autorisent pas l'admission de la preuve testimoniale (C. N., 1715).

Arrondissement. — Dans son acception générale, le mot *arrondissement* signifie une division territoriale comprise dans les attributions d'une autorité.

Les attributions de l'autorité judiciaire sont circonscrites dans deux sortes d'arrondissements, savoir :

1° L'arrondissement administratif ou communal, ancien district (décr., 22 déc. 1789, art. 2, et Const., 3 sept. 1791, tit. 2, art. 1er), aujourd'hui sous-préfecture (L. 28 pluviôse an 8, art. 8), divisé en cantons (décr. de 1789, art. 3; Const. de 1791, tit. 2, art. 1er; L. de l'an 8, art. 9, et tableau de division territoriale y annexé), dont le territoire est attribué au tribunal civil et correctionnel (décr. 16 août 1790, tit. 4, art. 1er);

2° Et l'arrondissement cantonal, subdivision de l'ancien district, sous-préfecture, et dont le territoire est soumis à la juridiction des juges de paix (décr. de 1789, art. 9; L. 8 pluviôse an 9, art. 2 et 3; arrêté 9 fructidor an 9, art. 2; L. 25 ventôse an 11, art. 31; C. i., 139 et 140; C. pr., 927).

Ainsi, dans le langage de la loi, les mots *arrondissement commu-*

nal indiquent le ressort de la sous-préfecture et du tribunal civil et correctionnel, et ceux *arrondissement cantonal*, le ressort du tribunal de paix et de simple police.

Asséchement. — V. *Drainage.*

Assistance judiciaire. — V. *Greffier*, § 4, VIII et IX.

Assurance (contrat d'). — Le juge de paix est compétent pour apprécier le mérite d'un contrat d'assurance et pour interpréter les statuts d'une compagnie, lorsque la nullité de ce contrat et ladite interprétation sont opposées, à titre d'exception seulement, à la réclamation des primes échues de polices expirées, dont le montant n'excède pas le taux de sa compétence (Cass., 22 juillet 1861).

Le juge du fonds apprécie souverainement l'intention qui a présidé aux stipulations d'une police d'assurance, et la portée qui doit leur être attribuée (Cass., 8 nov. 1864).

V. *Exceptions.*

Atre. — V. *Distances prescrites.*

Aubergistes. — Les contestations entre les hôteliers, aubergistes ou logeurs et les voyageurs ou locataires en garni, pour dépenses d'hôtellerie et pour perte ou avarie d'effets déposés dans l'auberge ou dans l'hôtel (C. N., 1952, 1953, 1954, 1384, 2262 et 2271), doivent être portées devant le juge de paix du domicile du défendeur (C. pr., 2; L. 11 avril 1838, art. 1er).	100 fr.	1500 fr.	2, § 2.
Cependant, lorsqu'il s'agit d'un débiteur forain, l'aubergiste pourrait porter l'action pour dépenses devant le juge de son domicile, par la demande en validité de la saisie qu'il aurait pratiquée, avec la permission du juge, sur les effets appartenant à son débiteur (C. pr., 822).	»	»	3 et 10.

V. *Contrainte par corps; Dépôt nécessaire; Ordonnance; Saisie-gagerie.*

Audience. — Les audiences des juges de paix doivent être tenues au chef-lieu du canton (L. 29 ventôse an 9, art. 9), soit dans un local fourni et meublé par cette commune (L. 18 juillet 1837, art. 30, n° 10), soit au domicile du juge de paix, à la condition de tenir les portes ouvertes, car les audiences doivent être publiques (C. pr., 8), sauf les cas où le huis-clos est ordonné. V. *Huis-clos*.

Le juge de paix, le greffier et l'huissier de service doivent y porter le costume qui leur est prescrit par l'arrêté du 2 nivôse an 11, art. 1, 7 et 8 (Cir. m., 7 juin 1826 et 22 nov. 1830).

Les parties doivent s'expliquer avec modération et garder en tout le respect dû à la justice; si elles y manquent, le juge les y rappellera d'abord par un avertissement; en cas de récidive, elles pourront être condamnées à une amende qui n'excédera pas la somme de dix francs, avec affiches du jugement, dont le nombre n'excédera pas celui des communes du canton (C. pr., 10); un tel jugement est en dernier ressort (C. i., 505; O. Bourbeau, nº 461). V. *Amende*, 2º ; *Exécution provisoire*.

Dans le cas d'insulte ou irrévérence grave envers le juge, il en dressera procès-verbal et pourra, sans appel, condamner à un emprisonnement de trois jours au plus (C. pr., 11; C. i., 505; O. Bourbeau, nº 464).

Ceux qui assistent aux audiences doivent se tenir découverts, dans le respect et le silence (C. pr., 88).

Si à l'audience ou dans tout autre lieu où se fait publiquement une instruction judiciaire, l'un ou plusieurs des assistants donnent des signes publics soit d'approbation, soit d'improbation, ou excitent du tumulte, de quelque manière que ce soit, le juge les fera expulser ; s'ils résistent à ses ordres, ou s'ils rentrent, le juge ordonnera de les arrêter et conduire dans la maison d'arrêt : il fera mention de cet ordre dans le procès-verbal, et, sur l'exhibition qui en sera faite au gardien, les perturbateurs seront détenus pendant vingt-quatre heures (C. i., 504; Sirey, note 11 sur l'art. 505; O. Bourbeau, nº 464).

Lorsque le tumulte aura été accompagné d'injures ou voies de fait donnant lieu à l'application de peines correctionnelles ou de police, ces peines pourront être, séance tenante et immédiatement après que les faits auront été constatés, prononcées, savoir : celles de simple police, sans appel, de quelque tribunal ou juge qu'elles émanent; et celles de police correctionnelle à la charge d'appel si la condamnation a été portée par un tribunal sujet à appel ou par un juge seul (C. i., 505; Sirey, *ibid.*; O. Bourbeau, *ibid.*).

Ces peines varient :

S'il y a outrage, c'est-à-dire injure *sans imputation tendant à inculper l'honneur ou la délicatesse du magistrat*, la peine sera d'un emprisonnement de 15 jours à 2 ans et d'une amende de 100 à 4,000 fr. (L. 25 mars 1826, art. 6);

S'il y a outrage par parole *tendant à inculper l'honneur ou la délicatesse du magistrat*, l'emprisonnement sera de 2 à 5 ans (C. p., 222);

Si l'outrage a été fait par gestes ou menaces, l'emprisonnement sera d'un mois à deux ans (C. p., 223).

S'il s'agit de crime, le juge fait arrêter le délinquant, dresse procès-verbal et envoie les pièces et le prévenu devant les juges compétents (C. i., 506).

V. *Greffier*, § 2.

Autorisation administrative. — Nulle commune ou section de commune, nul contribuable, à leur défaut, ne peuvent introduire en justice une action appartenant à la commune ou l'intéressant, ni défendre sur une action introduite contre elle, sans en avoir obtenu l'autorisation du conseil de préfecture ou du conseil d'État (L. 18 juillet 1837, art. 49 et s.), à moins qu'il ne s'agisse d'une *action possessoire*. V. ce mot.

L'autorisation du conseil municipal est nécessaire pour que le maire puisse intenter une action quelconque, même une action possessoire, au nom de la commune, la dispense d'autorisation accordée pour l'action possessoire ne devant s'entendre que de l'autorisation du conseil de préfecture (L. 18 juin 1837, art. 19, n. 10; Cass., 28 déc. 1863).

Le préfet n'a pas qualité pour défendre en justice sur une action intentée contre une commune, quand le maire et le conseil municipal refusent de défendre. Peu importe que le conseil de préfecture ait été d'avis de la défense. L'avis de ce conseil ouvre à la commune la faculté d'ester en justice, mais ne lui en fait pas une obligation (Cass., 30 nov. 1863).

Autorisation maritale. — A défaut d'autorisation maritale, le juge de paix peut autoriser une femme mariée à ester en jugement, lorsque, étant défenderesse, elle a été assignée conjointement avec son mari; c'est la conséquence du principe que tout juge est compétent pour statuer sur les incidents du procès qu'il est appelé à juger (Cass., 17 août 1813, 18 août 1857, 10 février 1858; Orléans, 5 mars 1849; O. Bourbeau, n° 475).

Avarie et perte d'effets. — Le juge de paix du domicile du défendeur (C. pr., 2) connaît des actions formées pour perte ou avarie d'effets.

1° Déposés dans une auberge, un hôtel ou un logement garni (C. N., 1952, 1953, 1954; 1382 et s.; 2262, 2271; L. 11 avril 1838, art. 1er).	100 fr.	1,500 fr.	2, § 2.
2° Ou accompagnant les voyageurs dans les voitures et bateaux (C. N., 1782, 1952, 1953, 1954; 1382 et s.; C. C. 108; L. 11 avril 1838, art. 1er).	100 fr.	1,500 fr.	2, § 3.

La loi du 25 mai 1838 n'a fait qu'élever la juridiction civile des juges de paix, sans rien changer à la compétence commerciale. En conséquence, dans les cas de l'art. 2 de cette loi, quand toutes les parties sont commerçantes, et spécialement lorsqu'il s'agit de contestations entre un voyageur commerçant et une compagnie de chemin de fer pour perte d'effets, il n'a pas été attribué compétence exclusive au juge de paix du domicile du défendeur, et le voyageur peut, aux termes de l'art. 420 C. pr., assigner la compagnie devant le tribunal de commerce du lieu où les bagages devaient être remis (Cass., 4 nov. 1863).

V. *Aubergiste; Contrainte par corps; Dépôt nécessaire; Naufrage; Voituriers par terre et par eau.*

Aveu judiciaire. — L'aveu judiciaire fait pleine foi contre son auteur; il ne peut être divisé contre lui; il ne peut être révoqué à moins qu'on ne prouve qu'il a été la suite d'une erreur de fait; une erreur de droit ne peut pas en autoriser la révocation (C. N., 1356).

L'aveu fait à l'audience doit être constaté par la feuille d'audience. V. *Feuille d'audience.*

Avis de parents. — V. *Conseil de famille.*

Bac. — C'est devant le juge de paix du canton auquel appartient la commune la plus rapprochée du passage (L. 6 frimaire an 7, art. 33), que doivent être portées toutes les contestations qui s'élèvent entre les concessionnaires et préposés du péage et les particuliers, sur la perception des droits (Cass., 9 juillet 1851; Dict. du Not., 4e édition, au mot *Péage*, n° 15; Dict. des justices de paix, même mot, n° 4).	100 fr.	200 fr.	1er.

Il en est ainsi alors même que le procès-verbal d'adjudication de location du bac établit que les contestations sur la quotité du droit seront portées devant le maire, car une telle clause n'est obligatoire que pour le fermier et ne peut être opposée aux tiers qui restent dans le droit commun. (Conseil d'État, 25 février 1818; Sirey, Jurisp. du conseil d'État, IV, 264).

Il en est aussi de même alors que la légalité de la perception est mise en question, ou qu'il y a à apprécier les actes de l'autorité administrative, sauf à surseoir pour renvoyer à cette autorité l'examen de ses actes (Cass., 2 déc. 1846, 29 mars et 17 mai 1855).

Mais s'il s'agit de contraventions, le juge de paix saisi comme juge civil doit renvoyer au tribunal de simple police ou de police correctionnelle, selon qu'il y a lieu (L. 6 frimaire an 7, art. 56; Cass., 26 août 1841, 26 août 1856).

La perception des droits de péage doit toujours être réglée conformément aux tarifs arrêtés par le gouvernement (Arrêté, 8 floréal an 12, art. 1er).

V. *Sursis*, et à la 2e partie de ce Guide, le mot *Bac*.

Baigneurs publics. — M. Curasson (t. 1er, p. 227) considère comme régi par les règles du dépôt nécessaire l'apport d'effets chez les baigneurs publics par les personnes qui fréquentent leurs établissements; mais il n'admet la compétence des juges de paix sur l'action en restitution de ces effets que dans les limites de l'action mobilière.	100 fr.	200 fr.	1er.

V. *Dépôt nécessaire*.

Bail administratif. — La règle qui attribue à l'administration l'interprétation de ses actes reçoit une exception lorsqu'il s'agit de baux administratifs; les contestations qui en naissent ne peuvent échapper à la juridiction des tribunaux que dans le cas où elles portent, soit sur la régularité, soit sur la substance d'un acte administratif (Conseil d'État, 12 fructidor an 8), à moins que la loi ou un règlement d'administration publique ayant force de loi, n'aient, en cette matière, délégué le jugement à l'autorité administrative (Cormenin, cité au *Dictionnaire du Notariat*, 4e édition, au mot *Bail administratif*, n° 63 et suiv.).

Ainsi, dans les cas prévus par la loi du 25 mai 1838 (voir *infra* les diverses espèces de baux), c'est devant le juge de paix du domicile du défendeur et non devant celui de la situation de l'immeuble que l'action doit être portée.

V. *Bac; Bail à ferme ou à loyer*; *Halles et Marchés; Sursis.*

Bail à cheptel. — (C. N., 1800 et suiv.) — Les contestations qui naissent de ce bail ne sont pas de la compétence des juges de paix : « On a entendu formellement placer le bail à cheptel en dehors des dispositions de l'art. 3 de la loi du 25 mai 1838. » (Rapport de M. Amilhau à la Chambre des Députés, *Moniteur* du 6 avril 1838) ; — et déjà la loi du 2 thermidor an 6 avait enlevé aux juges de paix la compétence que leur avait attribuée en cette matière l'art. 12 du décret du 15 germinal an 3 (Cass., 22 juin 1808).

Bail à colonage ou partiaire. — L'art. 1763 C. N. semble classer ce bail au rang des baux à ferme; mais les auteurs se divisent sur la nature du contrat : Duranton, Delvincourt et Troplong font remarquer que, par sa nature et ses effets, il tient plus de la société que du louage; Duvergier y voit certains éléments qui répugnent à la société; O. Bourbeau y trouve une sorte d'association qui se résume en un partage des fruits accrus sur le domaine par les soins et l'industrie du colon et rentre dans la classe des baux qui produisent les actions soumises à la juridiction des juges de paix ; enfin la Cour de Limoges a jugé, le 26 août 1848, que le bail à colonage ou partiaire constitue un contrat mixte.

Il semble que la solution des contestations que ce contrat peut engendrer appartient parfois aux tribunaux supérieurs, parfois aux juges de paix, et qu'il exige pour l'appréciation de la compétence une étude sérieuse du caractère de l'action, selon qu'elle s'appuie sur un bail à ferme ou à loyer ou sur un contrat de société.

V. *Bail à ferme; Société; Mercuriales.*

Bail à convenant. — En cas de contestation sur la valeur du remboursement, et à défaut d'accord sur le choix des experts, ces experts sont nommés par le juge de paix de la situation des lieux (L. 7 juin-6 août 1791).

V. *Bail emphytéotique.*

Bail emphytéotique. — Ce bail et le bail à convenant contiennent transmission de droits réels, aliénation partielle du domaine utile; ils participent autant de la vente que de la ferme, et la loi du 25 août 1838 ne peut pas leur être appliquée; les juges de paix sont incompétents pour connaître des contestations qui en découlent (Journal des notaires, sur l'art. 3 de la loi de 1838, art. 10, 475).

Bail à ferme ou à loyer.

§ 1er. — Règles générales.

En cette matière la loi distingue entre les baux d'un prix annuel de 400 fr. et au-dessous, et ceux d'un prix annuel supérieur, et elle établit les règles à suivre pour déterminer la compétence des juges de paix.

Après avoir rappelé ces règles, nous suivrons cette division de la loi pour classer les différentes actions qu'engendrent les baux à ferme ou à loyer.

Si le *prix principal* du bail consiste en denrées ou prestations en nature, appréciables d'après les mercuriales, l'évaluation sera faite sur celles du jour de l'échéance, lorsqu'il s'agira du payement des fermages; dans tous les autres cas, elle aura lieu suivant les mercuriales du mois qui aura précédé la demande. V. *Mercuriales*.	»	»	3.
Si le *prix principal* consiste en prestations non appréciables d'après les mercuriales, ou s'il s'agit de baux à *colons partiaires* (V. *Bail à colonage*), le juge de paix déterminera la compétence, en prenant pour base du revenu de la propriété le principal de la contribution foncière de l'année courante, multiplié par cinq. V. *Mercuriales*.	»	»	3.

« En parlant du prix principal du bail qui doit seul être l'objet » d'une évaluation, la loi n'a entendu exclure que certaines rede- » vances accessoires, ou certains services mis à la charge du loca- » taire ou fermier en sus du prix de la location, ou bien l'impôt fon- » cier que le bail leur imposerait l'obligation de payer, de même » qu'il n'y aurait pas lieu de déduire du montant du prix principal, » pour en fixer la quotité, la contribution des portes et fenêtres » que le bailleur aurait prise à sa charge. Mais ce serait déna- » turer le sens de la loi que de décider, comme l'a fait M. Curas- » son, qu'il faut entendre par ces mots *prix principal* la portion » la plus considérable du prix, lorsqu'il consiste à la fois en ar- » gent et en prestations ou denrées; de sorte que, si la portion

» consistant en argent était plus considérable que la valeur en » denrées, il faudrait déterminer le prix annuel du bail par la » prestation en argent, sans tenir compte des denrées, et, au con- » traire, ne tenir compte que de la valeur des denrées, si la partie » du prix payable en argent représentait une valeur moindre. » C'est, comme je l'ai dit, le caractère de la prestation, soit en » argent, soit en denrées, soit en services, que le juge doit prendre » en considération plutôt que son importance et sa quotité pour » reconnaître si elle fait partie du prix principal, ou si elle est un » accessoire que l'usage ou l'intention des parties place en dehors » de ce prix principal. » (O. Bourbeau, n° 133).

§ 2. — Prix annuel de 100 francs et au-dessous.

Dans cette limite du prix, le juge de paix du domicile du défendeur (Sirey, note 79 sur la loi de 1838) connaît :

1° Des actions en payement des loyers ou fermages (C. N., 1728 et 1753).	100 fr.	illimité.	3.
2° Des congés (C. N., 1736 à 1739 et 1759),			
que la demande soit déterminée..	100 fr.	illimité.	3.
ou ne le soit pas..........	»	toujours.	3.

Le congé n'est utile que pour le bail à loyer; quant au bail à ferme, les art. 1774 à 1776 C. N. contiennent des dispositions assez précises pour en dispenser.

« Le juge de paix ne connaît des demandes en congé qu'autant » qu'il n'y a pas contestation, soit sur le titre en vertu duquel il » est donné, soit sur la cessation du louage; ici l'attribution de » compétence n'a pour objet que de faire respecter, soit un titre » non contesté, soit l'usage des lieux. » (Journal des notaires, art. 10,475, sur l'art. 3 de la loi de 1838).

V. *Usages locaux*.

3° Des demandes en résiliation de bail (C. N., 1184, 1728, 1841), fondées seulement sur le défaut de payement des loyers ou fermages,

qu'elles soient déterminées,...	100 fr.	illimité.	3.
ou non...............	»	toujours.	3.

4° Des expulsions de lieux demandées après congé (C. N., 1759), ou après la vente du mobilier des locataires, ou quand il a été dressé procès-verbal de carence (Victor Foucher, n° 131).

Quand la demande est déterminée,	100 fr.	illimité.	3.
et quand elle ne l'est pas.....	»	toujours.	3.

5° Dans la même limite du prix annuel, et en matière de saisie-gagerie (C. N., 2102, n° 1; C. pr., 819 et s.), le juge de paix du lieu où la saisie a été opérée (Sirey, note 80, sur la loi de 1838), connaît :

1. De la demande en permission de saisie,			
déterminée, ...	100 fr.	illimité.	3 et 10, § 1er
ou indéterminée.	»	toujours.	3 et 10, § 1er
2. De celle en validité de la saisie,			
qu'elle soit déterminée, ...	100 fr.	illimité.	3.
ou non.	»	toujours.	3.
3. Et des oppositions à la saisie (C. pr., 608; Sirey, note 240 sur la loi de 1838).	100 fr.	200 fr.	1er et 10, § 2
Mais si l'opposition est formée pour des causes et pour des sommes qui, réunies, excèdent la compétence du juge de paix, le jugement doit en être déféré au tribunal de première instance.	»	»	10, § 2.
6° Et aussi dans la même limite du prix annuel, le juge de paix du domicile du défendeur (C. pr., 2) connaît des oppositions formées à l'exécution des états dressés par les maires et visés par les sous-préfets (L. 18 juillet 1837, art. 63), pour le recouvrement des prix de ferme des biens communaux (O Bourbeau, n° 146).	100 fr.	illimité.	3.

§ 3. **Prix annuel supérieur à 400 fr.**

Dans cette catégorie des baux à ferme ou à loyer, les juges de paix connaissent :

1° Des actions en payement de loyers ou fermages. La compétence illimitée dans les cas de l'art. 3 de la loi de 1838 (*supra*, § 2, 1°) ne fait pas obstacle à la compétence de ces magistrats lorsque le prix annuel excède 400 fr. si la demande s'applique à une période mensuelle ou	100 fr.	200 fr.	1er.

bien au reliquat d'un terme de fermage (V. *Reliquat*) n'excédant pas les limites de la compétence pour l'action personnelle, caractère qui appartient à cette nature de contestation ; dans ce cas, la compétence du juge de paix ne saurait être contestée (O. Bourbeau, n° 43).	100 fr.	200 fr.	1er.
2° Des indemnités réclamées par le locataire ou fermier pour non-jouissance provenant du fait du propriétaire (C. N., 1719 et s., 1723 et 1724), lorsque le droit à une indemnité n'est pas contesté (L. 11 avril 1838, art. 1er).	100 fr.	1,500 fr.	4, n° 1er.

Il a été jugé que cette condition : *lorsque le droit à une indemnité n'est pas contesté*, s'applique même au cas où la demande est formée dans les limites de l'*action personnelle* tracées par l'art. 1er de la loi de 1838 (Cass., 12 août 1851 ; trib. de la Seine, 23 mars 1862) ; mais cette doctrine est combattue par M. J. L. Jay dans les Annales des justices de paix, 1862, p. 297, et 1864, p. 6).

Les actions en indemnité pour non-jouissance doivent être portées devant le juge de paix de la situation de l'objet litigieux (C. pr., 3, n° 4).

3° Des dégradations et pertes alléguées par le propriétaire et arrivées pendant la jouissance du locataire ou fermier (C. N., 1732 et s.).

Par suite d'incendie ou d'inondation.	100 fr.	200 fr.	4, n° 2, 2 alinéa
Autrement (L. 11 avril 1838, art. 1er)	100 fr.	1,500 fr.	4, n° 2, 1er alinéa

La compétence appartient au juge de la situation de l'immeuble (C. pr., 3, n° 4).

4° Des réparations locatives des maisons ou fermes, mises par la loi à la charge du locataire (C. N., 1754 et s.).	100 fr.	illimité.	5, n° 2.

C'est encore le juge de la situation de l'objet litigieux qui est compétent (C. pr., 3, n° 3).

V. *Preuve testimoniale.*

Bail à loyer d'immeubles. — V. *Bail à ferme.*

Bail à loyer de meubles. — M. J. L. Jay professe (Dict.

des justices de paix, au mot *Louage*, n° 11) que le juge de paix est compétent pour prononcer dans les termes de l'art. 3 de la loi de 1838, lorsqu'il s'agit de bail de meubles, aussi bien que s'il s'agissait de bail d'immeubles, de même que s'il s'agissait de location d'un droit de chasse ou de pêche, d'une halle, d'un lieu réservé dans les places publiques les jours de foire ou de marché, de la location de chaises ou de bancs dans une église ; il invoque à l'appui de cette thèse un arrêt de Limoges du 19 juillet 1842 et Curasson sur l'art. 3 de la loi de 1838, n°s 8 *bis* et suivants.

V. *Bail à ferme*.

Bail à nourriture de personnes. — Ce contrat renferme à la fois un louage de services et un marché de fournitures (C. N., 1787 et s.) ; les actions qui en naissent sont purement personnelles et doivent être portées devant le juge de paix du domicile du défendeur (C. pr., 2) ; on ne saurait leur appliquer les règles de l'art. 3 de la loi de 1838 (Sirey, note 60 sur cette loi ; Journal des notaires, art. 10475, sur le même article ; Dictionnaire des juges de paix, au mot *Louage*, n° 10).

Selon les cas leur compétence se règle :

comme pour le louage des ouvriers et domestiques, ...	100 fr.	illimité.	5, n° 3.
ou comme pour les devis et marchés.	100 fr.	200 fr.	1er.

Bail d'ouvrage ou d'industrie. — V. *Louage de domestiques et ouvriers*, et *Louage d'ouvrage ou d'industrie*.

Bail partiaire. — V. *Bail à colonage*.

Bancs d'église. — L'amodiation des bancs et des chaises d'une église a tous les caractères du bail à loyer et est assujettie aux mêmes règles de compétence.

V. *Bail à ferme*.

Bateliers. — V. *Bac* ; *Voituriers par terre et par eau*.

Billets d'avertissements. — Aucune citation ne peut être donnée par l'huissier avant que les parties n'aient été appelées par le juge de paix devant lui au moyen d'un avertissement. Il y a dérogation à cette règle dans les cas où : 1° le défendeur est domicilié hors du canton ou des cantons de la même ville ; 2° et où, pour cause de célérité, le juge de paix a donné permission sans frais sur l'original de l'exploit.	»	»	17.

En aucun cas, l'inobservation de l'avertissement n'entraîne la nullité de la citation (O. Bourbeau, n° 445); mais

l'huissier supporte les frais de l'exploit sans répétition,	»	»	17.
Et le juge de paix peut lui défendre de citer devant lui pendant un délai de quinze jours à trois mois, sans appel.	»	»	19.

V. *Greffier*, § 3, III, et § 4, X et XI, et *Permis de citer*.

Bois et forêts. — V. *Ordonnance* au sous-titre *Bois et forêts*.

Bornage. — Le juge de paix de la situation de l'objet litigieux (C. pr., 3, n° 2; Sirey, note 218 sur la loi de 1838) connaît de l'action en bornage, lorsque la propriété ou les titres qui l'établissent ne sont pas contestés.	»	toujours.	6, n° 2.

L'action en bornage peut être intentée :

1° Par le propriétaire (C. N., 646) ;

2° Par l'usufruitier (Bordeaux, 23 juin 1836; Montpellier, 14 décembre 1840; O. Bourbeau, n° 252);

3° Par le nu-propriétaire, même pendant la durée de l'usufruit et sans qu'on puisse lui opposer le bornage fait sans son concours avec l'usufruitier (mêmes autorités);

4° L'usager (Marcadé, sur l'art. 646; Vaudoré, v° *Bornage*, n° 1er; O. Bourbeau, n° 252);

5° L'emphytéote (Duranton, t. 5, n° 257; Marcadé et O. Bourbeau, *loc. cit.*);

6° Tout individu qui jouit par indivis d'un droit réel, sans le concours des autres communistes (Dict. du notariat, 4e édit., v° *Bornage*, n° 29);

7° Les préfets pour les biens dépendant des domaines (Avis du Conseil d'État, 28 août 1823);

8° Le mari pour les biens de sa femme sans le concours de celle-ci (C. N., 1428; O. Bourbeau, n° 252);

9° L'envoyé en possession des biens d'un absent (O. Bourbeau, n° 252; Dict. du notariat, 4e édit., v° *Bornage*, n° 7).

Les autres administrateurs doivent être autorisés pour former l'action en bornage, tels sont : 1° les tuteurs (V. *Conseil de famille*, § 3, III, au mot *Bornage*); 2° le préfet pour les biens du département; 3° les maires pour ceux des communes (Dict. du notariat, v° *Bornage*, n° 33).

La loi de 1838, en distinguant l'action en bornage (6, n° 2) de l'action possessoire (6, n° 1er), fait de la première une action *sui generis*; il en résulte que la demande en bornage amenée par un déplacement de bornes peut être formée quel que soit le temps écoulé depuis la voie de fait, sauf les effets de la prescription (O. Bourbeau, n° 256).

Si le juge de paix ne peut pas trancher la question de propriété et déclarer les moyens du défendeur, par exemple la prescription, mal fondés, il a le droit d'examiner si la contestation sur la propriété est sérieuse ou si elle n'est qu'un prétexte mis en avant pour le dessaisir (Cass., 19 mai 1863).

V. *Conseil de famille*, § 3, III, au mot *Bornage*.

Bref délai. — V. *Cédule*.

Brevet d'apprentissage. — V. *Apprentissage; Greffier*, § 3, II, et § 4, X.

Brevet d'invention. — Le juge de paix du domicile du défendeur (C. pr., 2) connaît des demandes en dommages-intérêts pour contrefaçon des brevets d'invention, lorsque les parties ne se sont pas pourvues par la voie criminelle (C. i., 3; Curasson sur l'art. 20 de la loi de 1838; Sirey, note 290 sur la même loi).	100 fr.	200 fr.	1er et 20.

Ce magistrat est tenu de confisquer, à la réquisition et au profit des auteurs, compositeurs, peintres, dessinateurs et autres, leurs héritiers ou cessionnaires, tous les exemplaires des éditions imprimées ou gravées sans la participation formelle et par écrit des auteurs (L. 19 juillet 1793, art. 3, et 25 prair. an 3).

Bulletin des lois. — V. *Greffier*, § 4, XI, n° 3.

Caisse des retraites pour la vieillesse. — Les versements à la caisse des retraites pour la vieillesse peuvent être autorisés par les juges de paix : 1° au profit exclusif du conjoint du déposant lorsque l'autre époux est absent ou éloigné depuis plus d'une année (L. 13-25 juin 1850, art. 4); 2° au profit du mineur âgé de moins de 18 ans, qui n'a ni père, ni mère, ni tuteur, ou en cas d'empêchement de celui qui aurait qualité pour l'autoriser (Décr. 18 août-8 sept. 1853, art. 6).

V. *Certificat de propriété*, 5°; *Greffier*, § 4, VIII, n° 10; *Notoriété*, 2°.

Canaux et fossés. — Le juge de paix de la situation de l'objet litigieux (C. pr., 3, n° 2) ou de la situation des travaux (Cass., 25 juin 1844) connaît des actions relatives au curage des canaux et fossés servant à l'irrigation des propriétés ou au mouvement des usines, lorsque les droits de propriété ou de servitude ne sont pas contestés (C. N., 644 et 669).	100 fr.	illimité.	5, n° 1er.

V. *Cours d'eau.*

Canton. Le canton, division de l'arrondissement communal (V. *Arrondissement*), se subdivise lui-même en communes et quelquefois ne comprend qu'une partie du territoire de la commune chef-lieu.

V. *Commune.*

Capitaine de navire.
Cargaison. } V. *Naufrage; Navire.*

Carrossiers. V. *Voitures de voyage.*

Cassation. — Les jugements rendus par les juges de paix ne peuvent être attaqués par le recours en cassation que pour excès de pouvoir.	»	»	15.

Il y a excès de pouvoir, non pas quand le juge n'a fait qu'empiéter sur une autre juridiction, c'est le cas de l'appel, mais lorsqu'il a fait ce qui n'est permis à aucune juridiction établie, par exemple, s'il a disposé par voie réglementaire, fait un statut de police, taxé des denrées, défendu l'exécution d'une loi, d'un jugement, contrarié des mesures prises par l'administration (Curasson, sur l'art. 15 de la loi de 1838; O. Bourbeau, n° 11).

Le délai du pourvoi est fixé à deux mois à partir de la signification du jugement à personne ou domicile (L. 9 mai-2 juin 1862, art. 1er) pour les jugements contradictoires, et à compter du jour où l'opposition ne sera plus recevable pour les jugements rendus par défaut (*ibid.*). Ce délai est augmenté dans les cas d'absence prévus par la même loi.

V. *Liste électorale; Prorogation de juridiction.*

Caution judicatum solvi. — L'étranger demandeur ou intervenant est tenu, si le défendeur le requiert, de donner caution pour le payement des frais et dommages-intérêts, à moins qu'il ne possède en France des immeubles d'une valeur suffisante pour assurer ce payement (C. N., 16); l'étranger demandeur devant la justice de paix n'est pas dispensé de cette obligation (Sirey, note 2 sur l'art. 16; O Bourbeau, n° 469).

Mais si l'étranger, résidant en France, a obtenu du gouvernement l'autorisation d'y fixer son domicile, il n'est pas obligé de fournir caution (Boncenne, Proc., t. 3, p. 180).

Les Espagnols ont le libre accès des tribunaux français et jouissent, sous ce rapport, des droits ou avantages accordés aux nationaux (Décr. 18-27 mars 1862, art. 2).

Le jugement qui ordonne la caution doit fixer la somme jusqu'à concurrence de laquelle elle sera fournie (C. pr., 167).

La caution fournie en numéraire au commencement de l'instance peut être augmentée au cours du procès, suivant les circonstances et les nécessités de la procédure (Metz, 13 mars 1821; Sirey, note 3 sur l'art. 167).

V. *Caution (réception de).*

Caution (dispense de fournir).

V. *Exécution provisoire.*

Caution (réception de). — La réception de la caution appartient au juge qui l'a ordonnée (Curasson sur les art. 11 et 12 de la loi de 1838; O. Bourbeau, n° 483).

Le juge de paix peut recevoir des cautions autres que celles ordonnées par lui, en exécution des commissions rogatoires délivrées par d'autres juges (C. pr., 1035).

La caution doit réunir les qualités exigées par les art. 2018 et s., et 2040 à 2042 C. N.

La réception se fait à l'audience sans observer les formalités prescrites par le C. pr., art. 517 à 522 (Sirey, note 248 sur la loi de 1838; O. Bourbeau, n° 483).

V. *Exécution provisoire.*

Cédule. — Les juges de paix délivrent des cédules, notamment :

1° Dans les cas d'urgence pour citer à bref délai (C. pr., 6).

Cette cédule doit dire les motifs sur lesquels elle est fondée. (O. Bourbeau, n° 458).

Elle peut indiquer pour la comparution un autre lieu que celui des audiences (*ibid.*); copie doit en être notifiée au défendeur, mais l'omission de la copie de la cédule n'entraîne pas nullité (Cass., 4 février 1829). La citation doit indiquer l'heure de la notification lorsque la cédule a été donnée pour comparaître dans le jour à une heure fixée (O. Bourbeau, n° 458).

2° Après un interlocutoire, pour appeler des experts ou des témoins (C. pr., 29; Sirey, note sur cet article; O. Bourbeau nos 502 et 507).

La cédule délivrée pour appeler des experts doit indiquer le lieu, le jour et l'heure de l'opération; le fait, les motifs et la disposition du jugement relative à l'opération ordonnée (C. pr., 29).

Celle délivrée pour appeler des témoins doit faire mention de la date du jugement, du lieu, du jour et de l'heure de l'enquête (*ibid.*).

Le jugement contradictoire tient lieu de signification à la partie adverse lorsque l'opération s'accomplit aux lieu, jour et heure qu'il indique (C. pr., 28); mais si la cédule fixe pour l'opération un jour autre que celui indiqué par le jugement, elle doit être signifiée à la partie adverse avec citation pour y assister (O. Bourbeau, n° 507).

3° Pour la convocation des conseils de famille.

V. *Conseil de famille*, § 1er.

C'est le juge de paix devant lequel doit s'accomplir l'opération et non celui dans le ressort duquel la citation doit être donnée qui est compétent pour délivrer la cédule (Carré et Chauveau, question 22; Lepage, p. 70).

Les cédules délivrées par le juge de paix sont exemptes de la formalité de l'enregistrement (L. 18 thermidor an 8).

Certificat d'indigence. — Les certificats d'indigence délivrés par le commissaire de police dans les communes où il en existe, et par les maires dans les autres communes, pour faciliter le mariage des indigents, la légitimation de leurs enfants naturels et le retrait de ces enfants déposés dans les hospices, doivent être visés par le juge de paix du canton, et le visa de ce magistrat doit relater l'extrait du rôle des contributions ou le certificat négatif délivré par le percepteur (L. 10 décembre 1850, art. 6).

V. *Greffier*, § 4, VIII et IX.

Certificat d'individualité. — Le certificat d'individualité que les parties doivent produire pour recevoir les arrérages des rentes ou pensions dues par le trésor public, non réclamés pendant les deux années qui précèdent le dernier semestre en payement, est délivré par le juge de paix du canton ou le maire de la commune (Décr. 26 fructidor an 13, art. 2).

Certificat de propriété. — Ce certificat doit être délivré par le juge de paix du domicile du défunt, lorsque le changement de propriété s'opère par décès et qu'il n'y a ni inventaire, ni partage par acte public, ni donation, ni testament:

1° Au propriétaire d'une rente ou d'un titre quelconque sur l'Etat, pour son immatricule sur le grand-livre de la dette publique (L. 28 floréal an 7, art. 6);

2° Au propriétaire du cautionnement d'un titulaire décédé (Décr. 18 sept. 1806, art. 1er);

3° Aux héritiers des officiers décédés *ab intestat* pour obtenir le payement des sommes acquises à ces militaires à l'époque de leur décès, à titre de solde d'activité, solde de retraite, traitement de réforme, ou autres attributions d'un service personnel (Décr. 1er juillet 1809, art. 1 et 2);

4° Aux héritiers du propriétaire d'un livret de la caisse d'épargne, pour retrait des sommes déposées (L. 7-10 mai 1853, art. 3);

5° Aux héritiers du déposant pour le retrait des fonds déposés à la caisse des retraites pour la vieillesse (L. 28 mai-1er juin 1853, art. 8);

6° Et aux héritiers d'un créancier de l'administration des postes, pour toutes les sommes dues à sa succession. Ce certificat doit être délivré dans la forme prescrite par le décret du 18 sept. 1806, sauf les changements nécessaires pour son application aux émoluments de toute nature dus par cette administration (Instruction générale de l'administration des postes de juillet 1862, n° 260.)

V. *Greffier*, § 4, VIII, n° 10, IX et X.

Certificat de vie. — Les juges de paix délivrent des certificats de vie, non sujets à l'enregistrement, aux invalides de la marine dont la pension n'excède pas 200 fr. (Décr., 15 germinal an 3, tit. 4, art. 6).

Et ils visent ceux délivrés par les maires aux rentiers viagers et pensionnaires de l'État qui, pour cause de maladie ou d'infirmités, ne peuvent pas se transporter au domicile du notaire de leur arrondissement (Décr. 23 sept. 1806, art. 1er).

Chasse. — Le louage d'un droit de chasse est assimilé au bail à ferme, et les difficultés qui en naissent sont de la compétence du juge dans les mêmes limites que celles relatives à ce dernier bail. V. *Bail à ferme* (Dictionnaire des justices de paix, au mot *Louage*, n° 11). V. *Ordonnance*, au sous-titre : *Chasse*.

Cheminée. — V. *Distances prescrites*.

Chemins ruraux. — Les chemins ruraux sont susceptibles de possession privée et peuvent former l'objet d'une action en maintenue possessoire (Cass., 20 mars 1854 et 26 janv. 1857; 10 fév. et 9 nov. 1864 et 18 janvier 1865; O. Bourbeau, n° 364).

En classant un tel chemin parmi les chemins ruraux de la commune, l'autorité municipale ne fait qu'élever une prétention qui ne saurait avoir pour effet d'affecter à la circulation publique le terrain dont les riverains confirment la possession (Cass., 22 fév., 27 avr. et 19 déc. 1864).

L'ordre donné par le maire aux riverains d'enlever ou élaguer les arbres bordant leur chemin d'exploitation peut être pris par eux comme trouble motivant l'action possessoire (arrêt de février).

S'il ne suffit pas qu'un chemin ait été classé comme chemin rural pour anéantir la présomption de propriété existant au profit des riverains, cette présomption peut céder devant une preuve contraire abandonnée à l'appréciation des magistrats (Cass., 28 avr. et 8 juin 1864).

Chemins vicinaux. — Pour apprécier la compétence et les attributions civiles des juges de paix en cette matière, il faut faire une distinction entre l'ouverture et le redressement de ces chemins et la reconnaissance et fixation de leur largeur.

I. — Ouverture et redressement.

Lorsqu'il s'agit de l'ouverture d'un nouveau chemin ou du redressement d'un chemin déjà existant en lui traçant une nouvelle direction sur un terrain qui n'en était pas précédemment grevé, il y a lieu à expropriation pour cause d'utilité publique, et le tribunal de première instance peut, en prononçant sur l'expropriation, déléguer le juge de paix pour présider et diriger le jury (L. 21 mai 1836, art. 16).

V. *Jury d'expropriation.*

II. — Reconnaissance et fixation de largeur.

S'il s'agit au contraire d'une voie communale établie, dont un arrêté préfectoral porte reconnaissance et fixe la largeur, cet arrêté attribue définitivement au chemin le sol compris dans les limites qu'il détermine, et il ne peut y avoir contestation que sur le chiffre de l'indemnité due au riverain dépossédé (L. 21 mai 1836, art. 15).

Dans ce cas et à défaut de traité amiable, le juge de paix règle l'indemnité sur le rapport d'experts nommés : l'un par le sous-préfet, l'autre par le propriétaire, et, s'il y a désaccord entre ces deux experts, le troisième conformément à l'art. 17	»	toujours.	»

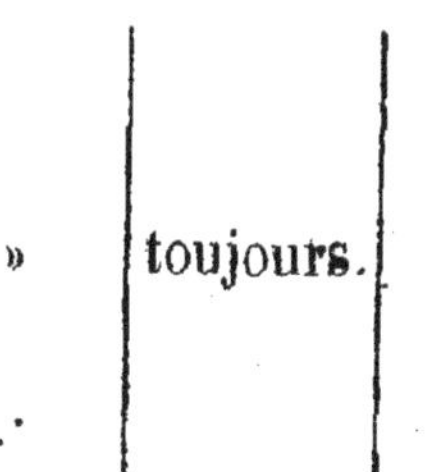

de la même loi (*ibid.*), c'est-à-dire par le juge saisi de la contestation (Curasson, 1re partie, sect. 2, § 2, n° 12 ; arrêté préfectoral de la Charente-Inférieure portant règlement d'administration pour l'exécution de la loi de 1836 (art. 21 de la même loi), approuvé par le ministre de l'intérieur, le 26 mai 1855, art. 7).	»	toujours.	»

La décision du juge de paix a le caractère d'un véritable jugement ; elle en doit revêtir les formes et elle est soumise à la règle ordinaire du double degré de juridiction (Cass., 9 juin 1843); en effet le litige s'engage sur une demande indéterminée de sa nature, celle d'une expertise.

Cheptel. — V. *Bail à cheptel.*

Citation (C. pr., 1 à 7). — La citation pour avoir jugement est notifiée par un huissier du domicile du défendeur, et, en cas d'empêchement, par l'huissier commis par le juge de paix (C. pr., 4).

Elle doit être donnée un jour franc entre sa date et celle de la comparution quand la partie est domiciliée dans la distance de trois myriamètres ; au delà de cette distance, le délai est augmenté d'un jour par trois myriamètres (C. pr., 5).

La loi ne prononce point de nullité pour l'inobservation de ces règles ; la comparution des parties couvre toute irrégularité ; mais s'il n'y a pas comparution du défendeur et que le délai n'ait pas été observé, il y a lieu d'ordonner la réassignation (même article).

Et si l'exploit présente soit des omissions, soit des contraventions, l'huissier peut être condamné à une amende qui ne peut être moindre de 5 fr. et n'excédera pas 100 fr. (C. pr., 1030). L'amende doit être prononcée par le juge devant lequel l'exploit est produit (Cass., 23 mai 1817 et 5 déc. 1822).

V. *Billet d'avertissement ; Comparution volontaire ; Conciliation ; Dimanches et fêtes ; Domicile ; Permis de citer ; Huissier.*

Clause pénale. — Lorsqu'une obligation avec clause pénale a été exécutée en partie, le juge peut en modifier la peine (C. N., 1231).

Colonage partiaire. — V. *Bail à colonage.*

Commission rogatoire. — Les juges de paix doivent exécuter les commissions qu'ils reçoivent des autres tribunaux, lorsqu'il s'agit de recevoir un serment (C. pr., 121, 305 et 956), ou une caution, ou de procéder à une enquête (C. pr., 412 et

428), à un interrogatoire sur faits et articles, ou bien encore de nommer des experts et généralement de faire une opération quelconque, en vertu d'un jugement (C. pr., 1035; C. c., 16).

Ils peuvent être désignés pour présider et diriger le jury d'expropriation en matière de chemins vicinaux.

V. *Jury d'expropriation.*

Ils ont le droit de donner eux-mêmes des commissions rogatoires; l'art. 1035, placé sous une rubrique générale, est applicable, en effet, à tous les tribunaux; mais la commission ne peut être donnée qu'à un tribunal égal ou inférieur (Sirey, note 5 sur cet article).

Commune. — La commune est en général une subdivision territoriale du canton, pourvue d'une administration et d'un conseil organisés conformément à la loi du 5-9 mai 1855, et revêtus des attributions déterminées par celle du 18 juillet 1837. — Par exception, les grandes villes qui ne forment qu'une seule commune sont divisées en plusieurs cantons (C. i., 142),

Les communes sont civilement responsables : 1° du dommage causé par les voyageurs qui ont déclos un champ pour y passer, lorsque le juge de paix a décidé que le chemin était impraticable (L. 28 sept. — 6 oct. 1791, tit. 2, art. 41) ; 2° et de tout préjudice commis sur leur territoire par des rassemblements ou attroupements (L. 10 vendémiaire an 4, tit. 5, art. 1er et s.)

Les demandes en réparation civile doivent être portées devant le juge de paix du domicile du défendeur (C. pr., 2.).	100 fr.	200 fr.	1er.

V. *Autorisation administrative.*

Comparution volontaire. — Les parties peuvent se présenter volontairement devant le juge de paix de leur choix, encore qu'il ne soit leur juge naturel ni à raison du domicile du défendeur, ni à raison de la situation de l'objet litigieux ; mais il doit être dressé acte de leur déclaration demandant jugement, et cet acte doit être signé par elles ou faire mention qu'elles ne peuvent signer (C. pr., 7).

V. *Prorogation de juridiction.*

Les parties peuvent aussi se présenter volontairement devant le juge de paix de leur choix pour se soumettre au préliminaire de la conciliation (C. pr., 48 et s.; Dictionnaire des Justices de paix, au mot *Conciliation*, nos 51 et 52).

Compensation. — V. *Demande reconventionnelle.*

Compétence. — La loi générale du 25 mai 1838 et les lois spéciales qui règlent aujourd'hui la compétence civile des juges de paix, appellent ces magistrats, comme l'avait fait la loi organique des 16-24 août 1790, à un partage de juridiction avec les tribunaux de première instance, pour des valeurs en partie limitées, illimitées en partie, mais dans la même nature d'intérêt (Dictionnaire des Justices de Paix, au mot *Compétence*, nº 13).

De là résulte que les juges de paix ne peuvent connaître que des affaires qui leur sont nominativement attribuées par la loi.

Indiquer ces attributions dans l'ordre alphabétique des matières, est l'objet de ce recueil.

V. *Accessoires ; Appel ; Arrondissement ; Demandes indéterminées ; Demandes principales ; Demandes reconventionnelles ; Demandes réunies ; Conclusions ; Incompétence* ratione materiæ ; *Incompétence* ratione personæ ; *Incompétence* rationæ loci ; *Prorogation de juridiction.*

Complainte. — La complainte, en d'autres termes l'action qui a pour objet de se faire maintenir dans la possession plus qu'annale au moment du trouble, dans laquelle on a été troublé depuis moins d'un an (C. pr., 23 et s.) doit être portée devant le juge de paix de la situation des lieux (C. pr. 3).	»	toujours.	6, nº 1er.

V. *Action possessoire ; Dénonciation de nouvel œuvre ; Réintégrande.*

Conciliation. — La citation en conciliation doit être donnée par un huissier de la justice de paix du domicile du défendeur ; elle doit donner un délai de trois jours au moins et indiquer sommairement l'objet de la demande (C. pr., 51 et 52).

V. *Comparution volontaire.*

Elle doit appeler :

1º En matière personnelle et réelle, devant le juge de paix du domicile du défendeur, ou de l'un des défendeurs, au choix du demandeur (C. pr., 50, nº 1er) ;

2º En matière de société civile, pendant l'existence de la société, devant le juge du lieu où elle est établie (C. pr., 50, nº 2) ;

3º En matière de succession, et durant les périodes qui vont être indiquées, devant le juge du lieu où la succession s'est ouverte, savoir : 1. entre héritiers, jusqu'au partage inclusivement ; 2. sur les demandes intentées par les créanciers du défunt avant le partage; 3. et sur celles relatives à l'exécution des dispositions à cause de mort, jusqu'au jugement définitif. (C. pr., 3).

S'il n'y a pas conciliation, le procès-verbal doit faire sommairement mention que les parties n'ont pu s'accorder (C. pr., 54), et, dans ce cas, il n'est alloué au greffier que 0 fr. 80 c., c'est-à-dire deux rôles (décr. 16 février 1807, art. 10). V. *Greffier*, § 4, X.

La Cour d'Orléans a jugé, le 7 avril 1838, et MM. Thomine, Carré, Augier, Boitard, Bioche, Carou, Pigeau, Boncenne et Chauveau enseignent que le procès-verbal de non-conciliation ne doit contenir aucune mention des divers aveux ou dénégations des parties sur les points de fait litigieux entre elles, les dispositions de l'art. 3, tit. 10, de la loi du 24 août 1790, qui prescrivaient une telle mention ayant été abrogées par l'art. 54, C. pr., qui se borne à exiger la mention sommaire du défaut de conciliation.

La prohibition de l'art. 54 est d'ordre public, et il ne peut y être dérogé par la volonté ou par la tolérance du juge de paix, ni par le consentement formel ou tacite des parties (mêmes auteurs; Sirey, note 13 sur l'art. 54).

M. Boncenne ajoute que si, cependant, une reconnaissance expresse a été faite par l'une des parties, le procès-verbal doit en faire sommairement mention.

S'il y a un serment déféré, le juge de paix doit le recevoir ou constater le refus de le prêter (C. pr., 55).

Lorsqu'il y a conciliation, il devient utile d'établir les allégations des parties et d'écrire les conventions arrêtées entre elles (C. pr., 54); c'est alors, en effet, une loi que s'imposent les parties; elle doit contenir tout ce qui peut éviter de nouvelles contestations.

Les parties comparaissent en personne ou par mandataire (C. pr., 53); si l'une d'elles ne comparaît pas, il n'est pas dressé procès-verbal, et le défaut est constaté sur un registre spécial tenu par le greffier et sur l'original ou sur la copie de la citation (C. pr., 58). Il n'est rien dû au greffier pour ces mentions. V. *Greffier*, § 3, I; et § 4, V, n° 2 et X.

Conclusions. — C'est le taux de la demande, c'est-à-dire le montant des conclusions, tel qu'il est énoncé dans la citation ou modifié *contradictoirement* dans le cours de l'instance, et non celui de la condamnation, qui, sur les matières civiles attribuées aux juges de paix, fixe les limites de leur compétence (Curasson,

t. Ier, p. 69 et 198; Sirey, note 5 sur la loi de 1838 et notes 6 et s. sur l'art. 453, C. pr.).

Cette règle s'applique aussi bien à la demande reconventionnelle qu'à la demande principale; elle est absolue, et s'il arrivait qu'une demande ne fût pas déterminée, le juge de paix n'en pourrait connaître que dans les cas, peu nombreux, où sa compétence n'a pas de limite.

V. *Demande indéterminée.*

En rendant un jugement définitif, le juge doit prononcer sur tous les points des conclusions, puisque son jugement est demandé pour vider toute la contestation soulevée devant lui, et il ne doit pas statuer sur d'autres points; s'il le faisait, le jugement pourrait être attaqué, non par le recours en cassation, mais par la voie de la requête civile (Dictionnaire des Justices de paix, aux mots *Ultra petita*). V. *Requête civile.*

Confiscation. — V. *Brevet d'invention; Douane; Ordonnance.*

Conflit. — Le conflit positif, c'est-à-dire celui par lequel l'administration revendique la décision d'une affaire qu'elle prétend lui appartenir et dont un tribunal est saisi, ne peut être présenté devant le juge de paix et ne peut se produire que devant le tribunal de première instance saisi par la voie de l'appel (Ord. des 12 janv. 1835, affaire Petit-Gars, et 5 sept. 1836, affaire Lavaud).

La raison en est que les formalités prescrites pour l'instruction des conflits par les art. 6, 7, 12, 13 et 14 de l'ordonnance du 1er juin 1828, qui régit la matière, ne peuvent être observées devant les tribunaux où il n'existe pas de ministère public.

Le conflit négatif, celui qui se produit par la déclaration d'incompétence émanée de deux autorités, judiciaire et administrative, dans la même affaire, c'est-à-dire lorsqu'il y a abstention tout à la fois et de la part de l'administration et de celle des tribunaux, donne lieu à l'intervention du conseil d'Etat, seulement pour attribuer à l'une de ces autorités la compétence qu'elle repousse (Ord., 6 fév. 1822).

Si le conflit s'élève entre deux tribunaux, il prend le nom de conflit de *juridiction*, alors il doit être porté devant le tribunal supérieur (Favart, Répertoire, v° *Conflit*). V. *Règlement de juge.*

Congé. — V. *Bail à ferme.*

Connexité. — V. *Litispendance.*

Conseil de famille.

DIVISION.

§ 1er. — *Compétence et attributions du juge de paix.*
§ 2. — *Composition et délibération du conseil de famille.*
  I. — Composition.
  II. — Délibération.
§ 3. — *Attributions du conseil de famille.*
  I. — Nomination du tuteur.
  II. — Nomination du subrogé tuteur.
  III. — Attributions diverses.

§ 1er. — Compétence et attributions du juge de paix.

C'est par le juge de paix du domicile du mineur (C. N., 108 et 406), ou de l'interdit (C. N., 494 et 509), au moment de l'ouverture de la tutelle, que le conseil de famille doit être convoqué.

Ce domicile ne suit point dans leurs variations les différents domiciles que prennent successivement les tuteurs (Cass., 4 mars 1859; Douai, 22 déc. 1863; Dictionnaire du Notariat, 4e édit., vo *Conseil de famille*, no 18 et s.).

La convocation est faite, soit sur la réquisition et à la diligence des parents du mineur, de ses créanciers ou d'autres parties intéressées, soit même d'office et à la poursuite du juge de paix (C. N., 406, 421, 479).

Le juge de paix fixe le lieu, le jour et l'heure de la réunion de manière qu'il y ait trois jours au moins d'intervalle entre la citation et la réunion lorsque les appelés résident dans la commune ou dans la distance de deux myriamètres. Au delà de cette distance le délai doit être augmenté d'un jour par trois myriamètres (C. N., 411 et 415).

Il désigne les parents, alliés ou amis qui doivent être appelés (C. N., 409 et 410) et qui, régulièrement cités, sont tenus de se présenter en personne ou de se faire représenter par un mandataire spécial (C. N., 412), sous peine d'une amende qui ne peut excéder 50 fr. et est prononcée par le juge de paix (C. N., 413), à moins d'excuses suffisantes (C. N., 414).	50 fr.	»	»

V. *Cédule.*

Le juge de paix préside le conseil, il y a voix délibérative et prépondérante en cas de partage (C. N., 416).

Dans tous les cas où l'intérêt du mineur semble l'exiger, le juge de paix peut ajourner l'assemblée ou la proroger (C. N., 414).

§ 2. — Composition et délibération du conseil de famille.

I. — Composition du conseil de famille.

Le conseil de famille doit être composé du juge de paix (C. N., 416), et de six parents ou alliés (C. N., 407), ou amis (C. N., 409) du mineur, pris dans la commune où la tutelle s'est ouverte, ou à une distance de deux myriamètres et choisis moitié dans la ligne paternelle et moitié dans la ligne maternelle, en suivant, pour la parenté ou l'alliance, l'ordre de proximité, et préférant le parent à l'allié du même degré, et, à degré égal, le plus âgé au plus jeune (C. N., 407).

Les amis ne sont appelés qu'à défaut de parents ou d'alliés (C. N., 409).

La limite au nombre de six parents ne s'applique pas aux frères germains et aux maris des sœurs germaines du mineur, qui, s'ils sont six et plus, font tous partie du conseil de famille avec les veuves d'ascendants et les ascendants valablement excusés (C. N., 408).

Les parents ou alliés domiciliés à plus de deux myriamètres peuvent être appelés au conseil de famille, soit à défaut de membres suffisants sur les lieux (C. N., 409), soit à raison de ce qu'ils sont plus rapprochés en degrés que ceux placés sur les lieux (C. N., 410).

Ne peuvent être membres du conseil de famille, ni tuteurs :

1° Les mineurs, excepté le père ou la mère (C. N., 442);

2° Les interdits (*ibid.*) ;

3° Les femmes, autres que la mère et les ascendantes (*Ibid.*) ;

4° Tous ceux qui ont, ou dont le père ou la mère ont avec le mineur un procès dans lequel l'état de ce mineur, sa fortune ou une partie notable de ses biens sont compromis (*Ibid.*);

5° Tout individu qui a été exclu ou destitué d'une tutelle (C. N., 445); cette exclusion ne s'applique point à la mère remariée qui a perdu la tutelle en vertu de l'art 395 C. N., car elle n'a pas été destituée (Sirey, note 11 sur l'art. 442 C. N.) ;

6° Les individus condamnés à la dégradation civique, conséquence de toute peine afflictive ou infamante (C. p., 28, 29 et 34, n° 4 ; L. 4 juin 1854, art. 1er) ;

7° Ceux à qui un jugement criminel a enlevé le droit de vote et de suffrage dans les délibérations de famille (C. p., 42, nos 5 et 6);

8° Ceux qui ont été condamnés pour attentat aux mœurs (C. pr., 335);

9° Et, lorsqu'il s'agit d'interdiction, ceux qui l'ont provoquée. Cependant le mari, la femme et les enfants de la personne qu'il s'agit d'interdire peuvent être admis au conseil, mais sans y avoir voix délibérative (C. N., 495).

L'enfant naturel n'a d'autres parents que les père et mère qui l'ont reconnu; il n'a point de famille, et les art. 407 et 409 du C. N. ne lui sont pas applicables ; il en résulte que le père ou la mère qui l'a reconnu et ses amis doivent être seuls appelés à composer son conseil de famille (Cass., 5 sept. 1806).

II. — Délibération du conseil de famille.

La présence des trois quarts au moins des membres convoqués est nécessaire pour délibérer (C. N., 415); ainsi lorsqu'il y a six membres convoqués, c'est le cas le plus ordinaire, la présence de cinq membres autorise la délibération, mais il ne s'ensuit pas que le conseil de famille puisse se dispenser de remplacer un de ses membres qui, après avoir comparu, a proposé une excuse, l'a fait admettre et s'est retiré (Agen, 26 mars 1810; Rennes, 9 fév. 1813). — *Secus*, Bordeaux, 17 août 1825.

Si l'un des six membres présents refuse de prendre part à la délibération, on passe outre, car la loi n'exige pas que tous les membres délibèrent, mais que les trois quarts seulement soient présents (Bruxelles, 15 mars 1806; Boileux, sur l'art. 415; Duranton, t. 3, n° 456).

Les délibérations du conseil de famille doivent, à peine de nullité, être prises à la majorité absolue des suffrages et non à la majorité relative (Metz, 16 févr. 1812; Aix, 10 mars 1840). Toutefois, en cas de partage, la voix du juge de paix est prépondérante (C. N., 416), et cette prépondérance donne à la majorité qu'elle forme le caractère d'une majorité absolue.

Le tuteur n'a pas voix délibérative lorsqu'il s'agit de la nomination du subrogé tuteur (C. N., 423).

Le juge de paix, le subrogé tuteur et le parent qui ont provoqué la destitution du tuteur ont droit de voter dans le conseil de famille ; on ne peut pas leur appliquer l'art. 495 C. N. : 1° parce que l'interdiction dont il s'agit dans cet article a des effets bien plus importants que la destitution; 2° parce qu'on ne peut leur supposer aucun intérêt personnel; 3° parce que, notamment, le juge de paix et le subrogé tuteur remplissent un ministère forcé (Boileux, sur l'art. 446 C. N.), et nous ajoutons : 4° parce que les incapacités sont de droit strict et ne peuvent s'étendre d'un cas à un autre cas.

Toutes les fois que les délibérations d'un conseil de famille ne sont pas unanimes, l'avis de chacun des membres qui le composent doit être mentionné dans le procès-verbal (C. pr., 883).

Les poursuites qui, dans ce cas, peuvent être dirigées contre les membres qui ont été d'avis de la délibération, ne s'appliquent pas au juge de paix ; bien qu'il soit membre essentiel du conseil de famille, ce magistrat ne doit pas être partie dans les procès intentés sur la validité des délibérations attaquées (Cass., 29 juillet 1812 ; Sirey, note 10 sur l'art. 883).

Toute délibération prononçant l'exclusion ou la destitution du tuteur doit être motivée et ne peut être prise qu'après l'avoir entendu ou appelé (C. n., 447).

Cette prescription de l'art. 447 ne s'applique pas au cas où la tutelle n'est pas conservée à la mère qui se remarie (C. N., 395 ; Sirey, note 1re sur l'art. 447). Dans ce cas, la délibération peut ne pas être motivée. Il n'est pas non plus nécessaire de motiver la délibération lorsqu'il s'agit de conférer à la mère la garde des enfants, en cas de séparation de corps (C. N. 302 ; Sirey, note 2 sur l'art. 447) ; ni lorsque le conseil de famille refuse de confirmer le choix d'un tuteur fait par la mère remariée (C. N., 400 ; Dictionnaire des justices de paix, v° *Conseil de famille*, n° 39).

§ 3. — Attributions du conseil de famille.

I. — Nomination de tuteur.

Durant le mariage le père (C. N., 373 et 389), et, en cas de disparition du père, la mère (C. N., 141) sont administrateurs des personnes et des biens de leurs enfants mineurs ; alors il n'y a point de tutelle, car la tutelle ne s'ouvre qu'à la dissolution du mariage (C. N., 390).

Après cette dissolution, la tutelle des enfants mineurs non émancipés appartient de plein droit au survivant des père et mère (*ibid.*) ; toutefois, si c'est la mère qui survit, le père a pu lui donner un conseil, sans l'avis duquel elle ne peut faire aucun acte relatif à la tutelle (C. N., 391 et 392).

V. *Tutelle.*

Le survivant des père et mère a le droit de choisir un tuteur à ses enfants mineurs (C. N., 397 et 398), V. *Tutelle*; mais la veuve remariée et non maintenue dans la tutelle a perdu ce droit (C. N., 399), et le choix d'un tuteur fait à ses enfants d'un premier mariage par la mère remariée et maintenue dans la tutelle, n'est valable que s'il est confirmé par le conseil de famille (C. N., 400).

Si le survivant des père et mère n'a pas fait choix d'un tuteur, la tutelle appartient de plein droit à l'aïeul paternel du mineur; à défaut de l'aïeul paternel, à son aïeul maternel et ainsi en remontant, avec préférence, au même degré, en faveur de l'aïeul paternel (C. N., 402 et 403).

Hors ces cas, comme aussi s'il y a concours entre les bisaïeuls de la ligne maternelle (C. N., 404), ou lorsque le tuteur de l'une des qualités ci-dessus exprimées se trouve valablement excusé (C. N., 394, 401, 427 et S., et 508), ou bien frappé d'incapacité, d'exclusion ou de destitution (C. N., 442, et s.; C. p., 34, n° 4, 42, n° 6, et 335), il doit être pourvu par le conseil de famille à la nomination d'un tuteur (C. N., 404 et 405), et ce conseil doit faire notifier l'élection au tuteur qui n'y est pas présent, à la diligence du membre de l'assemblée qu'il désigne à cet effet (C. pr., 882).

Sont valablement excusés de la tutelle :

1° La mère qui, si elle la refuse, n'est tenue d'en remplir les devoirs que jusqu'à ce qu'elle ait fait nommer un tuteur (C. N., 394);

2° Le tuteur élu par le père ou la mère, s'il n'est d'ailleurs dans la classe des personnes qu'à défaut de cette élection spéciale le conseil de famille eût pu en charger (C. N., 401);

3° Les membres de la famille impériale; les membres du conseil d'État, les sénateurs, les députés (C. N., 427; sénatus-consulte du 18 mai 1804);

4° Les présidents, conseillers, procureurs généraux et avocats généraux de la Cour de cassation (C. N., 427) et de la Cour des comptes, qui lui est de tous points assimilée (L. 16 sept. 1807, art. 7);

5° Les préfets (C. N., 427);

6° Tout citoyen exerçant une fonction publique dans un département autre que celui où la tutelle s'établit (C. N., 427, 430, 431). Cette règle s'applique aux ecclésiastiques desservant des cures et succursales, et à toute personne exerçant pour les cultes des fonctions qui exigent résidence et dans lesquelles elles sont agréées par l'Empereur et prêtent serment (Avis du conseil d'État du 20 nov. 1806);

7° Les militaires en activité de service et tous autres citoyens qui remplissent hors du territoire de l'empire une mission de l'Empereur (C. pr., 428, 430, 431) ;

8° Tout citoyen non parent ni allié, lorsqu'il existe dans la distance de quatre myriamètres des parents ou alliés en état de gérer la tutelle (C. N., 432);

9° Tout individu âgé de soixante-cinq ans accomplis (C. N., 433) ;

10° Tout individu atteint d'une infirmité grave et dûment justifiée (C. N,, 434) ;

11° Tout individu déjà chargé de deux tutelles (C. N., 435) ;

12° Celui qui, étant époux ou père, est déjà chargé d'une tutelle, à moins que la seconde tutelle à laquelle il est appelé ne soit celle de ses enfants (C. N., 435) ;

13° Tout individu qui a cinq enfants légitimes, lorsque la tutelle offerte n'est pas celle de ses enfants. Les enfants morts en activité de service dans les armées françaises et ceux morts aussi qui ont laissé des enfants, comptent toujours pour opérer cette dispense (C. N., 436).

Le tuteur nommé, présent à la délibération qui lui défère la tutelle, doit sur-le-champ et sous peine d'être déclaré non recevable dans toute réclamation ultérieure, proposer ses excuses sur lesquelles le conseil de famille doit délibérer (C. N., 438).

En cas d'absence du tuteur nommé, ce tuteur peut convoquer le conseil de famille pour délibérer sur ses excuses ; ses diligences à ce sujet doivent avoir lieu dans les trois jours à partir de la notification de sa nomination, outre un jour pour trois myriamètres de distance, délai passé lequel il est non recevable (C. N., 439).

Ne peuvent être tuteurs :

1° Tous ceux qui ne peuvent pas être membres du conseil de famille, *ut supra*, § 2, I;

2° Les gens d'une inconduite notoire (C. N., 444) ;

3° Et ceux dont la gestion atteste l'incapacité ou l'infidélité (C. N., 444).

L'exclusion qui résulte d'une condamnation à une peine afflictive ou infamante a lieu de plein droit (C. N., 443).

Lorsqu'il y a lieu de faire prononcer l'exclusion par le conseil de famille, la délibération ne peut être prise qu'après avoir entendu ou appelé celui qu'il s'agit d'exclure ; elle doit être motivée (C. N., 447).

S'il y a adhésion, le nouveau tuteur entre aussitôt en fonction ; sinon, le subrogé tuteur poursuit l'homologation devant le tribunal de première instance (C. N., 448).

La pluralité des tuteurs peut être admise sous l'empire du Code Napoléon comme elle l'était sous l'empire du droit romain et du droit coutumier. Spécialement le conseil de famille peut désigner un tuteur chargé de veiller sur la personne du mineur et un autre sur ses biens. Et, bien que la gratuité soit de l'essence de la tutelle, le conseil de famille peut allouer par avance à chacun des tuteurs une somme annuelle, si cette somme est plutôt une indemnité des soins de la tutelle qu'une rémunération (Cass., 4 déc. 1863).

L'interdit est assimilé au mineur pour sa personne et pour ses biens, et les lois qui régissent la tutelle du mineur s'appliquent à la sienne (C. N., 505 et 509; C. pr., 892 et 895). Cependant le mari de la femme interdite est, de droit, son tuteur (C. N., 506).

Le condamné à des peines afflictives perpétuelles, à la peine des travaux forcés à temps, de la détention ou de la réclusion, placé en état d'interdiction légale, doit être pourvu d'un tuteur et d'un subrogé tuteur par le conseil de famille (C. p., 29; L. 31 mai-3 juin 1854, art. 2), à moins qu'il ne soit relevé par le gouvernement de cet effet de la condamnation (même loi, art. 4).

Dans toute tutelle, le tuteur doit prendre soin de la personne et des biens du mineur; il le représente dans tous les actes de la vie civile; mais de sa propre autorité le tuteur ne peut faire que les actes conservatoires et d'administration (C. N., 450); pour tous autres actes, il a besoin de l'autorisation du conseil de famille. V. *Infra*, à ce § III.

Dans des cas spéciaux, la loi place à côté de l'administration du tuteur, des tuteurs *ad hoc*, nommés par le conseil de famille et chargés temporairement de défendre les intérêts du mineur. En voici des exemples :

1° Lorsqu'il y a opposition d'intérêt entre le tuteur et son pupille (Grenoble, 10 janvier 1833; Sirey, note 5 sur 838 C. N.);

2° Lorsqu'il y a aussi opposition d'intérêt entre des mineurs pourvus d'un même tuteur (C. N., 838; C. pr., 968);

3° Lorsque, pendant le mariage, le père ou, en cas de disparition du père, la mère, administrateurs légaux des biens de leurs enfants mineurs, ont des intérêts opposés à ceux de ces enfants (Turin, 9 janv. 1811; Dict. du Notariat, 4e édit., v° *Inventaire*, n° 120);

4° En cas de désaveu de paternité (C. N., 318);

5° S'il y a substitution en faveur des petits-enfants du donateur ou testateur, ou des enfants de ses frères et sœurs (C. N., 1055 et 1056).

La loi ne pourvoit point de tuteur le mineur émancipé et les enfants posthumes, mais elle charge le conseil de famille de nommer aux premiers un curateur (C. N., 480 et s.), et pour les enfants posthumes, d'élire un curateur au ventre (C. N., 393), qui, hors le cas des frères germains, doit être pris dans la ligne paternelle (Argument de 423 C. N.).

Elle institue aussi le cotuteur, le protuteur et le tuteur provisoire, qui sont nommés par le conseil de famille, savoir :

Le cotuteur, lorsque la tutelle est conservée à la mère qui convole en secondes noces (C. N. 396);

Le protuteur, quand le mineur, domicilié en France, possède des biens dans les colonies, ou réciproquement (C. N. 417).

Et le tuteur provisoire, après la disparition du père et en cas de mort de la mère (C. N. 142 et 143).

V. *Absence*, § dernier.

II. — Nomination du subrogé tuteur.

Toute tutelle doit être pourvue d'un subrogé tuteur nommé par le conseil de famille, et dont les fonctions consistent à agir pour les intérêts du mineur lorsque ces intérêts sont en opposition avec ceux du tuteur (C. N. 420).

Le subrogé tuteur a mission, notamment :

1° D'obliger le tuteur à faire inventaire (C. N., 461, 794, 1442), et d'asister à cet inventaire (C. N., 451) et à la levée des scellés (Argument de 937 C. pr.; Metz, 18 mars 1852);

2° De nommer l'expert chargé de l'estimation du mobilier que le survivant des père et mère, tant qu'il a la jouissance propre et légale des biens du mineur, a le droit de conserver en nature, et de faire prêter serment par cet expert devant le juge de paix (C. N. 453).

3° D'assister à la vente des biens meubles et immeubles du mineur (C. N., 452 et 459; C. pr., 947 et 962);

4° De veiller à ce que l'inscription de l'hypothèque légale du mineur sur les biens du tuteur soit prise sans délai (C. N., 2137 et suiv.);

5° De recevoir du tuteur les états de situation que celui-ci peut être tenu de lui remettre (C. N., 470);

6° De se pourvoir contre les délibérations du conseil de famille qu'il croit défavorables aux intérêts du mineur, lorsqu'elles n'ont pas été prises à l'unanimité (C. pr., 883);

7° De répondre à la demande en réduction d'hypothèque formée par le tuteur (C. N., 2143);

8° De provoquer la nomination d'un nouveau tuteur lorsque la tutelle devient vacante ou est abandonnée par absence (C. N., 424);

9° De convoquer le conseil de famille, lorsqu'il y a lieu, pour délibérer sur la destitution du tuteur (C. N., 446);

10° De poursuivre l'homologation de la délibération qui destitue le tuteur, lorsque celui-ci n'y adhère pas (C. N., 448);

11° De consentir bail au tuteur des biens du mineur, lorsqu'il y est autorisé par le conseil de famille (C. N., 450) ;

12° De recevoir copie des appels interjetés contre le mineur (C. pr., 444).

La nomination du subrogé tuteur doit avoir lieu immédiatement après celle du tuteur élu par le conseil de famille (C. N., 422).

A la naissance de l'enfant posthume, le curateur au ventre est, de plein droit, son subrogé tuteur (C. N., 393).

Dans les autres cas : tutelle du survivant des père et mère (C. N., 389 et suiv.), tuteur choisi par ce survivant (C. N., 397 et suiv.), tutelle légale des ascendants (C. N., 402 et suiv.), le tuteur doit, avant de s'ingérer dans sa gestion, faire convoquer le conseil de famille pour la nomination du subrogé tuteur, sous peine de retrait de la tutelle, s'il y a eu dol, et sans préjudice des indemnités dues au mineur (C. N., 421).

En aucun cas, le tuteur ne vote pour la nomination du subrogé tuteur (C. N., 423).

Lorsque le subrogé tuteur se trouve avoir des intérêts opposés à ceux du mineur, il est suppléé par un subrogé tuteur *ad hoc*, nommé par le conseil de famille (Dictionnaire du Notariat, 4e édit., v° *Subrogé tuteur*, n° 26).

Les causes de dispense, d'incapacité, d'exclusion et de destitution du tuteur sont communes au subrogé tuteur (C. N., 426). V. à ce, § 3, I.

III. — Attributions diverses du conseil de famille.

La loi en ne conférant de pouvoirs au tuteur que pour les actes conservatoires et d'administration (C. N., 450), a chargé le conseil de famille d'émettre son avis et, dans un grand nombre de cas, de prendre des mesures utiles aux intérêts du mineur. Voici, dans l'ordre alphabétique des matières, une nomenclature des attributions du conseil :

ACCEPTATION DE COMMUNAUTÉ. — L'acceptation de communauté entraînant l'obligation d'acquitter les dettes et charges (C. N., 1482), équivaut à l'acceptation de la succession (C. N., 461) et ne peut être classée parmi les actes conservatoires et d'administration ; le tuteur ne peut pas la souscrire de sa propre autorité.

Acceptation de donation. — Cette acceptation ne peut être faite qu'avec l'autorisation du conseil de famille (C. N., 463) ; néanmoins, le père ou la mère, ou les ascendants du mineur peuvent la consentir sans autorisation (C. N., 935 ; Cass. 25 juin 1812).

Acceptation de legs. — L'acceptation du legs universel ou à titre universel oblige, comme celle de la communauté, au payement des dettes et charges (C. N., 1009 et 1012) ; elle doit être autorisée par le conseil de famille.

Acceptation de succession. — Cette acceptation doit être autorisée par le conseil de famille et ne peut l'être que sous bénéfice d'inventaire (C. N., 461), — La succession déjà répudiée en vertu d'une délibération antérieure ne peut être acceptée par le tuteur, lorsqu'aucune acceptation n'a été faite, qu'en vertu d'une nouvelle délibération (C. N., 462).

Acquiescement. — Le tuteur ne peut acquiescer à une demande introduite contre le mineur et relative à des droits immobiliers, sans y être autorisé par le conseil de famille (C. N. 464).

Acquisition. — Tous ceux auxquels la loi ne l'interdit pas peuvent acquérir (C. N., 1594) ; il en résulte que le tuteur peut acheter des immeubles pour le compte de son mineur sans l'autorisation du conseil de famille (Cass., 6 janv. 1863 : *Moniteur des tribunaux*, 1863, p. 155).

Actes de l'état civil. — Le conseil de famille peut être appelé à délibérer sur les demandes en rectification d'actes de l'état civil intéressant le mineur (C. pr., 856).

Action. — Le tuteur ne peut, sans l'autorisation du conseil de famille, introduire aucune action relative aux droits immobiliers du mineur (C. pr., 464). Cependant l'art. 464 ne s'applique pas au cas où il s'agit d'une action possessoire que le tuteur peut intenter sans autorisation (O. Bourbeau, n° 396 ; Sirey, note 16 sur l'art. 464).

Aide gérant du tuteur. — Dans toute tutelle autre que celle des père et mère, le conseil de famille doit, avant l'entrée en exercice du tuteur, décider si celui-ci est autorisé à s'aider dans sa gestion d'un ou plusieurs administrateurs particuliers, salariés et gérant sous sa responsabilité (C. N., 454).

Aliénation d'immeubles. — L'aliénation des immeubles du mineur ne peut être consentie qu'en vertu d'une délibération homologuée du conseil de famille (C. N., 457 et 458 ; C. pr., 953). — La même autorisation est nécessaire au mineur émancipé (C. N., 484). —

V. à cette nomenclature les mots : *Cession*, *Transfert* et *Transport*.

ALIÉNÉS. — Avant que les médecins aient déclaré la guérison d'une personne placée dans un établissement d'aliénés, le conseil de famille peut en autoriser le retrait (L. 30 mars 1838, art. 14, n° 6).

Ce conseil est appelé à émettre son avis sur l'opposition formée à la demande de retrait faite par la personne qui a requis l'admission de l'aliéné dans l'établissement (même loi, art. 14, n° 5).

Il prononce lorsque, de l'opposition notifiée au chef de l'établissement, il résulte qu'il y a dissentiment, soit entre les ascendants, soit entre les descendants (même loi, art. 14, n° 6).

AUTORISATION POUR FAIRE LE COMMERCE. — Le mineur émancipé resté sans père ni mère ne peut faire des opérations de commerce qu'après y avoir été autorisé par son conseil de famille (C. comm., 2).

BORNAGE. — L'action en bornage ne peut être intentée par le tuteur sans l'autorisation du conseil de famille (Pardessus, n° 335; Delvincourt, p. 386; Dict. du Notariat, 4e édit., v° *Bornage*, n° 33). Cependant lorsque l'action en bornage ne soulève pas la question de propriété, elle est un acte purement conservatoire, classé dans les attributions exclusives du tuteur (O. Bourbeau, n° 252).

CESSION DE CRÉANCE. — Le tuteur ne peut consentir la cession des créances appartenant au mineur qu'en vertu d'une délibération du conseil de famille (Dict. du Not., 4e édit., v° *Tutelle*, n° 326).

CONSENTEMENT A MARIAGE. — Si le mineur n'a ni père, ni mère, ni aïeuls, ni aïeules, ou si les uns et les autres se trouvent dans l'impossibilité de manifester leur volonté, il ne peut contracter mariage sans le consentement de son conseil de famille (C. N., 160, 1095 et 1398). — Pour la validité des conventions civiles du mariage, le conseil ne doit pas se borner à déléguer un de ses membres avec mandat de stipuler au contrat de mariage les clauses qui lui paraîtraient favorables aux intérêts du mineur; il doit énoncer les clauses proposées et s'expliquer sur chacune d'elles; son autorisation doit être spécialisée (C. N., 159 et 511, Cass., 15 nov. 1858).

CRÉDIT FONCIER. — V. à ce Guide, le mot : *Crédit foncier*.

DÉLIVRANCE DE LEGS. — Si la délivrance est demandée à un mineur institué légataire universel, le tuteur trouve le droit de la consentir dans la délibération du conseil de famille qui a autorisé l'acceptation du legs; mais quand le mineur doit la délivrance en qualité d'héritier, il est prudent au tuteur de n'accorder cette délivrance que sur un avis spécial du conseil de famille, notamment lorsqu'il s'agit d'un legs d'immeuble (Argument de l'art. 464, C. N.).

DÉPENSES ANNUELLES. — Dans toute tutelle autre que celle des père et mère, le conseil de famille doit, avant l'entrée en exercice du tuteur, régler par aperçu la dépense annuelle du mineur et celle de l'administration de ses biens (C. N., 454).

DESTITUTION DU TUTEUR. — Toutes les fois qu'il y a lieu à destitution du tuteur, cette destitution est prononcée par le conseil de famille convoqué à la diligence du subrogé tuteur ou d'office par le juge de paix, qui ne peut se dispenser de faire la convocation lorsqu'elle est formellement requise par un ou plusieurs parents ou alliés du mineur au degré de cousin germain ou à des degrés plus proches (C. N., 446).

Toute délibération qui prononce la destitution doit être motivée et ne peut être prise qu'après avoir entendu ou appelé le tuteur (C. N., 447).

S'il y a adhésion de celui-ci, le nouveau tuteur entre aussitôt en fonction; sinon, le subrogé tuteur poursuit l'homologation devant le tribunal de première instance (C. N., 448).

Le juge de paix, le subrogé tuteur et le parent qui ont provoqué la destitution ont le droit de voter dans le conseil de famille.

V. *supra*, § 2, II.

DESTITUTION DU SUBROGÉ TUTEUR. — Cette destitution est soumise aux mêmes règles que celles du tuteur (C. N., 426); cependant, en aucun cas, le tuteur n'est admis à voter sur la destitution du subrogé tuteur (*ibid.*).

DISPARITION DU PÈRE. — V. *absence* et *supra*, § 1er, I.

ÉMANCIPATION. — Le conseil de famille délibère sur l'émancipation du mineur resté sans père ni mère et âgé de 18 ans révolus (C. N., 478). — La convocation à cet effet peut être requise, à défaut du tuteur, par un ou plusieurs parents ou alliés du mineur au degré de cousin germain ou à des degrés plus proches (C. N., 479).

L'émancipation peut être retirée par le conseil de famille lorsque les engagements du mineur ont été réduits (C. N., 485).

EMPLOI DE CAPITAUX. — Le conseil de famille doit déterminer positivement la somme à laquelle commencera pour le tuteur l'obligation d'employer l'excédant des revenus sur la dépense, faute de quoi le tuteur devra personnellement l'intérêt des sommes les plus modiques (C. N., 455 et 456).

EMPRUNT. — Le tuteur ne peut emprunter pour le mineur qu'en vertu d'une délibération homologuée du conseil de famille (C. N.,

457 et 458). Le mineur émancipé est soumis à la même autorisation (C. N., 483).

ENFANT NATUREL. — Les attributions du conseil de famille s'appliquent à tous les enfants mineurs, légitimes ou non. V. *supra*, § 2, I, et à cette nomenclature, les mots : *Consentement à mariage* et *Enrôlement volontaire*.

ENRÔLEMENT VOLONTAIRE. — Le mineur âgé de moins de vingt ans ne peut contracter d'enrôlement volontaire qu'avec le consentement de son père ; à défaut du père, de la mère, et à défaut du père et de la mère, de son conseil de famille (L. 21 mai 1832, art. 32).

V. *Greffier*, § 4, VIII.

ETATS DE SITUATION. — Le conseil de famille peut imposer à tout tuteur autre que le père ou la mère l'obligation de remettre au subrogé tuteur, une fois par an ou à des intervalles plus longs, des états de situation de sa gestion (C. N., 470).

FERME AU TUTEUR. — Le conseil de famille peut autoriser le subrogé tuteur à affermer au tuteur les biens du mineur (C. N., 450).

GARDE DES ENFANTS. — Lorsque la séparation a été prononcée, le conseil de famille peut demander que la garde des enfants mineurs soit confiée à celui des époux contre lequel la séparation a été obtenue (C. N., 267, 302 et 307). V. *supra*, § 2, II.

GROSSES RÉPARATIONS. — Il est convenable que le tuteur demande l'avis du conseil de famille pour faire les grosses réparations (C. N., 606) ; cet avis est nécessaire s'il s'agit d'engager à cette occasion les capitaux du mineur (Demolombe, nos 468 et s.).

INTERDICTION. — Le conseil de famille est appelé à donner son avis sur l'état de la personne dont l'interdiction est demandée (C. N., 494 ; c. pr. 892). V. *upra*, § 2, I.

La femme peut être nommée tutrice de son mari interdit ; mais, en la nommant, le conseil de famille peut régler la forme et les conditions de l'administration (C. N., 507).

Le conseil de famille peut arrêter que l'interdit sera traité dans son domicile ou qu'il sera placé dans une maison de santé ou dans un hospice (C. N., 510).

LEGS. — V. à cette nomenclature les mots : *Acceptation de legs ; Délivrance de legs.*

LICITATION. — Le tuteur ne peut pas provoquer une licitation sans l'autorisation homologuée du conseil de famille (C. N., 457, 458 ; C. pr., 838 et 839).

MAINLEVÉE D'HYPOTHÈQUE. — Lorsque le tuteur ne reçoit pas le montant de la créance, il ne peut consentir ni la mainlevée de l'hypothèque, ni sa transmission d'un immeuble sur un autre immeuble, sans y être autorisé par le conseil de famille (Dict. du Not., 4e édit., v° *Tutelle*, n° 329).

V. *Réduction d'hypothèque*, infra.

MILITAIRE ABSENT. — Le conseil de famille d'un militaire absent peut être convoqué devant le juge de paix du domicile où s'est ouverte une succession au profit de ce militaire, lorsqu'il s'est écoulé un mois sans réponse aux lettres écrites par le juge de paix en exécution de la loi du 11-15 ventôse an 2. Ce conseil est convoqué à la requête du maire ou d'amis et voisins et il nomme un tuteur au militaire absent.

Ces dispositions ont été rendues communes aux officiers de santé et à tous autres citoyens attachés au service des armées (L. 16 fruct. an 2).

V. *Scellé*, tit. 2, § 2 et tit. 3, § 2.

MINEUR ÉMANCIPÉ. — Le mineur émancipé doit être autorisé par son conseil de famille pour tous les actes autres que ceux de pure administration (C. N., 484) et pour faire le commerce (C. c., 2).

OPPOSITION A MARIAGE. — Le tuteur ne peut former opposition au mariage du mineur si le conseil de famille ne l'y a pas autorisé (C. N., 175).

PARTAGE. — Le tuteur ne peut pas provoquer un partage sans y être autorisé par le conseil de famille (C. N., 465, 817 et 840).

PROCÈS. — V. à cette nomenclature : *Action*; *Acquiescement*; *Transaction*.

RACHAT. — La prorogation du délai de rachat est une véritable aliénation; le tuteur ne peut la consentir que dans les formes prescrites pour la vente (Dictionnaire du Notariat, 4e édit., v° *Tutelle*, n° 325).

V. à cette nomenclature le mot *Aliénation*.

RÉCLUSION DE MINEUR. — Le conseil de famille reçoit les plaintes du tuteur lorsque celui-ci a de graves sujets de mécontentement sur la conduite du mineur et il peut autoriser le tuteur à provoquer la réclusion (C. N., 468).

RECONNAISSANCE DE DETTE. — L'avis du conseil de famille est nécessaire pour obliger le mineur envers les créanciers d'une succession ouverte à son profit, soit en reconnaissant leurs créances, soit en leur consentant une hypothèque sur les biens héréditaires (Cass., 25 mars 1825).

RECTIFICATION D'ACTE DE L'ÉTAT CIVIL. — V. à cette nomenclature les mots : *Acte de l'état civil.*

RÉDUCTION D'HYPOTHÈQUE. — Le conseil de famille a qualité pour décider que l'hypothèque légale du mineur ne sera inscrite que sur certains immeubles du tuteur (C. N., 2141), et il est appelé à émettre son avis sur la réduction d'hypothèque, lorsqu'elle n'a pas été restreinte par l'acte de nomination du tuteur (C. N., 2143).

S'il s'agit d'une demande en réduction de l'hypothèque légale de la femme, il y a lieu de prendre l'avis des quatre plus proches parents de celle-ci, réunis en assemblée de famille (C. N., 2144).

REMBOURSEMENT DE RENTES. — Le conseil de famille doit émettre son avis sur les évaluations proposées pour le remboursement des rentes dites *foncières* dues au mineur (L. 18-29 déc. 1790, tit. 2, art. 11).

RÉMÉRÉ. — V. *supra* le mot *Rachat.*

RENONCIATION A COMMUNAUTÉ, A LEGS ET A SUCCESSION. — La renonciation est régie par les mêmes principes que l'acceptation.

V. à cette nomenclature les mots : *Acceptation de communauté ; Acceptation de legs ; Acceptation de succession.*

RETRAIT SUCCESSORAL. — Le tuteur qui croit utile aux intérêts du mineur d'exercer ce retrait doit demander l'avis du conseil de famille (Journal des Notaires, art. 1471).

SERMENT DÉCISOIRE. — Le serment décisoire ayant le caractère d'une transaction, ne peut être déféré par le tuteur qu'avec une autorisation homologuée du conseil de famille (Dict. du Not., 4e édit., v° *Serment*, n°s 13 et s.).

SOURD-MUET. — Le conseil de famille nomme un curateur au sourd-muet qui ne sait pas écrire, pour accepter une donation entre-vifs faite en sa faveur (C. N., 936).

V. plus bas le mot *Sourd-muet.*

TITRE NOUVEL. — Le tuteur n'a pas qualité pour consentir un titre nouvel au nom de son pupille, s'il n'y est pas autorisé par le conseil de famille (Dict. du Not., 4e édit., au mot *Tutelle*, n° 308).

TRANSACTION. — Le tuteur ne peut transiger au nom du mineur qu'en vertu d'une délibération homologuée du conseil de famille (C. N. 467 et 2045).

TRANSFERT. — Les inscriptions ou promesses d'inscriptions au-dessus de 50 fr. de rente, ne peuvent être vendues par les tuteurs ou curateurs qu'avec l'autorisation du conseil de famille et suivant le cours du jour légalement constaté (L. 24 mars 1806, art. 3).

Cette règle s'applique aux actions ou portions d'actions de la banque de France toutes les fois que les mineurs possèdent plus d'une action ou un droit dans plusieurs actions, excédant en totalité une action entière (Décr. 25 sept. 1813).

TRANSPORT DE RENTE SUR PARTICULIERS. — Il convient d'appliquer à cette opération les règles du transfert (Dict. du Notariat, 4e édit., v° *Tutelle*, nos 253 et 326).

TUTELLE OFFICIEUSE. — A défaut des père et mère de l'enfant, ou du survivant d'entre eux, le conseil de famille délibère sur le consentement à donner à la tutelle officieuse (C. N., 361).

TUTEUR NON PRÉSENT A SA NOMINATION. — Lorsque le tuteur n'assite pas à sa nomination, le conseil de famille désigne un de ses membres à l'effet de la lui faire notifier dans les trois jours de la délibération, outre un jour par trois myriamètres de distance entre le lieu siége de l'assemblée et le domicile du tuteur (C. pr., 882).

VENTE D'IMMEUBLES. — V. à cette nomenclature le mot *Aliénation*.

Conservateur des hypothèques. — En cas de refus ou de retard de la part du conservateur au sujet de la transcription, de l'inscription des droits hypothécaires, ou de la délivrance des certificats requis, les juges de paix peuvent être appelés à dresser des procès-verbaux de refus ou retardement (C. N., 2199).

Contrainte par corps (1). — Les juges de paix peuvent, comme tous les autres juges, prononcer la contrainte par corps, lorsqu'ils appliquent une loi qui l'ordonne ou l'autorise (Troplong, n° 330; Sirey, note 3 sur l'art. 2060 C. N., et note 5 sur l'art. 2067; Dict. du Notariat, v° *Contrainte par corps*, n° 12; Dict. des justices de paix, même mot, n° 7 et s.; O. Bourbeau, n° 486); mais ils ne peuvent pas la prononcer d'office (Boncenne, t. 2, p. 558; Sirey, note 9 sur l'art. 2069 C. N.).

La contrainte par corps est impérative et doit être prononcée lorsqu'elle est requise :

1° Pour dépôt nécessaire (C. N., 2060), contre les voituriers par terre et par eau (C. N., 1782); contre les aubergistes, hôteliers et logeurs (C. N., 1952), et contre les dépositaires accidentels établis en cas d'incendie, de ruine, de pillage, de naufrage, ou d'autres événements imprévus (C. N., 1949); — V. *Dépôt nécessaire*.

---

(1) Le discours prononcé par l'Empereur à l'ouverture de la session législative de 1865 annonce la prochaine suppression de la contrainte par corps en matière civile.

2° En cas de réintégrande, pour le délaissement, ordonné par justice, d'un fonds dont le propriétaire a été dépouillé par voie de fait; pour la restitution des fruits qui en ont été perçus pendant l'indue possession, et pour le payement des dommages et intérêts adjugés au propriétaire (C. N., 2060, n° 2);

3° En matière de douanes et pour toutes les affaires qui y sont relatives (L. 17 avr. 1832, art. 11).

V. *Douanes, Contrainte (finances).*

4° En matière de contributions indirectes et d'octroi (même loi).

V. *Contrainte (finances); Contributions indirectes; Octroi.*

La contrainte par corps est seulement facultative et peut être accordée ou refusée par le juge de paix lorsqu'elle est requise pour dommages-intérêts (C. pr., 126; Sirey, note 3 sur 2060 C. N., et note 5 sur 2067), notamment dans les matières où la compétence des juges de paix s'étend au delà de 300 fr. (L. du 25 mai 1838, art. 2, 3, 4, 5 et 6), excepté pour le payement des fermages des biens ruraux (L. 13 déc. 1848, art. 2; O. Bourbeau, n° 486); elle ne peut être prononcée pour une somme inférieure (C. N., 2065; C. pr., 126), à moins qu'il ne s'agisse d'un jugement rendu au profit d'un Français contre un étranger, auquel cas le minimum de la somme est fixé à 150 fr. (L. 17 avr. 1832, art. 14).

Sa durée doit être fixée par le jugement de condamnation, dans les limites de 6 mois à 5 ans (L. 13 déc. 1842, art. 12, abrogeant l'art. 7 de la loi du 17 avr. 1832, qui avait fixé d'un à 6 ans la limite de sa durée).

La contrainte par corps ne peut être prononcée,

Contre les mineurs, en aucun cas (C. N., 2064);

Ni contre les femmes et les filles, si ce n'est pour stellionat.

Ni contre les septuagénaires, si ce n'est aussi pour stellionat. Il suffit que la 70e année soit commencée (C. N., 2066).

Elle ne peut pas être prononcée non plus contre le débiteur au profit: 1° de son mari; 2° de sa femme; 3° de ses ascendants, descendants, frères, sœurs ou alliés aux mêmes degrés (L. 17 avr. 1832, art. 19); 4° de son oncle ou sa tante; 5° de son grand-oncle ou sa grand'tante; 6° de son neveu ou de sa nièce; 7° de son petit-neveu ou sa petite-nièce; 8° ni de ses alliés aux mêmes degrés (L. 13 déc. 1848, art. 10).

V. *Prise à partie*, 3°.

Tout jugement rendu au profit d'un Français contre un étranger non domicilié en France emporte la contrainte par corps, à moins que la somme principale de la condamnation soit inférieure à 150 fr. (L. 17 mai 1832, art. 14).

En aucune matière la contrainte par corps ne peut être exercée simultanément contre le mari et la femme (L. 17 avr. 1832, art. 21, et 13 déc. 1848, art. 11).

Les tribunaux peuvent, dans l'intérêt des enfants mineurs du débiteur, et par le jugement de condamnation, surseoir pendant une année au plus à l'exécution de la contrainte par corps (L. 13 déc. 1848, art. 11).

Le débiteur frappé par la contrainte par corps ne peut être arrêté : 1° avant le lever et après le coucher du soleil ; 2° les jours de fête légale ; 3° dans les édifices consacrés au culte et pendant les exercices religieux ; 4° dans le lieu et pendant la tenue des séances des autorités constituées ; 5° dans une maison quelconque, même dans son domicile, à moins qu'il n'ait été ainsi ordonné par le juge de paix du lieu, lequel juge de paix doit, dans ce cas, se transporter dans la maison avec l'officier ministériel, ou déléguer un commissaire de police (C. pr., 781).

Contrainte (finances). Les juges de paix visent et rendent exécutoires les contraintes décernées dans leur ressort :

1° Par les receveurs particuliers des finances, contre les percepteurs trouvés en état de malversation (arrêté 16 ther. an 8, art. 33) ;

2° Par les receveurs ou préposés de la régie de l'enregistrement et des domaines :

Pour le recouvrement des droits d'enregistrement et le payement des amendes y relatives (L. 22 frim. an 7, art. 64) ;

V. *Opposition* ;

Pour le recouvrement des droits de timbre et le payement des amendes en cette matière (L. 28 avr. 1816, art. 76). Dans ce cas la contrainte doit être appuyée du procès-verbal exigé par les articles, non abrogés, 31 et 32 de la loi du 13 brum. an 7 (Cass., 26 févr. 1835) ;

Pour le recouvrement des droits et salaires des inscriptions hypothécaires prises pour la conservation des créances appartenant à l'État, aux hospices et aux autres établissements publics, lorsque l'inscription a été prise sans avance du droit et des salaires (L. 21 vent. an 7, art. 23 et 24) ;

Et pour les droits et amendes dus à l'occasion des contraventions aux lois sur les ventes publiques de meubles (L. 22 pluv. an 7, art. 8) ;

3° Par les préposés à la perception des droits de douanes, tant pour non-rapport des décharges d'acquits-à-caution et à défaut de consignation du droit, que pour retard ou refus de payement des crédits obtenus (Décr. 6-22 août 1791, tit. 3, art. 12, et tit. 13, art. 31 et 32; 1-5 germ. an 2, tit. 7, art. 4, et 14 fruct. an 3, art. 10);

4° Par les directeurs et les receveurs de la régie des contributions indirectes, contre les redevables en retard (L. 5-15 vent. an 12, art. 89; Décr. 1er germ. an 13, art. 43 à 45; L. 24 avr. 1806, art. 39; L. 28 avril 1816, art. 239);

5° Par les directeurs des postes, pour le recouvrement du droit des imprimés et journaux, des circulaires ou avis divers imprimés, lithographiés ou autographiés, expédiés sans affranchissement préalable et dont le port, pour une cause quelconque, n'a pas été acquitté au bureau de destination (L. 20-25 mai 1854, art. 2);

6° Par les inspecteurs des finances, contre les receveurs des communes trouvés en déficit excédant le montant du cautionnement (Décr. 27 févr. 1811, art. 6).

7° Par les receveurs municipaux, contre les régisseurs, fermiers, receveurs et autres préposés à la recette des octrois (Décr. 15 nov. 1810; Ord. 9 déc. 1814, art. 36 et 44), et pour les droits de pesage et de mesurage (Décr. 26 sept. 1811);

8° Par les receveurs et préposés à la recette des droits d'octroi, contre les redevables en retard (L. 5 vent. an 12, art. 89; Décr. 1er germ. an 13, art. 43; L. 24 avr. 1806, art. 39; Ord. 9 déc. 1814, art. 36; L. 28 avr. 1816, art. 239).

C'est le juge de paix du canton où se trouve le chef-lieu du bureau qui doit viser la contrainte et la rendre exécutoire (Argument de l'art. 64 L. 22 frim. an 7).

Le juge de paix ne peut refuser de viser la contrainte pour être exécutée, à peine de répondre des valeurs pour lesquelles la contrainte a été décernée (Décr. 5-22 août 1791, tit. 13, art. 32, et 1er germ. an 13, art. 44).

Le visa et l'exécutoire sont deux formalités distinctes; une contrainte qui n'aurait été que *visée* sans être déclaré *exécutoire*, pourrait être annulée sur l'opposition (Cass., 18 mai 1809).

La contrainte doit être sur papier timbré (Décision du ministre des finances, 26 fruct. an 7); le visa et l'exécutoire peuvent être placés à la suite ou à la marge sans contravention à la loi sur le timbre (Cass., 15 juill. 1806).

V. *Exécutoire; Opposition.*

Contrefaçon. — V. *Brevet d'invention.*

Contre-seing de lettres et paquets. — V. *Franchise et contre-seing.*

Contributions directes. — Dans les trois jours du déménagement furtif du locataire, le propriétaire ou le principal locataire qui ne veulent pas être responsables des termes échus des contributions du locataire déménagé, peuvent requérir le juge de paix ou le commissaire de police de constater le déménagement furtif (L. 26-31 mars 1831, art. 20).

V. *Contrainte (finances).*

Contribution foncière. — V. *Mercuriales.*

Contributions indirectes. — S'il y a contestation sur un jaugeage fait par les employés de la régie, le juge de paix, sur la requête de la partie qui conteste, nomme un expert pour la vérification et reçoit son serment (L. 28 avr. 1816, art. 146).

V. *Ordonnance.*

Les juges de paix assistent les employés des contributions indirectes dans leurs perquisitions (L. 28 avr. 1816, art. 237, et 25 mars 1817, art. 106).

V. *Contrainte par corps; Contrainte (finances); Cote et paraphe.*

Costume. — Les juges de paix ont un costume obligatoire pour les audiences (V. *Audience*), et, dans l'exercice de leurs fonctions hors l'audience, ils portent une ceinture de soie orange à glands de soie verte en torsade (Décr. 18-23 juin 1852).

Cote et paraphe de registres et répertoires. — La loi charge les juges de paix de coter et de parapher :

1° Le répertoire et les registres du greffier;

V. *Greffier*, § 4, IV et V;

2° Les répertoires des huissiers de leurs cantons (Décr. 14 juin 1813, art. 46);

3° Les registres tenus dans les bureaux de douanes de leur ressort (Décr. 6-22 août 1791, tit. 13, art. 27 et 28);

4° Les registres portatifs des employés de la régie des contributions indirectes (L. 28 avr. 1816, art. 241);

5° Ceux des débitants (même loi, art. 55);

6° Ceux des brasseurs (même loi, art. 126);

7° Les répertoires des compagnies d'assurances terrestres (L. 5-14 juin 1850, art. 35);

8° Et ceux des compagnies d'assurances maritimes (même loi, art. 44).

Cours d'eau. — Le juge de paix de la situation de l'objet litigieux (C. pr., 3, n° 2), ou celui de l'exécution des travaux (Cass., 25 juin 1844), connaît des entreprises commises dans l'année sur les cours d'eau servant à l'irrigation des propriétés et au mouvement des usines et moulins (C. N., 644; L. sur les irrigations, 29 avril 1845 et 11 juillet 1847, et sur le drainage, 11 juin 1854), sans préjudice des attributions de l'autorité administrative dans les cas déterminés par les lois et règlements.	»	toujours.	6, n° 1er.

L'action en indemnité pour dommages causés par une entreprise sur un cours d'eau, faite en vertu d'une autorisation administrative est de la compétence judiciaire. — En ce cas les travaux ne peuvent être considérés comme des travaux publics, lors même qu'ils seraient exécutés par une compagnie de chemin de fer et qu'ils auraient pour but de lui procurer une prise d'eau nécessaire à son exploitation (Cass., 10 août 1864).

Le propriétaire riverain a : 1° le droit d'irrigation non-seulement pour les parcelles de sa propriété contiguës au cours d'eau, mais encore pour celles qui ne sont pas par elles-mêmes riveraines, alors encore qu'elles seraient séparées des premières par des haies ou clôtures; 2° et celui, après s'être servi de l'eau, de la rendre à son cours naturel en aval de la sortie de ses propriétés et même de l'écouler sur le terrain d'autrui moyennant indemnité, alors surtout que la disposition des lieux est telle qu'il ne pourrait la faire écouler sur son propre fonds (Cass., 24 janv. 1865).

Le simple exercice de ce droit, commun à tous les riverains (C. N., 644), ne peut donner lieu à une action soit possessoire, soit pétitoire; il n'autorise que l'action personnelle en indemnité (O. Bourbeau, n° 310).

V. *Action personnelle.*

Crédit foncier. — Si l'emprunteur à la caisse du crédit foncier est tuteur d'un mineur ou d'un interdit, un extrait de l'acte constitutif d'hypothèque doit être signifié au subrogé tuteur et au juge de paix du lieu dans lequel la tutelle s'est ouverte. — Le conseil de famille du mineur ou de l'interdit doit être convoqué dans la quinzaine de cette signification, en présence du subrogé tuteur, pour délibérer sur la question de savoir si l'inscription de l'hypothèque légale de l'interdit ou du mineur sera prise. — Si la délibération est affirmative, et dans le délai de quinzaine, l'hypothèque doit être inscrite par le subrogé tuteur sous sa responsabilité, par les parents ou amis du mineur, ou par le juge de paix (L. 28 févr. 1852, art. 23).

Curage des canaux et fossés. — V. *Canaux*.

Curateur. — V. *Conseil de famille*, § 3, I.

Cures. — V. *Archevêché*.

Déclinatoire. — V. *Exceptions*, I.

Défaut. — La non-comparution de l'une des parties au jour fixé par la citation, donne lieu au jugement par défaut (C. pr., 19); cependant si la citation n'a pas donné un jour franc (C. pr., 5), le juge doit ordonner la réassignation, et les frais de la première citation sont à la charge du demandeur (*ibid.*).

Le défaut de comparution du défendeur régulièrement cité peut résulter de ce qu'il n'a pas été informé à temps de la procédure; dans ce cas, le juge, instruit du fait, peut proroger le délai de l'opposition et accorder le temps qui lui paraîtra convenable (C. pr., 20 et 21).

V. *Absence*.

Dans tous les cas, le défaut du défendeur n'autorise le jugement contre lui que si la demande, vérifiée, a été reconnue juste (O. Bourbeau, n° 492).

Lorsque sur plusieurs défendeurs appelés un seul comparaît et les autres font défaut; il doit être rendu jugement contradictoire avec le défendeur présent, par défaut contre les défendeurs absents. Le *défaut joint* autorisé par l'art. 153 C. pr., n'appartient qu'aux tribunaux supérieurs (O. Bourbeau, n° 493; — Secus, J. L. Jay, Bulletin spécial des décisions des juges de paix 1863, p. 126).

Le défaut du demandeur doit être considéré comme un désistement; c'est le *défaut congé*, le défendeur doit être renvoyé de sa demande (O. Bourbeau, n° 492).

Il est convenable que les jugements par défaut rendus en justice de paix, commettent un huissier pour leur signification; mais l'omission de cette formalité n'entraîne pas nullité; elle peut être ultérieurement réparée par une ordonnance rendue sur requête (Cass., 13 mai 1858; Bourges, 19 avr. 1829).

V. *Opposition*.

Dégradations et pertes. — C'est devant le juge de paix de l'immeuble (C. pr., 3, n° 4) que doivent être portées les actions pour dégradations et pertes arrivées pendant la jouissance du locataire ou fermier (C. N., 1732 et s.), savoir :

Par suite d'incendie ou d'inondation.	100 fr.	200 fr.	1, n° 2, 2e alinéa.
Autrement (L. 11 avril 1838, art. 1er)	100 fr.	1,500 fr.	1, n° 2, 1er alinéa.

V. *Avarie ou perte d'effets* ; *Dommages aux champs, etc.*

Délai. — V. *Cédule* ; *Citation* ; *Conciliation* ; *Conseil de famille* ; § 1er et § 3, I, II et III ; *Contrainte par corps* ; *Défaut* ; *Opposition* ; *Prise à partie* ; *Recusation* ; *Scellé* : tit. 2, § 1er, et tit. 3, § 1er ; *Sursis* ; *Urgence* ; *Appel* ; *Cassation*.

Délégation. — V. *Commission rogatoire*.

Demande incidente. — V. *Incident*.

Demande indéterminée. — Toute demande indéterminée quant à sa valeur, échappe à la compétence du juge de paix pour toutes les matières au sujet desquelles la loi pose des limites en premier ressort.	»	»	1, 2 et 4.
Il n'en est pas ainsi des matières pour lesquelles la compétence en premier ressort est illimitée.	»	»	3, 5 et 6.

V. *Affiche de jugement*.

Demande principale. — Pour déterminer la compétence, on ne doit considérer ni ce qui est dû, ni la quotité de la condamnation, mais bien ce qui est réellement demandé, soit par l'exploit introductif de l'instance, soit par l'énoncé même des titres, soit par les conclusions que les parties ont prises (Carré, t. 1er, p. 4 et 5). De là résulte que lorsqu'une action fait naître une *demande reconventionnelle ou en compensation* (V. ces mots), la nature ou la valeur de la reconvention peut changer la compétence.

V. *Accessoires* ; *Demandes réunies* ; *Reliquat*.

Demande reconventionnelle ou en compensation. — (C. N., 1290 et 1291).

Le juge de paix connaît de ces demandes : 1° Lorsque, considérées en elles-mêmes et abstraction faite de la demande principale, elles sont, par	»	»	7.

leur nature et leur valeur, dans les limites de la compétence telle qu'elle est fixée pour la matière à laquelle elles tiennent, et alors même qu'étant purement personnelles ou mobilières, elles s'élèveraient au-dessus de 200 fr. par leur réunion à la demande principale.	»	»	7.
2° A quelque somme qu'elles puissent monter, lorsqu'elles ont pour objet des dommages-intérêts et sont fondées exclusivement sur la demande principale elle-même, c'est-à-dire quand elles tirent leur principe de la même cause que la demande principale, ou procèdent de la même action ou de la même affaire (Dict. du Not., 4e édit., v° *Reconvention*, n° 7 et s.), ou bien lorsque les dommages-intérêts ont pour fondement le préjudice que peut causer la demande originaire (O. Bourbeau, n° 70).	»	»	7, *in fine*.
Si chacune des demandes principale et reconventionnelle est dans les limites de la compétence du juge de paix en dernier ressort, le juge prononce sans qu'il y ait lieu à appel.	»	»	8.
Si l'une d'elles n'est susceptible d'être jugée qu'à charge d'appel, le juge ne prononce sur le tout qu'en premier ressort.	»	»	8.
Si la demande reconventionnelle ou en compensation excède les limites de sa compétence, le juge de paix peut, soit retenir le jugement de la demande principale et renvoyer sur la demande reconventionnelle devant le tribunal supérieur ; soit se déclarer incompétent et renvoyer	»	»	8.

les parties à se pourvoir sur le tout devant le tribunal de première instance, sans préliminaire de conciliation.	»	»	8.

La demande reconventionnelle ne peut être formée qu'à la première comparution devant le juge de paix (Sirey, note 226 sur la loi de 1838).

La demande en compensation peut être opposée en tout état de cause (*ibid.*, note 228).

On reconnaît la première à ceci : que le défendeur, répondant à l'attaque dirigée contre lui, sollicite une condamnation contre le demandeur originaire, dans ce cas, il devient demandeur par reconvention, il a formé une demande reconventionnelle.

La demande en compensation ne se produit pas dans les mêmes conditions; elle suppose la préexistence de l'obligation alléguée par le demandeur, mais en même temps elle a pour objet de faire déclarer cette obligation éteinte par une cause postérieure, par exemple lorsque le défendeur est devenu créancier de celui qui réclame le payement de la dette primitive, alors que les deux dettes sont également liquides et exigibles.

Demandes réunies. — Lorsque plusieurs demandes, formulées par la même partie sont réunies dans une même instance, le juge de paix ne prononce qu'en premier ressort si leur valeur totale s'élève au-dessus de 100 fr., quand même quelqu'une de ces demandes serait inférieure à cette somme.	»	»	9.
Le juge de paix est incompétent pour le tout, si, par leur réunion, ces demandes excèdent les limites de sa juridiction.	»	»	9.

Il y a contradiction de doctrine pour l'application de cette règle.

M. Curasson (t. 2, p. 543) enseigne qu'il faut cumuler le chiffre des demandes et renvoyer la cause s'il excède le taux de la compétence la plus élevée ; M. O. Bourdeau (n° 85) combat cette doctrine et formule ainsi les règles à suivre : « Lorsque ces de-
» mandes, considérées séparément, rentrent dans la compétence
» du juge de paix, elles ne doivent pas être cumulées pour en

» faire ressortir l'incompétence du juge, et il a le droit d'y statuer » comme si elles avaient été portées devant lui par des citations » distinctes. — Si l'une des demandes excède la compétence du » juge, il doit, en retenant la connaissance des autres, renvoyer » devant le juge compétent celle qui est en dehors de sa juri- » diction. »

Lorsque, sur une saisie-gagerie de la compétence du juge de paix, il y a opposition de la part des tiers, pour des causes et pour des sommes qui, réunies, excèdent cette compétence, il en est déféré au tribunal supérieur.	»	»	10, 2e alinéa.

Lorsque la réunion des demandes se produit par le concours de plusieurs demandeurs, la règle de compétence n'est plus la même ; il faut, dans ce cas, prendre pour mesure de la compétence, non le total des demandes réunies, mais l'intérêt individuel de chaque demandeur (Cass., 18 janv. 1860 ; O. Bourbeau, n° 86), alors même que les demandeurs puiseraient dans un titre commun la cause de leurs prétentions réunies (Cass., 25 janv. 1860, chambres réunies ; O. Bourbeau, n° 87 et s.).

Cependant un arrêt de rejet de la Cour suprême du 15 novembre 1864 décide que lorsque devant le juge de paix plusieurs propriétaires en droit demandent, à titre d'indemnité fixe et totale, une somme supérieure au chiffre de la compétence du juge, celui-ci doit se déclarer incompétent, alors même que les demandeurs auraient indiqué dans leurs conclusions la part proportionnelle de leurs droits à la propriété, et que la demande d'indemnité divisée suivant leurs droits fût pour chacun d'eux inférieure au taux de la compétence du juge de paix.

V. Preuve testimoniale ; *Réserves*.

Déni de justice. — Il y a déni de justice : 1° si le juge refuse de juger sous prétexte du silence, de l'obscurité ou de l'insuffisance de la loi (C. N., 4), 2° et s'il refuse de répondre les requêtes ou de juger les affaires en état et en tour d'être jugées (C. pr., 506).

Le déni de justice, réprimé par l'art. 185 C. p., peut autoriser la prise à partie.

Dénonciation de nouvel œuvre. — La dénonciation de nouvel œuvre n'a point pour objet, comme l'action possessoire, à laquelle cependant on l'assimile, de faire maintenir ou réintégrer le plaignant dans la possession du terrain sur lequel le nouvel œuvre a été élevé; mais elle tend, ce qui revient au même, à le faire maintenir ou réintégrer dans la *quasi-possession* en vertu de laquelle il a droit de ne pas souffrir de préjudice à raison de ce qui peut se faire sur ce terrain (Dictionnaire du Notariat, 4e édit., vo *Dénonciation de nouvel œuvre*, no 2 à 4; Curasson, sur l'art. 6 de la loi de 1838).

Elle est ouverte soit pour conserver un droit acquis sur l'héritage voisin, tel qu'un droit de vue, de passage, de gouttière, etc., auquel préjudicie le nouvel œuvre, soit pour éloigner de son propre fonds le danger dont on est menacé par ce nouvel œuvre (*ibid.*).

Le voisin est censé faire un nouvel œuvre lorsqu'il bâtit, ou démolit, ou change l'état des lieux (*ibid.*).

La dénonciation de nouvel œuvre, fondée sur des faits commis dans l'année (C. pr., 23 et s.), doit être portée devant le juge de paix de la situation des lieux (C. pr., 3, no 2),	»	toujours.	6, no 1er.

V. *Action possessoire*; *Complainte*; *Réintégrande*.

Denrées. — V. *Mercuriales*.

Dépens. — La partie qui succombe doit les dépens (C. pr., 130); cependant les dépens peuvent être compensés en tout ou en partie, entre conjoints, ascendants, descendants, frères et sœurs et alliés aux mêmes degrés, et aussi lorsque les parties succombent respectivement sur quelques chefs (C. p., 131).

V. *Frais frustratoires*.

Dépenses d'hôtellerie, d'auberge, etc. — V. *Aubergiste*.

Déplacement (transport). — V. *Traitement des juges de paix*.

Déplacement de bornes. — V. *Bornage*.

Déport. — Le déport autorisé par l'art. 380 C. pr., est applicable aux juges de paix (Cass., 21 avril 1812; O. Bourbeau, no 529; J.-L. Jay, Compétence civile, no 1513 et s.).

Dépositaires publics de titres. — Le juge de paix du domicile du défendeur (C. pr., 2), connaît des actions formées contre les notaires, avoués, huissiers et autres	100 fr.	200 fr.	1er.

détenteurs de pièces, pour la remise des titres, papiers et contrats de rentes qui, leur ayant été confiés, ne sont pas remis à la première réquisition qui leur est faite (L. 6-8 pluviôse an 2, art. 5 ; C. N., 2276).	100 fr.	200 fr.	1er.

Dépôt. — V. *Contrainte par corps*; *Dépositaires publics* ; *Dépôt nécessaire* ; *Dépôt de testament* ; *Preuve testimoniale*.

Dépôt nécessaire. — Le juge de paix du domicile du défendeur (C. pr., 2), connaît des actions pour dépôt nécessaire :

1° Lorsque le dépôt a été forcé par quelque accident, tel qu'un incendie, une ruine, un pillage, un naufrage ou autre événement imprévu (C. N., 1949),	100 fr.	200 fr.	1er.
2° Et quand il a été fait,			
Soit aux aubergistes, hôteliers ou logeurs, par le voyageur qui a logé chez eux (C. N., 1952 et s. ; L. 11 avril 1838, art. 1er) ;	100 fr.	1500 fr.	2, § 2.
Soit aux voituriers par terre ou par eau, par les voyageurs (C. N., 1782 et s. ; L. 11 avril 1838, art. 1er).	100 fr.	1500 fr.	2, § 3.

V. *Baigneurs publics* ; *Contrainte par corps* ; *Preuve testimoniale*.

Dépôt de testament. — Les testaments faits à la mer et transmis par le ministre de la marine doivent être déposés au greffe de la justice de paix du domicile du testateur (C. N., 991). V. *Greffier*, § 3, II.

Désaveu d'actes et contrats. — Le désaveu contre des actes se rattachant à l'instance dont le juge de paix est saisi, n'est pas de la compétence de ce magistrat, qui doit surseoir et renvoyer les parties devant le tribunal de première instance pour le faire juger préalablement à la décision du fond (Décr., 14 juin 1813, art. 73 ; O. Bourbeau, n° 59).

Désaveu de paternité. — C'est par le conseil de famille et non par le tribunal que doit être nommé le tuteur *ad hoc* dont l'art. 318 du C. N. veut que l'enfant mineur soit pourvu pour défendre à l'action. Et c'est d'après les règles de l'art. 407 que doit se former le conseil de famille appelé à nommer ce tuteur (Cass., 14 fév. 1854 et 9 mai 1864; Paris, 22 juin 1842; Liége, 3 mai 1853).

V. *Conseil de famille*, § 3, I.

Devis et marchés. — Lorsque l'entrepreneur travaille à prix fait et non au jour, au mois ou à l'année, soit qu'il fournisse les matériaux et son travail, soit qu'il ne doive que son travail seulement, les contestations qui naissent de son marché engendrent une action purement personnelle et mobilière qui doit être portée devant le juge de paix du domicile du défendeur (C. pr., 2; O. Bourbeau, nº 191).	100 fr.	200 fr.	1er.
Cependant si un tel marché était passé par un ouvrier travaillant à prix fait, au profit d'une manufacture, d'un atelier, d'un patron, la compétence changerait, car alors la contestation s'élèverait entre maître et ouvrier (O. Bourbeau, nº 192).	100 fr.	illimité.	5, nº 3.

Diffamation verbale. — Toute allégation ou imputation d'un fait qui porte atteinte à l'honneur ou à la considération de la personne ou du corps auquel ce fait est imputé est une diffamation (L. 17 mai 1819, art. 13). V. *Injure*.

Lorsque les parties ne se sont pas pourvues par la voie criminelle, l'action pour diffamation *verbale* (L. 26 mai 1819, art. 20) doit être portée devant le juge de paix du domicile du défendeur (C. pr., 2; Cass., 9 déc. 1863).	100 fr.	illimité.	5, nº 5.

La loi de 1838 ne fait pas de distinction entre la diffamation publique et la diffamation non publique; dès lors les actions civiles pour diffamation verbale et pour injures publiques ou non publiques, verbales ou par écrit, autrement que par la voie de la presse, sont de la compétence des juges de paix, lorsque les parties ne se sont pas pourvues par la voie criminelle. Les tribunaux de justice de paix peuvent, comme tous les autres tribunaux, ordonner l'impression et l'affiche de leurs jugements, à titre de réparations civiles (Cass., 31 mai 1864, 3 juin 1858).

V. *Affiche de jugement.*

Dimanches et fêtes. — Les juges de paix peuvent juger le dimanche et les jours de fête, le matin et l'après-midi (C. pr., 8), ce qui semble réserver les heures consacrées au culte public.

Aucun exploit ne peut être donné le dimanche et les jours de fête, si ce n'est en vertu d'une permission du juge, dans les cas où il y a péril en la demeure (C. pr., 1037), ce qui comprend le cas où le juge fait citer d'urgence, à bref délai (C. pr., 6).

Les jours de fête légale sont :

Les fêtes religieuses suivantes : l'Ascension, l'Assomption, la Toussaint et Noël (L. 18 germinal an 10, art. 41 ; arrêté 29 germinal an 10) ;

La fête nationale du 15 août (Décr. 16 janvier 1852) ;

Et la fête de famille du 1er janvier (décision du Conseil d'État, 20 mars 1810).

V. *Contrainte par corps.*

Disjonction de demandes. — V. *Demande reconventionnelle ; Demandes réunies.*

Dispostions générales ou réglementaires. — Les juges ne peuvent prononcer par voie de dispositions générales et réglementaires (L. 16-24 août 1790, tit. 2, art. 13 ; C. N., 5 ; C. p., 127).

Distances prescrites. — L'action qu'engendre l'inobservation des distances prescrites par les règlements et usages, et des travaux à faire pour éviter de nuire aux voisins, lorsqu'il s'agit de creuser un puits ou une fosse d'aisance près d'un mur, mitoyen ou non, d'y construire cheminée ou âtre, four ou fourneau, d'y adosser une étable ou d'établir contre ce mur un magasin

de sel ou amas de matières corrosives (C. N., 674), doit être portée devant le juge de paix de la situation des lieux (argument de l'art. 59 C. pr.), lorsque la propriété ou la mitoyenneté du mur ne sont pas contestées.	»	toujours.	6, n° 3.

Pour les distances relatives aux plantations *d'arbres et haies*, V. ces mots. V. aussi : *Usages locaux.*

Domaine congéable. — V. *Bail à convenant.*

Domestiques. — V. *Louage de domestiques et ouvriers.*

Domicile. — C'est par l'huissier du domicile du défendeur que doit être faite la citation en justice de paix (C. pr., 4), et c'est devant le juge de paix de ce domicile que doit être portée l'action purement mobilière et personnelle (C. pr., 2), à moins que pour l'exécution de l'acte dont l'action découle, le défendeur n'ait élu domicile dans un autre lieu, auquel cas la citation peut être remise par l'huissier et l'action portée devant le juge du domicile élu (C. N., 111).

Le domicile de tout Français, quant à l'exercice de ses droits civils, est au lieu où il a son principal établissement (C. N., 102 à 107);

Celui de la femme mariée est chez son mari (C. N., 108);

Celui du mineur non émancipé, chez ses père et mère ou tuteur (C. N., 108), et celui du majeur interdit chez son tuteur (C. N., 108). Mais ces domiciles, en ce qui touche la compétence du conseil de famille, sont invariables et restent toujours au lieu où la tutelle s'est ouverte.

V. *Conseil de famille*, § 1er.

Les majeurs servant ou travaillant habituellement chez autrui, ont le même domicile que la personne qu'ils servent ou pour laquelle ils travaillent, lorsqu'ils demeurent avec elle, dans la même maison (C. N., 109).

Pour les actions dirigées contre une succession ou contre une société civile, V. *Conciliation*, 2° et 3°.

La question de savoir si un individu a changé de domicile est une question de fait dont la solution appartient souverainement au juge du fond (Cass., 15 juillet 1863).

Le défaut de domicile est suppléé par la résidence (C. pr., 2).

Dommages aux champs, fruits et récoltes. — Les actions pour dommages faits aux champs, fruits et récoltes, soit par l'homme, soit par les animaux, doivent être portées devant le juge de paix de la situation de l'objet litigieux (C. pr., 3, n° 1er), lorsque les droits de propriété ou de servitude ne sont pas contestés (C. N., 1382 à 1385).	100 fr.	illimité.	5, n° 1er.

Cette action n'a pas besoin d'être intentée dans l'année, comme lorsqu'il s'agit d'une action possessoire (Proc. civ., Foucher, n° 198); pourtant l'action civile en dommages-intérêts, résultant d'une contravention et portée devant les tribunaux civils, séparément de l'action devant les tribunaux répressifs, se prescrit par le même laps de temps que l'action publique (C. i., 640; Cass., 3 août 184 , 29 avril 1846, 14 mars 1853, 6 mars 1855, et 6 mars 1857); d'où il résulte que si le fait dont découle le dommage constitue une contravention, l'action en réparation civile est prescrite, savoir: 1° par un mois, s'il s'agit d'une contravention au Code rural (L. 28 sept.-6 oct. 1791, tit. 1er, sect. 7, art. 8; 2° par trois ou six mois, s'il s'agit d'une contravention forestière (C. f., 185); 3° ou par un an, s'il s'agit d'une contravention au Code pénal (C. i., 640). — M. O. Bourbeau professe (n° 231) que les dommages causés par des faits présentant les caractères des délits et quasi-délits, sont les seuls qui puissent être l'objet de l'action pour dommages aux champs, fruits et récoltes.

Dommages-intérêts. — La compétence des actions en dommages-intérêts est réglée par la matière qui engendre la contestation.

V. *Accessoires*; *Contrainte par corps*; *Demande reconventionnelle*.

Douanes.

§ 1er. — Principes généraux.

En cette matière les contraventions sont poursuivies par la voie civile lorsqu'elles ne donnent lieu qu'à une condamnation à l'amende et à la confiscation; cette condamnation étant considérée comme une réparation civile et les personnes civilement responsables (C. N., 1383 et s.) y étant soumises (Cass., 30 mai et 5 sept. 1828). — La responsabilité s'étend aux propriétaires des marchandises confisquées (L. 6-22 août 1791, tit. 13, art. 20).

L'amende est due personnellement par chaque contrevenant (L. 17 déc. 1814, art. 29), et il y a solidarité entre tous *les condamnés*, non-seulement pour la confiscation, mais encore pour l'amende (L. 4 germ. an ?, tit. 6, art. 22).

Les droits, la confiscation et l'amende sont de droit rigoureux; il est interdit aux juges de les modérer, sous peine d'en répondre personnellement (même loi, art. 23).

Il y a contrainte par corps pour les droits, la confiscation, l'amende et la restitution (même loi, tit. 6, art. 4; L. 17 avril 1832, art. 11).

V. *Contrainte par corps*.

§ 2. — Compétence.

C'est aux juges de paix et non aux tribunaux supérieurs qu'il appartient de connaître, en première instance, des contestations concernant le refus de payer les droits, le non-rapport des acquits-à-caution, et généralement de toutes les contraventions et de toutes les affaires relatives aux douanes, quels que soient les chiffres de l'amende et de la confiscation, et alors même que ces contestations sont introduites par voie d'opposition à des contraintes (L. 14 fruct. an 3, art. 4 et 10; 17 déc. 1814, art. 15, 16, 17 et 29; 27 mars 1817, art. 12 et s.; 21 avril 1818, art. 35; Cass., 8 nov. 1810).

Telle est la règle générale de la compétence; elle souffre exception :

1° En cas de récidive (L. 17 déc. 1814, art. 18);

2° Lorsque la fraude est faite en réunion de trois individus et plus (même loi, art. 17, et L. 28 avril 1816, art. 41 et s.);

3° Si la contrebande est faite sur les côtes maritimes, hors l'enceinte des ports du commerce (L. 21 avril 1818, art. 34 et 37; 5 juillet 1836, art. 3);

4° Et pour les contraventions aux lois relatives à l'exploitation des mines de sel et des sources ou des puits d'eau salée (L. 17 juin 1840, art. 14).

Dans ces divers cas, la répression appartient aux tribunaux correctionnels.

Ainsi les juges de paix connaissent, comme juges civils :

1° De l'opposition faite par toute personne à l'exercice des préposés des douanes. Cette contravention est punie d'une amende de 500 fr. (L. 4 germ. an 2; Cass., 21 niv. an 13).	»	toujours.	»
2° De l'entrepôt clandestin des marchandises manufacturées ou dont le droit d'entrée excède 12 fr. par quintal, ou bien dont la sortie est prohibée ou assujettie à des droits. Dans ce cas, il y a lieu à prononcer la confiscation des marchandises et une amende de 100 fr. encourue par ceux qui ont reçu l'entrepôt (L. 6-22 août 1791, tit. 13, art. 37 à 40; 21 avril 1818, art. 35; 5 juillet 1836, art. 3).	»	toujours.	»

3° Du non-rapport des acquits-à-caution, contravention dont la répression varie, selon les cas (L. 6-22 août 1791, tit. 3, et art. 3 du tit. 4; décret 12 pluv. an 3).	»	toujours.	»
4° De tout transport de sel dans la distance de trois lieues des marais salants, salines ou fabriques situés sur les côtes ou frontières, et dans un rayon de trois lieues des salines et fabriques de l'intérieur, sans congé ou acquit-à-caution (décr. 11 juin 1806, art. 1 et 2; 25 janvier et 6 juin 1807). Cette contravention est punie d'une amende de 100 fr. (L. 24 avril 1806, art. 57, et décr. 25 janv. 1807, art. 2) et de la saisie et confiscation, tant des sels transportés que des chevaux, ânes, mulets, voitures, bateaux, embarcations quelconques et autres moyens employés au transport (décr. 24 avril 1806, art. 57; 11 juin 1806, art. 7 et 16; 25 janv. 1807, art. 2; L. 17 déc. 1814, art. 30).	»	toujours.	»
Ces règles s'appliquent aux enlèvements de sel faits avant le lever ou après le coucher du soleil, à moins de permission expresse de transporter pendant la nuit, exprimée dans le congé ou l'acquit-à-caution, et aussi aux enlèvements faits en ne suivant pas la route indiquée par ces pièces (décr. 11 juin 1806, art. 6 et 7).	»	toujours.	»

La vente aux enchères des chevaux, ânes, mulets, voitures, bateaux ou autres moyens de transport, dont la remise sous caution a été offerte par le procès-verbal et refusée par la partie, est autorisée par ordonnance du juge de paix, rendue sur requête de l'administration des douanes (décr. 20 nov. 1806, art. 1 et 2; 18 sept. 1811, art. 1er).

5° Du transport des marchandises, du port dans les navires ou des navires au port, par le moyen des alléges; du versement de bord à bord et du déchargement à terre, faits hors de la présence des employés des douanes. Ces contraventions sont punies de la confiscation des marchandises et d'une amende de 100 fr. (L. 6-22 août 1791, tit. 13, art. 11; 21 avril 1818, art. 35; 5 juillet 1836, art. 3).	»	toujours.	»
6° Des chargements et déchargements de navires faits dans les ports du commerce, savoir : du 1er avril au 30 septembre, avant 5 heures du matin et après 8 heures du soir, et du 1er octobre au 31 mars avant 7 heures du matin et après 5 heures du soir. Ces contraventions sont réprimées par la saisie et confiscation des marchandises, quand même elles seraient accompagnées de permis (L. 6-22 août 1791, tit. 13, art. 9; 21 avril 1818, art. 35 et 5 juillet 1836, art. 3).	»	toujours.	»

Par le mot *navires* employé dans l'art. 9 de la loi de 1791, on doit entendre tous bâtiments quelconques servant aux transports maritimes, même les alléges ou bateaux de cabotage (Cass., 29 janvier 1834).

7° De tout abordage fait, hors les cas de relâche forcée, par les maîtres ou capitaines des bâtiments de mer au-dessous de 60 tonneaux pour l'Océan et de 40 tonneaux pour la Méditerranée (sauf quelques ports exceptionnels), avec des marchandises, même dans les ports ouverts à leur importation. Cette contravention donne lieu à l'application d'une	»	toujours.	»

amende de 500 fr. contre le capitaine, et elle autorise la retenue du navire et des marchandises pour garantir le payement et l'amende (L. 21 avril 1818, tit. 6, art. 36 et 5 juillet 1836, art. 3).	»	toujours.	»
8° Du fait de recel ou d'achat d'objets saisissables, ou de participation à une contravention aux droits de douanes. Dans ces cas, il y a lieu de prononcer une amende de dix fois la valeur des objets cachés ou achetés (L. 4 germinal an 11, tit. 6, art. 2 et s.; 21 mars 1818, tit. 6, art. 35, et 5 juillet 1836, art. 3).	»	toujours.	»
9° Du défaut de la déclaration prescrite par la loi, soit à l'entrée, soit à la sortie, des objets exempts de droits, selon les spécifications et unités énoncées au tarif général, comme aussi du fait de fausse déclaration. Chacune de ces contraventions est punie d'une amende de 100 fr. (L. 16 mai 1863, art. 19).	»	toujours.	»

§ 3. — **Poursuites.**

Les préposés de l'administration des douanes ont qualité pour constater les contraventions (L. 6-22 août 1791, tit. 10, art. 25); pour faire toutes perquisitions dans les maisons et dans un rayon de deux lieues des côtes et frontières, lorsqu'ils n'ont pas perdu de vue la marchandise, à la condition d'être assistés d'un juge ou d'un officier municipal du lieu (même loi, tit. 13, art. 36); et pour faire tous exploits et actes de justice attribués aux huissiers (même loi, tit. 13, art. 18).

Les rapports doivent énoncer l'offre faite de donner mainlevée des objets saisis, sous caution solvable ou sur consignation, et la réponse de la partie (L. 9 floréal an 7, tit. 4, art. 3 et s.).

Ils doivent aussi constater la lecture du rapport donnée au prévenu présent, l'interpellation qui lui a été faite de le signer et la mention qu'il en a reçu copie avec citation à comparaître dans les

24 heures devant le juge de paix, ou, en cas d'absence du prévenu, la mention que la copie a été affichée, dans le jour, à la porte du bureau (même loi, art. 6).

Les rapports doivent être affirmés dans les 24 heures de leur clôture, devant le président du tribunal civil ou devant le juge de paix, et, à défaut du juge de paix, devant le maire ou les officiers municipaux, dans l'ordre de leur nomination (L. 6 août 1791, tit, 10, art. 18; 4ᵉ jour complémentaire an 11, art. 6, et 24 avril 1806, art. 57).

Les rapports faits et affirmés par deux employés font foi jusqu'à inscription de faux des faits qu'ils constatent, et, dans ce cas, les juges ne peuvent admettre d'autres nullités que celles résultant de l'inobservation des formalités prescrites (L. 6-22 août 1791, tit. 10, art. 25, et 9 floréal an 7, tit. 4, art. 1 à 11).

Les dispositions du tit. 6 de la loi du 28 avril 1816 (art. 59 à 68), et celles des art. 43 et 44 de la loi du 21 avril 1818, relatives à la recherche et à la saisie, à l'intérieur de l'empire, des marchandises prohibées, sont abrogées (L. 13 mai 1863, art. 31).

V. *Contrainte (finances)*; *Cote et paraphe*; *Enregistrement*; *Scellé*, tit. 2, § 2, 4°.

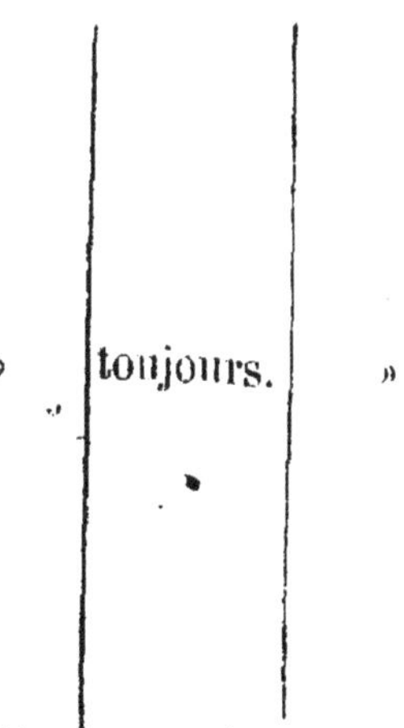

Drainage. — Les contestations auxquelles peuvent donner lieu l'établissement et l'exercice de la servitude, la fixation du parcours des eaux, l'exécution des travaux de drainage ou d'assèchement, les indemnités et les frais d'entretien, sont portées devant le juge de paix du canton qui, en prononçant, doit concilier les intérêts de l'opération avec le respect dû à la propriété (L. 10 juin 1854, art. 5).	»	toujours.	»

S'il y a lieu à expertise, il peut n'être nommé qu'un seul expert (*ibid.*).

Le juge de paix n'a pas à prononcer sur l'établissement de la servitude qui résulte de la loi; il ne doit statuer que sur la ligne du parcours, sur la direction des eaux, sur des questions d'indemnité, sur des points de fait et non sur des points de droit, a dit M. Heurtier, commissaire du gouvernement, lors de la discussion au Corps législatif de l'art. 5 visé.

V. *Marais.*

Ecclésiastiques. — V. *Conseil de famille*, § 3, I; *Enquête.*

Echouement. — V. *Naufrage.*

Elagage. — V. *Arbres et haies vives.*

Emancipation. — L'émancipation s'opère de plein droit par le mariage (C. N., 476).

Le mineur peut être émancipé : 1° à l'âge de quinze ans révolus, par son père ou, à défaut du père, par sa mère, par la seule déclaration qui en est faite devant le juge de paix, assisté du greffier (C. N., 477) ; 2° ou à l'âge de 18 ans révolus, par son conseil de famille, lorsqu'il n'a ni père ni mère (C. N., 478 et 479).

V. *Conseil de famille*, § 3, III.

Les commissions administratives des hospices jouissent, relativement à l'émancipation des mineurs qui sont sous leur tutelle, des droits attribués aux père et mère par le C. N. (L. 15-25 pluv. an 13, art. 4 ; décr. 19 janv. 1811, art. 15).

Emoluments. — V. *Greffier*, § 4, V. n° 4, et § 4, X.

Emphytéose. — V. *Bail emphytéotique.*

Emprunt sur corps et quille de navire. — V. *Ordonnance.*

Enfant naturel. — V. *Conseil de famille*, § 2, I, *in fine*, et § 3, III.

Enquête. — Si les parties sont contraires en faits de nature à être constatés par témoins (V. *Preuve testimoniale*) et dont le juge de paix trouve la vérification utile et admissible, ce magistrat ordonne la preuve et en fixe précisément l'objet (C. pr., 34).

Nul ne doit être assigné comme témoin s'il est parent ou allié en ligne directe de l'une des parties, ou son conjoint, même divorcé (C. pr., 268 ; Sirey, note 1re sur l'art. 36 C. pr.). — En cas d'infraction à cette règle, il n'est pas nécessaire que le reproche soit produit ; le juge doit, d'office, écarter le témoin de l'enquête (Sirey, note 1re sur 268 C. pr.).

Peuvent être reprochés : 1° les parents ou alliés de l'une ou de l'autre des parties, jusqu'au degré de cousin issu de germain inclusivement ; 2° les parents et alliés des conjoints aux mêmes degrés, si le conjoint est vivant ou si la partie ou le témoin en a des enfants vivants ; 3° si le conjoint est décédé sans laisser de descendants, les parents et alliés en ligne directe, les frères, beaux-frères, sœurs et belles-sœurs ; 4° le témoin héritier présomptif ou donataire ; 5° celui qui aura bu ou mangé avec la partie, et à ses frais, depuis la prononciation du jugement qui a ordonné l'enquête ; 6° celui qui aura donné des certificats sur les faits relatifs au procès ; 7° les serviteurs et domestiques de l'une des parties : 8° le témoin en état d'accusation ; 9° celui qui aura été condamné à une peine afflictive ou infamante (C. pén., 7 et 8), ou à une peine correctionnelle pour cause de vol (C. pr., 283 ; Sirey, note 1re sur l'art. 36) ; 10° et tous ceux auxquels les tribunaux correctionnels auront interdit le droit de témoignage en justice (C. pén., 42).

Les reproches ne peuvent être reçus après la déposition commencée que s'ils sont *justifiés par écrit* (C. pr., 36).

Dans les affaires en premier ressort, les reproches doivent être signés par leur auteur (C. pr., 36 et 39) ; il n'en est pas ainsi dans les affaires en dernier ressort, puisque, dans ce cas, l'enquête n'est constatée que par les notes du greffier sur la feuille d'audience (C. pr., 40 ; Sirey, note 2 sur l'art. 36).

V. *Feuille d'audience.*

Les reproches présentés sont jugés : 1° par le juge de paix, dans les causes en dernier ressort, et dans ce cas, si les reproches ne sont pas admis, le juge ordonne que le témoin ne sera pas entendu (Sirey, note 3 sur l'art. 36) ; 2° par le tribunal supérieur, si la cause est en premier ressort, et, dans ce second cas, le témoin doit être entendu (C. pr., 284).

Les témoins, après avoir dit leurs noms, profession, âge et demeure, feront le serment de *dire vérité*, et déclareront s'ils sont parents ou alliés des parties et à quel degré et s'ils sont leurs serviteurs ou domestiques (C. pr., 35) ; cependant les individus âgés de moins de 15 ans sont dispensés du serment (C. i., 79, appliqué en matière civile) et ne sont entendus que sauf à avoir à leur déposition tel égard que de raison (C. pr., 285).

Le témoin qui ne comparaît pas peut être condamné, envers la partie, à titre de dommages-intérêts, à une somme qui ne peut pas être moindre de dix francs et à une amende qui ne peut pas excéder cent francs (C. pr., 263.).

Il est admis que ces dispositions du Code de procédure, écrites au titre *des enquêtes devant les tribunaux de première instance*, s'appliquent aux enquêtes faites devant les justices de paix (Carré, *Quest.* 165 ; J. L. Jay, Compétence générale en matière civile, 1864, n° 1452), et qu'elles doivent s'appliquer au témoin qui refuse de répondre, comme à celui qui fait défaut (Carré, *Quest.* 1036 ; Favard, t. 2, p. 364 ; Thomine, p. 457 ; Boitard, p. 203).

Mais si, en principe, toute personne appelée en justice pour déposer d'un fait à sa connaissance doit son témoignage (Merlin, Repert., v° *Témoins judiciaires*, § 5), même en matière civile (Dalloz, v° *Témoins*, n° 39), cette règle souffre exception vis-à-vis des médecins, chirurgiens, officiers de santé, pharmaciens, sages-femmes et *autres personnes* dépositaires par état ou profession des secrets qu'on leur confie (C. pén., 378), des avocats, avoués, notaires et ecclésiastiques, que la jurisprudence range au nombre de ces autres personnes, tous les quels peuvent s'abstenir de déposer des faits au sujet desquels ils seraient liés par le secret professionnel, à la condition d'affirmer : d'une part, qu'ils n'ont appris le fait qu'à cause de leur profession qui les en rendait les confidents forcés, et, d'autre part, que le secret leur à été demandé, ou, au moins, que le fait a été à leurs yeux d'une nature confidentielle, appréciation qui n'appartient qu'au témoin et et qu'il puise dans les inspirations de sa conscience (Cass., 20 juill. 1845, 10 juin 1853, 6 juin 1855; Dalloz, Répert. général, v° *Témoins*, n° 43 et 59.)

Les témoins sont entendus séparément, en présence des parties, si celles-ci comparaissent (C. pr., 36), lesquelles ne doivent pas les interrompre, mais peuvent, après la déposition, faire présenter les interpellations convenables, ce que le juge peut lui-même faire d'office (C. pr., 37).

L'enquête se fait à l'audience ou sur le lieu litigieux, lorsque la vue de ce lieu peut être utile à l'intelligence des dépositions (C. pr., 38), et dans les formes prescrites par les art. 35 et suivants.

Elle est constatée par un procès-verbal dans les causes sujettes à appel (C. pr., 39), et, dans les causes en dernier ressort, par le texte du jugement (C. pr., 39 et 40), conformément aux notes certifiées par le greffier et vérifiées par le juge sur la feuille d'audience. V. *Feuille d'audience.*

Les règles établies par le C. pr. pour l'audition des témoins devant les juges de paix ne sont pas prescrites à peine de nullité (Curasson, De la preuve testimoniale, § 2, n° 16, 3°; Dict. des justices de paix, v° *Enquête*, n° 5; O. Bourbeau, n° 514); il en résulte que l'enquête est régulière bien qu'elle ne soit pas précédée de la cédule dont parle l'art. 29, et que les témoins aient comparu volontairement (C pr., 1030); seulement les témoins qui se présentent ainsi sont censés avoir renoncé à la taxe et ne peuvent la requérir (Dict. des justices de paix, v° *Enquête*, n° 7).

Enregistrement. — Les juges ne peuvent rendre aucun jugement sur des actes non enregistrés, à peine d'être personnellement responsables des droits (L. 22 frim. an 7, art. 47).

Ainsi, toute pièce visée dans un jugement doit être préalablement enregistrée; il y a cependant exception à cette règle dans les cas suivants :

1° Le jugement peut être rendu avant l'enregistrement de la citation à bref délai, faite en vertu d'une cédule dans les cas prévus par l'art. 6 C. pr. (Instruction générale de la Régie, 436, § 2);

2° Lorsqu'un jugement est à prononcer sans désemparer. Dans ce cas, obliger le juge à surseoir jusqu'à ce que les actes préliminaires aient été enregistrés, serait méconnaître l'intention du législateur; c'est en ce sens qu'il a été reconnu que lorsqu'un jugement de juge de paix a ordonné une visite des lieux ou une enquête, la cédule peut, sans qu'il y ait contravention, être donnée par le juge et notifiée par l'huissier avant l'enregistrement du jugement préparatoire. Le procès-verbal d'expertise peut également être dressé et le jugement définitif rendu, sans que le jugement préparatoire soit préalablement enregistré (Décision du ministre des finances, 18 pluv. an 9; Instruction générale, n° 436, § 5 et 7).

3° Le jugement qui ordonne une remise de cause à une autre audience, soit d'office, soit à la demande des parties, n'est pas sujet à l'enregistrement lorsque le juge n'ordonne ni une preuve, ni une production de pièces (Décision ministérielle du 27 février 1822; Instruction générale, n° 1026; Garnier, Répertoire général, art. 619, n°s 2 et 9).

4° En matière de douanes, les rapports sont dispensés de l'enregistrement lorsqu'il ne se trouve pas de bureau dans la commune du dépôt de la marchandise, ni dans celle où est placé le tribunal qui doit connaître de l'affaire: auquel cas le rapport doit être visé le jour de sa clôture ou le lendemain avant midi par le juge du lieu ou, à son défaut, par l'agent municipal (L. 9 floréal an 7, tit. 4, art. 9).

En matière d'expertise d'immeubles dans les cas prévus par les art. 17 et 19 de la loi du 22 frim. an 7, les experts sont renvoyés, pour leur prestation de serment devant le juge de paix du canton de la situation des biens (L. 15 nov. 1808), et en cas de partage, les experts ne s'entendant pas sur le choix d'un tiers expert, c'est à ce juge de paix qu'il appartient de le nommer (L. 22 frim. an 7, art. 18).

Les receveurs de l'enregistrement ne peuvent délivrer d'extraits de leurs registres que sur une ordonnance du juge de paix, lorsque ces extraits ne sont pas demandés par quelques-unes des parties contractantes ou leurs ayants cause (même loi, art. 58).

V. *Greffier*, § 4, IX.

Entreprise sur les cours d'eau. — V. *Cours d'eau.*

Étable. — V. *Distances prescrites.*

États municipaux pour recouvrement. — V. *Bail à ferme*, § 2, n° 6.

États périodiques. — V. *Greffier*, § 4, XI.

Étranger. — V. *Caution judicatum solvi*; *Contrainte par corps; Scellé*, § 1er.

Évêché. — V. *Archevêché*.

Exceptions.

§ 1er. — **Règle générale.**

Dans les cas prévus par l'art. 1er de la loi du 25 mai 1838, le juge de paix, juge de l'action, l'est également de l'exception. Cette loi n'a apporté de restrictions à ce principe que dans les art. 3, 4, 5 et 6 (Cass., chambre civile, 22 juillet 1861). Cette jurisprudence est conforme à la doctrine des auteurs, à savoir : que toutes les fois qu'une question incidente est élevée et qu'il ne s'agit de la décider que *relativement à la demande*, sans qu'il puisse en sortir d'autre résultat, l'affaire n'excède pas les bornes de la compétence du juge de paix qui, juge de l'action qui lui est soumise, est également juge des exceptions qui y sont opposées (Annales des justices de paix, 1862, p. 14; Moniteur des tribunaux, 1861, p. 542, et 1862, p. 690).

V. *Assurance* (*Contrat d'*).

§ 2. — **Exceptions déclinatoires.**

Les exceptions déclinatoires sont basées sur l'incompétence du tribunal saisi et peuvent se produire dans les cas suivants :

1° Si le défendeur à une action personnelle ou mobilière n'est pas appelé devant le juge de son domicile. V. *Incompétence ratione personæ*.

2° Lorsque le juge étant compétent pour la matière, le *quantum* de la demande excède les limites de sa compétence. V. *Prorogation de juridiction*.

3° Si l'immeuble objet du litige n'est pas situé dans le ressort du juge saisi. V. *Incompétence ratione loci*.

4° Si la matière qui fait l'objet de la contestation n'es pas *expressément* classée par la loi dans la compétence du juge de paix. V. *Incompétence ratione materiæ*.

V. pour tous ces cas : *Litispendance; Prorogation de juridiction*.

§ 3. — Exceptions dilatoires.

Les exceptions de cette nature, tendant seulement à ajourner les poursuites, à retarder l'instruction et le jugement, doivent être proposées conjointement et avant toute défense au fond (C. pr., 186).

Elles ont pour objet, notamment :

1° La *caution judicatum solvi* (C. N., 16 ; C. pr., 166). V. ces mots.

2° Le recours en garantie (C. pr., 32 et 33). V. *Garant*.

3° Le délai pour faire inventaire et délibérer accordé : à l'héritier (C. N., 795 et 797), à la femme survivante (C. N., 1456, 1457 et s.) et à la femme séparée (C. pr., 174 et s.) ;

4° Le terme accordé au débiteur (C. N., 1186) ;

5° La discussion du débiteur principal demandée par la caution qui n'a pas renoncé à ce bénéfice ou ne s'est pas engagée solidairement (C. N., 2021 et s.) ;

6° L'inaccomplissement d'une condition suspensive (C. N., 1181) ;

7° Le sursis nécessaire au jugement d'une question préjudicielle, lorsque le juge saisi n'est pas compétent pour décider cette question (Curasson, t. 2, p. 288).

V. *Faux; Sursis.*

§ 4. — Exceptions péremptoires.

Ces exceptions reposent ou sur la nullité de la procédure ou sur tous les moyens de défense au fond.

Il semble difficile de trouver en justice de paix des nullités de procédure; la citation seule précède la comparution des parties, et les prescriptions des art. 1, 4 et 5 C. pr., qui déterminent les formes de la citation et fixent le délai à observer ne frappent pas de nullité l'inobservation de ces formes et délai, et l'art. 1030 du même Code défend de déclarer nul un acte de procédure si la nullité n'en est pas formellement prononcée par la loi ; on en doit conclure que, devant les juges de paix, les exceptions péremptoires embrassent tous les moyens de défense au fond, et notamment comprennent :

Le défaut de qualité;

L'absence de capacité (V. *Autorisation administrative; Autorisation maritale* ; *Conseil de famille*, § 3, I) ;

Le défaut de titre ou la nullité du titre produit ;

L'extinction de la dette par payement, compensation, prescription, etc.

Excès de pouvoir. — V. *Cassation*.

Exécution provisoire. — L'exécution provisoire nonobstant appel doit être ordonnée sans caution dans tous les cas où il y a titre authentique, promesse reconnue ou condamnation précédente dont il n'y a point d'appel (C. pr., 135; Sirey, note 246 sur la loi de 1838).	»	»	11, 1er alinéa.
Elle peut être ordonnée nonobstant appel, et sans caution, lorsqu'il s'agit de pension alimentaire ou quand la somme n'excède pas 300 fr. (C. pr., 17) et à la charge de donner caution dans les autres cas (*ibid*).	»	»	11, 2e alinéa.

Les jugements sur police d'audience sont exécutoires par provision (C. pr. 10, 11 et 12).

S'il y a péril en la demeure, l'exécution provisoire peut être ordonnée sur la minute du jugement, avec ou sans caution, selon les cas prévus par la loi.	»	»	12.

Les juges de paix peuvent ordonner l'exécution provisoire nonobstant opposition, tout aussi bien que nonobstant appel (Sirey, note 247 sur la loi de 1838).

L'exécution provisoire ne peut être ordonnée que si elle est demandée (Sirey, note 244, *ibid.*). Elle ne peut l'être pour les dépens (*ibid*).

Si le juge de paix a omis de la prononcer, il ne peut plus l'ordonner par un second jugement (C. pr , 136).

Le jugement qui ordonne de fournir caution doit fixer le délai dans lequel elle sera présentée et celui dans lequel elle sera acceptée ou contestée (C. pr., 517).

La caution est reçue par le juge de paix à l'audience. Les art 518 et suiv. C. pr. n'étant pas applicables aux justices de paix (Sirey, note 248 sur la loi de 1838).	»	»	11, 3e alinéa.

V. *Caution* (*réception de*).

Exécutoire. – Les juges de paix sont compétents pour délivrer des exécutoires dans les cas suivants :

1° Aux officiers publics de leurs cantons respectifs qui ont fait pour les parties l'avance des droits d'enregistrement (L. 22 frim. an 7, art. 29 et 30), et de timbre (Argument de l'art. 76 de la loi du 28 avr. 1816, qui, pour le timbre, autorise la voie de la contrainte) ;

2° En matière possessoire, pour la liquidation des dépens, sur quittance des ouvriers employés, lorsque la partie qui a succombé n'a pas exécuté les travaux auxquels elle a été condamnée (Décr. 16 fév. 1807, art. 5) ;

3° En matière d'échenillage, sur les quittances des ouvriers (L. 26 vent. an 4, art. 7).

L'exécutoire est soumis au timbre (L. 13 brum. an 7, art. 12).

V. *Contrainte* (*finances*).

Expertise. — Devant les juges de paix, les expertises sont régies par les art. 29, 42 et 43 C. pr., dont l'inobservation n'est frappée de nullité par aucun texte.

De là semble résulter que, dans les causes où une expertise lui paraît utile, il appartient au juge de paix de choisir les experts et d'en fixer le nombre (un ou trois) ; ce n'est pas ici le cas de l'art. 303 C. pr., compris dans le livre 2 et traitant des procédures devant les tribunaux de première instance (O. Bourbeau, n° 517 ; Curasson, 1re partie, sect. 3, § 3). L'art. 5 de la loi du 10 juin 1854 sur le drainage fournit un exemple de la faculté qu'a le juge de paix de ne nommer qu'un seul expert.

La présence du juge de paix à l'expertise est purement facultative, l'art. 41 C. pr. en indiquant cette présence ne la rend pas obligatoire ; dans bien des cas, elle pourrait entraîner des frais inutiles (O. Bourbeau et Curasson, *loc. cit.*).

Et dans les affaires en dernier ressort, l'expertise se fait sommairement et sans rapport écrit ; seulement le jugement doit énoncer les noms des experts, la prestation de leur serment (V. *Serment*, § 2) et le résultat de leur avis (C. pr., 43).

Dans aucun cas l'expertise ne lie le juge, qui peut ou nommer d'autres experts ou statuer contrairement au rapport ; mais, dans ce dernier cas, sans arbitraire et en motivant sa décision sur d'autres documents. Toutefois cette faculté de juger contrairement au rapport ne s'applique pas aux cas où la loi veut que la décision s'appuie sur l'estimation faite par les experts (Curasson, *loc. cit.*),

V. *Bail à domaine congéable ; Chemins vicinaux ; Commission roga-*

toire; Contributions indirectes; Drainage; Enregistrement; Marchandises; Marque de fabrique; Naufrage; Navire; Ordonnance; Scellé, tit. 3, § 4; *Serment*, § 2 et § 5, II.

Expropriation pour cause d'utilité publique. — V. *Chemins vicinaux*, II; *Jury d'expropriation.*

Expulsion de lieux. — V. *Bail à ferme*, § 2, 4°.

Faillite. — V. *Scellé*, tit. 2, § 2, 5°, § 4, IV; tit. 3, § 2, 6°, § 5, 2°.

Faux en écriture. — Lorsqu'une partie déclare vouloir s'inscrire en faux, dénier l'écriture ou ne pas la reconnaître, le juge de paix lui en donne acte, paraphe la pièce et renvoie la cause devant les juges compétents (C. pr., 14).

Si, dans l'instruction d'un procès même civil, le juge trouve des indices sur un faux et sur la personne qui l'a commis, il doit transmettre les pièces au substitut du procureur général près le juge d'instruction, soit du lieu où le délit paraît avoir été commis, soit du lieu où le prévenu peut être saisi; le juge peut même délivrer un mandat d'amener (C. i., 462).

Femme mariée. — V. *Autorisation maritale.*

Fermages ou loyers. — V. *Bail à ferme; Bail à loyer.*

Fermier ou locataire. — V. *Bail à ferme; Bail à loyer.*

Fêtes. — V. *Dimanches et fêtes.*

Feuille d'audience. — La feuille d'audience est la réunion, soit sur une même feuille, soit sur un même registre, de tout ce qui se passe à une même audience. Pour chaque audience cette feuille doit comprendre deux parties distinctes : 1° notes du greffier, contenant l'historique de la procédure et vérifiée par le juge; 2° transcription du texte entier de chaque jugement (C. pr., 18 et 138 combinés; Décr. 30 mars 1808, art. 36; Circ. de M. le premier président de Poitiers, 12 déc. 1860).

Ce ne sont pas de simples notes, c'est le dispositif du jugement avec les motifs qui lui servent de base que doit contenir la deuxième partie de la feuille d'audience (Décis. min., 26 sept. 1808; Garnier, Répert. gén., art. 6688).

Bien plus, la rédaction à transcrire sur la feuille d'audience doit contenir toutes celles des mentions prescrites par l'art. 141 C. pr., que comportent ces jugements et qui sont essentielles pour leur donner le caractère de jugement (Sirey, note 4, sur l'art. 18 C. pr.).

La feuille d'audience doit être sur papier timbré (Décis. min. des 9 et 20 juill. 1808).

La loi ayant indistinctement employé les expressions de *feuille* ou de *registre* d'audience, il s'ensuit qu'il n'y a pas de contravention, soit que le greffier ait une feuille particulière pour chaque audience, soit qu'il porte successivement et par ordre, les jugements de plusieurs audiences sur la même feuille ou sur un registre (Instr. gén., 393, n° 2, et 397; Décis. min., 12 nov. 1817; Garnier, Répert. gén., art. 406 et 6694).

Le procès-verbal d'enquête fait à l'audience ou sur les lieux contentieux et le jugement rendu sur ces lieux ne peuvent être portés, sans contravention, sur la feuille d'audience dans le cas de l'art. 39 C. pr., c'est-à-dire dans les causes en premier ressort (Garnier, Répert. gén., art, 406; *Journal de l'enregistr.*, n° 14795).

Dans les affaires en dernier ressort, il n'est pas rédigé de procès-verbal d'enquête (C. pr., 40), et il n'est dû aucun droit d'enregistrement, ni sur les notes prises par le greffier, ni sur le jugement (Garnier, Répert. gén., art. 5272 et 6968).

Fontaine. — V. *Source.*

Forêts (Bois et). — V. *Ordonnance.*

Forge. — V. *Distances prescrites.*

Fosse d'aisance. — V. *Distances prescrites.*

Fossés. — V. *Canaux.*

Four, fourneau. — V. *Distances prescrites.*

Frais frustratoires. — La procédure, les actes nuls et frustratoires et les actes qui ont donné lieu à une condamnation à l'amende, sont à la charge des officiers ministériels qui les ont faits (C. pr., 1031); mais lorsqu'il n'y a pas de conclusions prises à cet égard, les juges ne sont pas tenus de condamner d'office l'officier ministériel aux frais de la procédure annulée (Cass., 2 avr. 1828).

Frais de route. — V. *Voituriers par terre et par eau.*

Franchise et contre-seing de lettres et paquets. — Les lois, règlements et décisions qui régissent l'administration des postes accordent aux juges de paix la correspondance en franchise, sous contre-seing, avec les fonctionnaires indiqués au tableau suivant, extrait du manuel des franchises publié par cette administration.

Le contre-seing est réciproque entre ces fonctionnaires et les juges de paix.

Il ne protége que les lettres et paquets relatifs au service public.

FONCTIONNAIRES QUI ONT, AVEC LES JUGES DE PAIX, LE CONTRE-SEING RÉCIPROQUE.	Forme sous laquelle la correspondance circulant en franchise doit être présentée.	Arrondissement, circonscription ou ressort dans l'étendue duquel la correspondance valablement contre-signée circule en franchise.
Commandants des brigades de gendarmerie, établis en dehors du canton des contre-signataires, mais dont la surveillance s'exerce dans les communes qui y appartiennent	S. B.	»
Commissaire central de police à Caen	S. B.*	»
Commissaires de police départementaux	S. B.*	Département.
Commissaires de police cantonaux	S. B.*	Canton.
Commissaires impériaux près les conseils de guerre maritimes permanents	S. B.	Tout l'empire.
Commissaires impériaux rapporteurs près les tribunaux maritimes	S. B.	Tout l'empire.
Conservateurs des forêts	S. B.* 1	Conserv. forestière.
Gardes généraux des forêts	S. B.	Conserv. forestière.
Inspecteurs d'académie	S. B.	Département.
Inspecteurs des forêts	S. B * 1	Conserv. forestière.
Inspecteurs des postes	S. B.* 1	Département.
Juges d'instruction	S. B *	Tout l'empire.
Juges de paix	S. B.* 1	Cour impériale.
Maires	S. B.* 1	Canton.
Préfets	S. B *	Département.
Premiers présidents des Cours impériales	S. B.* 1	Cour impériale.
Présidents des Cours d'assises	S. B.* 2 et 5.	Département. Siége des assises.
Présidents des tribunaux de commerce	S. B * 5	Arrond. s.-préfect.
Procureurs généraux	S. B * 3	Tout l'empire.
Procureurs impériaux	S. B.* 4	Tout l'empire.
Rapporteurs près les conseils de guerre	S. B.	Tout l'empire.
Rapporteurs près les conseils de guerre maritimes permanents	S. B.	Tout l'empire.
Recteurs d'académie	S. B.* 5	Département.
Sous-inspecteurs des forêts	S. B.	Conserv. forestière.
Sous-préfets	S. B.*	Arrond. s.-préfect.
Vérificateurs des poids et mesures	S. B.	Arrond. s.-préfect.
Vice-recteurs d'académie	S. B.	Département.

Suit l'explication des signes et chiffres placés dans la deuxième colonne de ce tableau :

S. B. Sous bandes.

S. B*. Sous bandes, mais avec faculté de fermer, c'est-à-dire de mettre sous enveloppe ou sous pli, *seulement en cas de nécessité.*

S. B*. 1. Faculté de fermer autorisée seulement pour les lettres simples, c'est-à-dire pesant moins de 10 grammes et portant sur la suscription la mention suivante : *Lettre confidentielle.*

S. B*. 2. La franchise s'étend même au lieu de la résidence des présidents des Cours d'assises.

S. B*. 3. Lettre fermée dans le ressort de la Cour impériale.

S. B*. 4. Lettre fermée dans l'arrondissement de sous-préfecture.

S. B*. 5. Faculté de fermer autorisée pour les lettres simples, c'est-à-dire pesant moins de 10 grammes, simplement pliées et cachetées, sans addition, ni pièces jointes, ni enveloppes extérieures et portant sur la suscription cette mention : *Lettre confidentielle.*

Les correspondances dites sous bandes sont revêtues d'un croisé de bandes sur lequel sont l'adresse du destinataire, celle du fonctionnaire expéditeur et le contre-seing de ce dernier; la largeur des bandes ne doit pas excéder le tiers de la surface des lettres ou paquets (Ordonn. 17 nov.-1er déc. 1844, art. 12 et 25).

Francisation des navires du commerce. — Pour obtenir la francisation des bâtiments du commerce, tout armateur doit faire et affirmer, devant le juge de paix, la déclaration qu'il en est propriétaire et qu'aucun étranger n'y est intéressé (Décr. 21 sept. 1793, art. 2).

Le déclarant doit être lui-même Français et avoir son domicile en France (Décr. 27 vend. an 2, art. 12 et 13).

Son serment doit être conçu dans les termes suivants :

« (*Le nom, état et domicile*), jure et affirme que (*le nom du bâtiment, du port auquel appartient le bâtiment*), est un (*espèce, tonnage du bâtiment et description, suivant le certificat du mesureur vérificateur*), a été construit à (*lieu de construction*), en (*année de construction; s'il a été pris ou confisqué, ou perdu sur la côte, exprimer le lieu, le temps des jugement et vente*) ; que je suis seul propriétaire dudit bâtiment, ou conjointement avec (*nom, état, domicile des intéressés*), et qu'aucune autre personne quelconque n'y a droit, titre, intérêt, portion ou propriété; que je suis citoyen de France, soumis et fidèle à la constitution des Français, ainsi que les associés ci-dessus (*s'il y en a*) ; qu'aucun étranger n'est directement ou indirectement intéressé dans le susdit bâtiment. » (Même décr., art. 13).

Des traités internationaux autorisent la francisation : 1° des bâtiments en fer et en bois construits dans le royaume de Belgique, non encore immatriculés ou naviguant sous pavillon belge (Décr. 27-31 mai 1861); 2° de ceux construits en Angleterre (Décr. 29-31 mai 1861); 3° des bâtiments de mer à voile et à vapeur construits dans les États-Unis d'Amérique, ou naviguant sous le pavillon de l'Union américaine (Décr. 25 août-3 sept. 1861) ; 4° des bâtiments de mer à voile ou à vapeur construits au Canada (Décr. 5-10 fév. 1862).

Garant (Mise en cause de). — Lorsqu'à la première comparution le défendeur demande à mettre en cause un garant, le juge de paix doit lui accorder un délai *suffisant*, calculé sur la distance du domicile du garant (C. pr., 32), un jour franc plus un jour par trois myriamètres (*C. pr.*, 5).

Si la mise en cause n'a pas été demandée à la première comparution, ou si la citation n'a pas été faite dans le délai fixé, il doit être procédé sans délai au jugement de l'action principale, sauf à statuer séparément sur la demande en garantie (C. pr., 33).

Garde nationale. — La garde nationale organisée dans les communes où le gouvernement le juge nécessaire (Décr. 11 janv. 1852, art. 3), se compose de tous les Français et des étrangers jouissant des droits civils qui y sont admis par le conseil de recensement (*ibid.*, art. 8), sauf recours devant le jury de révision (art. 20 non abrogé de la loi du 13 juin-26 juill. 1851, — art. 3 et 23 du décr. de 1852).

Dans chaque canton le jury de révision, composé de quatre membres nommés par le sous-préfet (Décr. de 1852, art. 10), est présidé par le juge de paix (*ibid.*).

Il y a auprès de chaque jury de révision un rapporteur et un secrétaire nommés par l'Empereur (Décr. 1er sept.-3 oct. 1851).

Le mode de procéder devant le jury de révision est réglé par décret du 5 sept.-3 oct. 1851, art. 8 à 19.

Tout juré absent et non valablement excusé est condamné par le juge de paix à une amende de 5 à 10 fr. (art. 21 non abrogé de la loi de 1851).

Gens de service à gages. — V. *Louage de domestiques et ouvriers.*

Gens de travail au jour, au mois et à l'année. — V. *Louage de domestiques et ouvriers.*

Gibier. — V. *Ordonnance*, au sous-titre *Chasse.*

Greffier de justice de paix.

DIVISION.

§ 1er. — Nomination. Incompatibilité.
§ 2. — Caractère des fonctions.
§ 3. — Attributions.
  I. — Actes présidés par le juge.
  II. — Actes du greffe.
  III. — Attributions ne donnant lieu à aucun acte.

§ 4. — Devoirs.

I. — Résidence.
II. — Greffe.
III. — Forme intrinsèque des actes.
IV. — Répertoire.
V. — Registres divers.
VI. — Communication des minutes
VII. — Expéditions et grosses
VIII. — Timbre.
IX. — Enregistrement.
X. — Emoluments et taxe.
XI. — Etats et relevés divers.
XII. — Commis greffier.

§ 1. — Nomination. Incompatibilité.

Tous les greffiers sont nommés par le chef de l'État (L. 28 flor. an 10, art. 3; Chartes de 1814 et 1830; Constitution de 1852).

Pour être nommé greffier, il faut être âgé de 25 ans (L. 16 vent. an 11, art. 1er) et n'être ni parent, ni allié au troisième degré du juge de paix et des suppléants (L. 20 avr. 1810, art. 63; Décis. min., 8 nov. 1832 et 21 mars 1844).

Les fonctions de greffier sont, en général, incompatibles avec d'autres occupations (Circ. min., 27 vent. an 5) et, notamment, avec les fonctions et professions suivantes :

1° Toutes les fonctions judiciaires (L. 6 mars 1791, art. 5 et 28; Décr. 4 vend. an 3, tit. 3);

2° La profession d'avocat (Ordonn. 20 nov. 1822, art. 42);

3° Les fonctions d'avoué (L. 6 mars 1791, art. 5);

4° Celles de notaire (L. 25 vent. an 11, art. 7);

5° Celles de commissaire-priseur (Circ. min., 9 sept. 1822; *secus*, Ordonn. 26 juin-22 juill. 1816, art. 11, et 31 juill.-6 août 1822);

6° Celles d'huissier (L. 6 mars 1791, art. 5; Décis. min., 22 juill. 1830);

7° Toutes les fonctions administratives (L. 25 janv. 1791; 6 mars 1791, art. 5; Décr. 24 vendém. an 3, tit. 1er, art. 1er);

8° Les fonctions de secrétaire de préfecture, de sous-préfecture et de mairie (Décision ministérielle, 19 déc. 1826);

9° Celles d'instituteur communal (Décis. minist., 21 nov. 1838 et 31 janv. 1843);

10° Celles de comptables (L. 6 mars 1791, art. 5; Décr. 24 vendém. an 3, art. 2; Décis. minist., 23 oct. 1846);

11° Celles d'agents de l'administration forestière (Décr. 24 vendém. an 3, art. 2);

12° Celles d'employés du service des douanes (même décret), des postes (*ibid.* et décis. minist. 31 mars 1809) et des messageries (même décret);

13° La profession de vétérinaire (Décis. minist., 4 août 1843).

Mais les greffiers peuvent se charger d'arpentage et d'expertises volontaires à la demande des intéressés, pourvu que le service du greffe n'en souffre pas; toutefois ils ne peuvent être désignés par le tribunal auquel ils appartiennent, comme arpenteurs ou experts dans les affaires litigieuses soumises à ce tribunal (Décis. minist., 12 août 1847).

§ 2. — Caractère des fonctions.

Le greffier fait partie intégrante du tribunal auprès duquel il est institué; il tient la plume aux audiences pendant toute leur durée, et aussi dans toutes les circonstances où le juge est dans l'exercice de ses fonctions (C. pr., 18, 30, 39, 42, 1035 et 1040); mais s'il est membre du tribunal, il n'est pas magistrat; il ne porte pas la parole à l'audience; il ne se livre à aucun acte d'instruction; il ne participe aux opérations et aux décisions du juge de paix que pour les constater, sous la dictée et sous la direction de ce magistrat (Garnier et Dalloz) et aussi sous son autorité (L. 20 avril 1810, art. 62).

Néanmoins, lorsqu'il s'agit d'observer les règles imposées par les lois sur le timbre (13 brum. an 7, art. 24 et 26) et sur l'enregistrement (22 frim. an 7, art. 42 à 45), comme le greffier est personnellement obligé, sous peine d'une amende qui n'atteint pas le juge, à se conformer aux prescriptions de la loi, il serait déraisonnable de lui contester la faculté de présenter des observations fondées en droit autant qu'en équité, et dont le juge doit tenir compte.

Mais cette solution ne saurait s'appliquer au cas où le greffier remplit un rôle purement passif; par exemple, lorsqu'il s'agit de la rédaction des jugements, car, dans cette circonstance, il n'est que le secrétaire du juge, et aucune responsabilité ne pèse sur lui; ainsi l'a décidé la Régie de l'enregistrement, le 25 juillet 1825 et le 1er avril 1829 (Garnier, Répertoire général, art. 536 et 6844).

§ 3. — Attributions.

Les greffiers des justices de paix ont des attributions incontestablement importantes, délicates, nombreuses et variées.

On vient de voir (§ 2) que le greffier accompagne le juge et tient la plume, tantôt passivement, tantôt activement, toutes les fois que ce magistrat est dans l'exercice de ses fonctions.

En outre, il reçoit, hors la présence et sans la participation du juge, tous les actes connus sous la dénomination générale d'*actes du greffe*, et il a d'autres attributions ne donnant lieu à aucun acte.

Ces diverses attributions ne sont pas codifiées; on les trouve éparses dans un grand nombre de lois, décrets, ordonnances, décisions, etc. Il serait téméraire d'en vouloir donner la nomenclature complète, on ne peut qu'indiquer les attributions les plus usuelles; c'est ce que nous allons faire en ce qui concerne les matières civiles, réservant pour la deuxième partie de ce guide les matières de simple police et pour la troisième celles qui intéressent les informations criminelles.

I. — Actes auxquels préside le juge.

1° Jugements et opérations diverses faites à l'audience (Décr. 30 mars 1808, art. 91);

2° Actes et procès-verbaux divers (C. pr., 1035 et 1040), notamment;

3° Enquêtes, expertises, visites de lieux (C. pr., 30, 39, 42);

4° Conciliation (C. pr., 54 à 58);

5° Conseil de famille (C. N., 405 et s., 477 et s.);

6° Nomination d'un conseil à la tutelle de la mère survivante (C. N., 391, 392);

7° Emancipation (C. N., 477, 478);

8° Tutelle officieuse (C. N., 363);

9° Adoption (C. N., 353);

10° Scellé (C. pr., 911 et s.);

11° Déclaration de tiers saisi (C. pr., 571 et s., 638);

12° Réception de caution (C. pr., 1035; L. 25 mai 1838, art. 11 et 12);

13° Notoriété (C. N., 70, 71, 155; Décr. 18 août-8 sept. 1853, 17 juillet-14 août 1861; L. 28 flor. an 7; Décr. 18 sept. 1806; 1er juillet 1809; 23 avril 1852-24 janv. 1855);

14° Francisation, marchandises, naufrage, navire. V. ces mots.

15° Prestation de serment. V. ces mots.

16° Testament (C. N., 971 à 980, et 985 à 987), etc.

II. — Actes du greffe.

Les actes du greffe sont, entre autres :

1° Contrat d'apprentissage (L. 22 fév. 1861, art. 2);

2° Dépôt, notamment :

Ceux des procès-verbaux d'enquêtes faites en vertu d'une commission rogatoire délivrée par le juge de paix conformément à l'art. 1035 C. pr. (Garnier, Répertoire général, art. 4604);

Ceux faits, en vertu d'un jugement, de pièces présentées à l'audience et arguées de faux (C. pr., 14). Ces pièces ne fussent-elles ni timbrées, ni enregistrées, le greffier ne commettrait pas de contravention en dressant acte de leur dépôt, car cet acte a été prescrit par mesure de police et a pour objet d'assurer l'action du ministère public (Garnier, Rép. gén., art. 4607);

Ceux des objets égarés, spécialement d'un portefeuille trouvé, contenant des billets à ordre non timbrés ni enregistrés. Dans ce cas encore, le greffier ne serait passible ni des droits de timbre et d'enregistrement, ni des amendes encourues, car le dépôt serait fait dans l'intérêt public (Garnier, *ibid.*, art. 4595).

Ceux des testaments faits à la mer ou en cours de voyage, qui ont été adressés par le ministre de la marine au domicile du testateur (C. N., 988 à 991);

V. *Dépôt de testament.*

Ceux des signatures des notaires et des officiers de l'état civil (L. 3 avril 1861, art. 2; Circul. minist., 9 septembre 1861);

3° Les déclarations de recours en cassation requises par les parties en matière électorale, et celles à faire par l'électeur qui, aux termes de l'art. 10 de la loi du 19 avril 1831, ayant choisi son domicile politique hors de son domicile réel, veut néanmoins coopérer à l'élection des conseillers de département ou d'arrondissement dans le canton de son domicile réel (L. 22-25 juin 1833, art. 29), — ou par le citoyen qui paye dans le canton une somme de contribution qui le placerait sur la liste des plus imposés, pour y concourir aux mêmes élections, bien qu'il n'y ait pas son domicile réel (Même loi, art. 32 et 33);

4° Les certificats de propriété pour remboursement de cautionnement (décr. 16 sept. 1806, art. 1er), et pour transfert (L. 28 germ. an 7, art. 6), lorsque le greffier est dépositaire de la minute du jugement qui constate le droit de propriété;

5° Les prisées et ventes de meubles.

Dans les lieux où il n'est pas établi de commissaires-priseurs, les greffiers ont le droit de faire la prisée des meubles et les ventes publiques de meubles aux enchères, en concours avec les commissaires-priseurs du chef-lieu de leur arrondissement et avec les notaires et les huissiers (Décr. 21-26 juillet 1790, art. 6; L. 17-18 sept. 1793, art. 1er; Ordonn. 26 juin 1816, art. 3; L. 18 juin 1843).

Le concours est admis même dans le lieu de la résidence des commissaires-priseurs, pour les ventes publiques volontaires, soit à termes, soit au comptant de fruits et de récoltes pendants par racines et de coupes de bois taillis (L. 5 juin 1851, art. 1er, et 5 nov. 1851).

Mais les greffiers doivent s'abstenir de recevoir les actes que la loi ne leur attribue pas expressément, car leurs fonctions sont marquées au coin de la spécialité quand, à côté d'eux, sont des fonctionnaires établis pour « recevoir les actes et contrats aux- » quels les parties doivent ou veulent faire donner le caractère » d'authenticité attaché aux actes de l'autorité publique et pour » en assurer la date, en conserver le dépôt et en délivrer des » grosses et expéditions. » (L. 25 vent. an 11, art. 1er).

Ainsi, aux notaires, l'attribution générale de tous les actes; aux greffiers, une attribution exceptionnelle, nécessairement exprimée et dont ces officiers doivent respecter les limites.

III. — Attributions ne donnant lieu à aucun acte.

On peut classer parmi ces attributions :

1° La rédaction et l'envoi en franchise par la poste, au nom et sous la surveillance du juge de paix, des billets d'avertissement ayant pour but d'appeler les parties en conciliation volontaire,

préalablement à toute citation (L. 20 mai 1855).	»	»	17

Ni les huissiers, ni aucune autre personne ne peuvent, sous nul prétexte, s'immiscer dans la rédaction et la remise des billets d'avertissement (Circ. du ministre de la justice, 26 mai 1855).

Les billets d'avertissement ne peuvent être envoyés que par la poste, sous bande simple portant le sceau de la justice de paix (L. 1855, art. 2); ils doivent être remis par le greffier au guichet du bureau des postes et non jetés à la boîte, et cette remise doit être accompagnée d'un bulletin portant la date du dépôt, le nombre de billets et l'indication de la justice de paix de laquelle ils émanent. Cependant s'il n'y a pas de bureau de poste au chef-lieu du canton, les billets d'avertissement sont déposés à la boîte et relevés par le facteur rural, qui prend note de leur nombre et du jour de leur expédition (Circul. du ministre de la justice, 30 sept. 1856).

V. *infra*, § 4, XI et *supra* les mots *Billet d'avertissement*.

2° Le visa des originaux d'actes signifiés au greffe (Dict. des justices de paix, v° *Visa*, n° 4), et notamment des actes de récusation (C. pr., 45);

3° La mention gratuite de non-comparution en conciliation (C. pr., 58; Tarif, 16 fév. 1807, art. 13);

4° La légalisation de la signature des notaires et des officiers de l'état civil. V. *Légalisation;*

5° La rédaction des rapports d'experts ayant opéré dans le canton, lorsque ces experts ne savent pas écrire (C. pr., 317);

6° L'inscription du stage des élèves en pharmacie (Décr. 15 février-1er avril 1860, art. 2 et s.; Loi des finances, 26 juillet 1860, art. 20);

7° Les extraits ou expéditions des actes de visite des navires du commerce. V. *Navire;*

8° La transmission au procureur général ou au greffier de la Cour de cassation des pièces relatives au pourvoi en matière électorale. V. *Liste électorale.*

§ 4. — Devoirs.

Les devoirs professionnels imposés aux greffiers des justices de paix sont, comme leurs attributions, nombreux, variés et écrits dans une multitude de lois éparses; les uns découlent de la nature même de leurs fonctions, les autres de la diversité des opérations auxquelles ils concourent ou qu'ils constatent seuls; tous de la sécurité que doit donner aux justiciables l'observation de la loi. Dire tous ces devoirs ne saurait s'entreprendre; il faut se borner à indiquer les plus usuels.

I. — Résidence.

Les greffiers des justices de paix sont obligés de résider au chef-lieu de leurs cantons respectifs, sous peine de déchéance (L. 3-14 sept. 1791, fin du tit. 7, art. 1 à 13; Déc. minist., 30 sept. 1807 et 27 oct. 1827).

II. — Greffe.

Les minutes des actes, procès-verbaux et jugements faits et rendus par le juge de paix et des actes du greffe, le répertoire et les registres tenus par le greffier appartiennent au greffe et non au greffier, à qui la garde en est confiée. C'est au greffe, au chef-lieu du canton, dans un local fourni par l'administration municipale, et non dans la demeure du greffier que le tout doit être déposé (L. 26 frim. an 4, art. 1 et 4; Arrêté 28 brum. an 6, art. 1er; Décis. minist., 30 oct. 1807, 20 avril 1820, 18 avril 1826).

III. — Forme intrinsèque des actes.

Aucune loi, c'est à regretter, ne règle la forme intrinsèque et générale des actes et procès-verbaux des greffiers; ainsi l'existence de blancs, de lacunes, d'intervalles, le défaut d'annexe à la minute des procurations des parties; l'absence d'approbation des renvois, ratures, surcharges, additions, interlignes; les abréviations, l'écriture en chiffres des sommes et des dates, circonstances qui, pour les notaires, constitueraient des contraventions, ne sont pour les greffiers que des inexactitudes (Garnier, Répert. gén., art. 6845).

Mais si ces inexactitudes ne sont pas réprimées par des amendes, il n'en est pas moins vrai qu'elles peuvent engager la responsabilité civile des greffiers (C. N., 1382 et s.); c'est un danger qui serait certainement évité, si les greffiers s'attachaient à donner à leurs actes les formes imposées aux notaires par les art. 13 à 17 de la loi du 25 ventôse an 11; on ne saurait trop les y engager.

IV. — Répertoire.

Les greffiers sont obligés de tenir sur papier timbré (L. 13 brum. an 7, art. 12, nº 2) un répertoire côté et paraphé par le juge de paix et sur lequel ils doivent inscire, jour par jour, sans blanc ni interligne et par ordre de numéro, tous les actes et jugements qui doivent être enregistrés sur les minutes (L. 26 frim. an 4, art. 3 et 22 frim. an 7, art. 49, nºs 3 et 53).

Chaque article de ce répertoire doit contenir : 1º son numéro d'ordre; 2º la date de l'acte; 3º sa nature; 4º les noms, prénoms et domicile des parties; 5º l'indication et la situation des biens; 6º la relation de l'enregistrement.(L. 22 frim. an 7, art. 50).

L'obligation imposée au greffier de porter les actes sur le répertoire jour par jour souffre une exception pour les actes reçus sans son assistance, par les suppléants des juges de paix à raison des difficultés de communication. Ces actes, visés par le juge de paix le jour de leur remise au greffe, ne doivent être portés sur le répertoire qu'à la date du visa (Décis. minist. des finances, 13 août 1810).

Dans les dix premiers jours de chaque trimestre, le répertoire doit être présenté au visa du receveur de l'enregistrement (L. 22 frim. an 7, art. 51).

Le répertoire doit en outre être clos chaque année, dans les dix premiers jours du mois de janvier par le juge de paix et, après cette clôture, soumis au visa du procureur impérial (Arrêté 28 brum. an 6, art. 5).

V. — Registres divers.

Indépendamment du répertoire (*supra* IV) et de la *feuille d'audience* (V. ces mots), les greffiers de justice de paix sont obligés de tenir divers registres. Nous donnons ici l'énumération de ceux qui se rattachent à la juridiction civile, réservant pour la deuxième partie de ce Guide ceux qui intéressent le tribunal de simple police.

1° *Rôle d'audience.* Ce registre d'ordre, servant à l'appel des causes, est tenu sur papier libre (L. 13 brum. an 7, art. 16; Garnier, Rép. gén., art. 6883 et 10530). Il est consacré à recevoir l'inscription, à sa date, de chaque affaire venant à l'audience sur citation, invitation ou comparution volontaire. Il doit être coté et paraphé par le juge de paix à toutes ses pages (Décr. 18-26 oct. 1790, tit. 8, art. 1 et 2).

2° *Registre de défaut en conciliation.* Le registre de non-comparution en matière de conciliation préalable à toute action devant le tribunal supérieur, doit être tenu en exécution de l'art. 58 C. pr.; il est exempt de timbre (L. 13 brum. an 7, art. 16; Garnier, Rép. gén., art. 6883 et 10530), et d'enregistrement (Décis. minist. des finances, 7 juin 1808).

3° *Registre des billets d'avertissement.* Le greffier doit tenir, sur papier non timbré, un registre coté et paraphé par le juge de paix et y inscrire l'envoi des billets d'avertissement délivrés par lui, au nom du juge de paix pour conciliation volontaire (L. 2 mai 1855, art. 2).	»	»	17

4° *Registre des émoluments.* Ce registre, coté et paraphé par le juge de paix, est destiné à inscrire, sur deux colonnes (l'une, déboursés; l'autre, honoraires), par ordre de date et sans aucun blanc, toutes les sommes reçues par le greffier pour les actes de son ministère (Ord. 17-25 juillet 1825, art. 2 et 3). Il est exempt de timbre (L. 13 brum. an 7, art. 16; Décis. minist. des finances, 20 nov. 1826; Garnier, Rép. gén., art. 6848, nº 1er).

5° *Registre de dépôt des signatures.* Les actes constatant le dépôt que doivent faire au greffe, de leurs signatures et paraphes, les notaires et les officiers de l'état civil (L. 2 mai 1861, art. 2), sont faits sur un registre spécial, non soumis au timbre (L. 13 brum. an 7, art. 16), et coté et paraphé par le juge de paix (Circ. du ministre de la justice, 9 sept. 1861).

6° *Registre d'élection de domicile.* Les greffiers doivent tenir un registre destiné à constater les déclarations des électeurs, qui, ayant leur domicile réel ou leur domicile politique élu dans un autre lieu, peuvent et veulent prendre part dans le canton à des élections au conseil général et au conseil d'arrondissement (L. 22 juin 1833, art. 29, 32 et 33). V. *supra*, § 3, II, n° 3.

Ce registre est soumis au timbre et la déclaration assujettie à l'enregistrement (L. 13 brum. an 7, art. 12; 21 vent. et 22 prair., an 7; Décr. 12 juillet 1808; L. 19 avril 1831, art. 10; Circul. min., 29 juin 1831).

7° *Registre du stage des élèves en pharmacie.* Les inscriptions des élèves en pharmacie sont faites au greffe de la justice de paix dans les communes où il n'existe pas d'école (Décr. 15 février-1er avril 1860, art. 1 et 2), sur un registre spécial exempt de timbre et d'enregistrement (L. des finances, 26 juillet 1860, art. 20).

VI. — Communication des minutes.

Le procureur impérial et le juge de paix, chargés de la vérification tant des archives du greffe que des sommes reçues par le greffier pour les actes de son ministère, ont le droit de prendre communication des minutes, répertoire et registres toutes les fois qu'ils le jugent convenable (Ordonn., 5-8 nov. 1823 et 17-25 juill. 1825; Instruct. minist. de la justice, 23 déc. 1822 et 28 juill. 1825).

Les employés de la Régie de l'enregistrement ont le même droit (L. 22 frim. an 7, art. 54; Décis. minist. des finances et de la justice, 8 et 16 juillet 1853).

Toute personne a aussi le droit de prendre communication des minutes, mais ce droit ne s'étend pas comme celui du procureur impérial, du juge de paix et des employés de la Régie de l'enregistrement, à une communication manuelle (Garnier, Rép. gén. art. 6842). V. *infra*, VII.

VII. — Expéditions et grosses.

Le droit de délivrer des expéditions et des grosses appartient au greffier non-seulement à l'égard des jugements et des actes du greffe (C. pr., 1040), mais encore relativement aux actes notariés anciennement déposés et conservés au greffe (L. 25 vent. an 11, art. 60).

Les greffiers sont obligés, à peine de dommages-intérêts, de délivrer à tous requérants les expéditions qui leur sont demandées, sans autorisation de justice, à la charge des droits (C. pr., 853; Garnier, Rép. gén., art. 3463 et 6843, n° 1er).

Aucune expédition ne peut être délivrée avant que la minute ait été signée par le juge (C. pr., 139), et sans contenir la transcription textuelle de la quittance des droits d'enregistrement (L. 22 frim. an 7, art. 44).

Les jugements sont les seuls actes des juges de paix qui entraînent exécution et dont il doive être délivré des grosses, c'est-à-dire des expéditions revêtues de la formule exécutoire (C. pr., 545; Décr. 2 déc. 1852). Cependant V. *Contrainte* (*finances*); *Exécutoire*.

La grosse d'un jugement ne peut être délivrée qu'à celle des parties ayant figuré au procès, en faveur de laquelle il y a lieu de poursuivre l'exécution, et il ne peut lui en être délivré qu'une seule, à moins que la délivrance d'une seconde grosse n'ait été autorisée par le président du tribunal qui a rendu le jugement (C. pr., 854).

Le tribunal de Bourges a jugé, le 18 mars 1847, que le juge de paix n'a pas qualité pour ordonner la délivrance d'une seconde grosse d'un jugement rendu par lui.

VIII. — Timbre.

En général tous les actes et jugements des justices de paix et les expéditions et grosses que les greffiers en délivrent, sont assujettis au timbre de dimension (L. 13 brumaire an 7, art. 12 et 26).

Les greffiers ne peuvent employer que le papier timbré débité par la Régie (même loi, art. 18 et 26, n° 5), et *dont ils doivent s'approvisionner, non chez les débitants de tabac autorisés à en vendre, mais au bureau de la Régie de l'enregistrement* (*Décis. du ministre des finances du 15 novembre* 1864).

Ils ne peuvent se servir pour les expéditions et grosses du papier d'un format inférieur à celui dit *moyen papier* et dont le prix est fixé à 1 fr. 50 cent. par l'art. 17 de la loi du 12 juillet 1862 (L. 13 brumaire an 7, art. 19 et 26, n° 4).

Le moyen papier généralement employé pour les expéditions ne peut contenir, compensation faite d'une feuille à l'autre, plus de 25 lignes par page (même loi, art. 20 et 26, 2°) et les expéditions auxquelles il est employé comptent en taxe 21 lignes à la page et 10 syllabes à la ligne (tarif de 1807, art 9).

Les greffiers ne peuvent écrire, sur les minutes ou les feuilles d'audience et sur les registres timbrés, plus de 30 lignes à la page et de 20 syllabes à la ligne sur une feuille au timbre de 1 fr.; de 40 lignes à la page et de 25 syllabes à la ligne lorsque la feuille est au timbre de 1 fr. 50 c., et plus de 50 lignes à la page et de

30 syllabes à la ligne lorsque la feuille est au timbre de 2 fr. (Décr. 8 sept. 1862, art. 4). — Il est à remarquer que l'art. 4 du décret de 1862 ne dit pas comme l'art. 20 de la loi du 13 brumaire an 7 : *compensation faite d'une feuille à l'autre,* différence qui conduit la Régie à refuser la compensation pour les minutes.

L'empreinte du timbre ne peut être couverte d'écriture ni altérée (L. 13 brumaire an 7, art. 21 et 26, n° 2).

Le papier timbré qui a été employé à un acte quelconque ne peut plus servir pour un autre acte, quand même le premier n'aurait pas été achevé (Même loi, art. 22 et 26, n°s 3 et 5).

Il ne peut être fait ni expédié deux actes à la suite l'un de de l'autre sur la même feuille de papier timbré, excepté les procès-verbaux qui ne peuvent être consommés dans un même jour et dans la même vacation et ceux en reconnaissance et mainlevée de scellés qui peuvent être faits à la suite du procès-verbal d'apposition (même loi, art. 23 et 26, n° 3 et 5), et aussi ce qui est dit pour la *feuille d'audience*.

V. ces mots.

Les greffiers ne peuvent agir en vertu d'un acte non écrit sur papier timbré du timbre prescrit ou non visé pour timbre (Même loi, art. 24 et 26, n° 5. V. § 2 et § 3, II, n° 2).

Lorsque des héritiers sont absents et non représentés, les actes d'apposition de scellés dans lesquels les juges de paix agissent d'office, en vertu de l'art. 911 C. pr., sont visés pour timbre et enregistrés en débet (Décis., 20 fructidor an 10 et 1er prairial, an 13; Garnier, Répert. gén., art. 569, 1°). Il en est de même de la levée des scellés et de tous les actes relatifs aux successions vacantes, lorsqu'ils sont faits à la requête des procureurs impériaux, ou des curateurs nommés d'office auxdites successions (Décis. du ministre des finances, 15 déc. 1820; Garnier, *ibid.*, art. 570).

Les procès-verbaux des juges de paix relatifs aux scellés apposés sur les bureaux et caisses des comptables publics, en vertu de la loi du 11 août 1792 et de l'art. 911 C. pr., sont soumis gratis à la formalité de l'enregistrement (Décis. minist. des finances, 12 mars 1846; Garnier, *ibid.*, art. 569, n° 2).

Il n'en est pas de même au sujet des scellés après faillite; dans ce cas, le droit est toujours au comptant (Garnier, *ibid.*, art. 569, n° 3).

Les pièces nécessaires au mariage des indigents, à la légitimation de leurs enfants naturels et au retrait de ces enfants déposés dans les hospices, sont écrites sur papier libre et visées pour timbre gratis sur la présentation d'un certificat d'indigence (L.

10-18 déc. 1850, art. 4). Le visa peut être donné après la rédaction de l'acte (Décision de la Régie, 25 nov. 1853; Instr. générale, n° 2003, § 10; Garnier, Réper. général, art. 469 et 7230).

V. *Certificat d'indigence ; Visa pour timbre.*

Il en est de même des actes ou procès-verbaux produits ou faits en matière d'expropriation pour cause d'utilité publique.

V. *Jury d'expropriation*, § 7.

Les actes de procédure faits par ou pour les indigents qui ont obtenu l'assistance judiciaire, peuvent être faits et expédiés sur papier visé pour timbre en débet (L. 22-30 janv. 1851, art. 14).

Sont exempts de timbre :

1° Les extraits, copies et expéditions de tous les actes non sujets à l'enregistrement sur la minute, qui se délivrent par une administration ou un fonctionnaire public à une autre administration publique ou à un fonctionnaire public, sur sa demande, lorsqu'il y est fait mention de cette destination (L. 13 brumaire an 7, art. 16, et 15 mai 1818, art. 80; Garnier, Répert. général, art. 13727, n° 1er);

2° Les engagements, enrôlements, certificats et autres pièces et écritures concernant les gens de guerre, tant pour le service de terre que pour le service de mer (L. 13 brum. an 7, art. 16); et les délibérations des conseils de famille ayant pour objet d'autoriser les mineurs âgés de moins de 20 ans à consentir l'engagement militaire (L. 21 mai 1832, art. 32; Décis. du ministre des finances, 9 nov. 1832; Instruct. de la Régie, 23 mars 1832, n° 1422, § 3);

3° Les actes de notoriété et les procès-verbaux rédigés par les juges de paix pour constater les causes et circonstances de la disparition des militaires et le fait de la privation des moyens d'existence de leurs veuves et orphelins (Décis. minist. des finances, 26 janv. 1814; Instruct. de la Régie, 6 mars 1824, n° 1124);

4° Les quittances des droits d'octroi (Décr. 8 fév. 1812, art. 17; Instr. générale du 5 sept. 1821, n° 597);

5° Celles des contributions indirectes et des douanes (L. 28 avr. 1816, art. 19 et 243);

6° Les livres des marchands (L. 20 juill. 1837, art. 4); mais non les extraits qui en sont délivrés aux parties pour leur faire titre (Décision du ministre des finances, 27 janv. 1828; Garnier, Répert. gén. art. 13672 *bis*, 1°);

7° Les actes relatifs à l'instruction et au jugement des réclamations auxquelles peut donner lieu la formation des listes électorales et les extraits des actes de naissance nécessaires pour établir l'âge des électeurs (L. 15 mars 1849, art. 13; instruct. de la Régie, 24 mars 1849, n° 1833; Décr. 2 févr. 1852, art. 24);

8° Les petits rapports de mer, dans lesquels les capitaines de navire déclarent seulement le jour de leur départ, le nom, le port et le chargement du navire, la route et le jour d'arrivée (Décis. du minist. des finances 2 et 24, août 1808; Instruct. de la Régie, 14 octobr. 1808, n° 402), et les dépôts qui en sont faits au greffe du tribunal de commerce (Décis. minist. des fin., 13 déc. 1828; Instr. de la Régie, 24 mars 1829, § 12);

9° Les procès-verbaux de visite des petits bâtiments destinés au petit cabotage, les extraits de ces procès-verbaux et les dépôts qui en sont faits au tribunal de commerce (Décis. minist. des fin., 13 déc. 1828; Instr. de la Régie, 24 mars 1829, n° 1272, § 12);

10° Les certificats, actes de notoriété et autres pièces, exclusivement relatifs à la loi du 13-25 juin 1850 sur la caisse des retraites pour la vieillesse (art. 11 de cette loi; Décis. minist. des fin., 17 déc. 1852 et 7 févr. 1853; Inst. de la Régie, 23 mars 1853, n° 1960, § 2);

Cette exemption s'applique spécialement aux cantonniers des divers services des ponts et chaussées qui, par arrêté de M. le ministre des travaux publics, sont appelés à supporter sur leurs salaires des retenues dont le produit est versé à la caisse des retraites pour la vieillesse (Circul. de M. le procureur gén. près la Cour impériale de Poitiers du... déc. 1861);

11° Les quittances, même entre particuliers, pour créances en sommes non excédant 10 francs, quand il ne s'agit pas d'un à-compte ou d'une quittance finale sur une plus forte somme (L. 13 brumaire an 7, art. 16);

12° Les actes et procès-verbaux en matière d'expropriation pour cause d'utilité publique.

V. *Jury d'expropriation*, § 7.

IX. — Enregistrement.

En matière civile tous les jugements, tous les actes judiciaires et tous ceux du greffe sont soumis à la formalité de l'enregistrement sur les minutes ou originaux, dans les vingt jours de leur date, sous peine de double droit (L. 22 frimaire an 7, art. 7 et 35, et 28 avr. 1816, art. 38; Garnier, Rép. gén., art. 6898).

Par exception, sont exempts d'enregistrement, les jugements de remise de cause qui n'ordonnent ni une preuve, ni une production de pièces (Décis. minist. des finances, 22 févr. 1822 et 26 janv. 1826; Garnier, Rép. gén., art. 619).

Les droits doivent être payés avant l'enregistrement (L. 22 frim. an 7, art. 28), par le greffier (même loi, art. 29 et L. 28 avr. 1816, art. 38), sauf à lui à prendre exécutoire s'il en a fait l'avance (L. 22 frim. an 7, art. 30).

V. *Exécutoire*.

Cependant, quant aux jugements rendus à l'audience, lorsque les parties n'ont pas consigné dans les mains du greffier et dans le délai prescrit pour l'enregistrement, le montant des droits fixés par la loi, le receveur en poursuit le recouvrement contre les parties, qui supportent en outre la peine du droit en sus. Pour cet effet, le greffier fournit au receveur de l'enregistrement, dans les dix jours qui suivent l'expiration du délai, et sur récépissé qu'il inscrit à sa date au répertoire, des extraits, par lui certifiés, des jugements dont le droit ne lui a pas été remis, sous peine d'amende et de responsabilité du double droit et du droit (L. 22 frim. an 7, art. 37, et 27 avr. 1816, art. 38).

Tous les actes soumis au visa pour timbre soit en débet, soit gratis sont aussi assujettis à l'enregistrement gratis ou en débet. V. *supra*, VIII.

X. — Emoluments et taxe.

Aucuns frais ni émoluments ne peuvent être perçus par les greffiers que sur des états dressés par eux, vérifiés et visés par les juges de paix. Ces états doivent être écrits au bas de l'expédition, lorsqu'il en est délivré; sinon, séparément (Ordon., 17 juill. 1825, art. 1 et 6; Instr. min. de la justice, 28 juill. 1825); ils doivent aussi être inscrits par ordre de date et sans aucun blanc sur le registre des émoluments (même ordon., art. 2). — L'état écrit séparément n'est dispensé du timbre que s'il n'atteint pas la somme de dix francs (L. 13 brumaire an 7, art. 16).

LES ÉMOLUMENTS DES GREFFIERS SONT TARIFÉS COMME SUIT :	TARIF POUR Paris.	les chefs-lieux d'arrondissement.	partout ailleurs.
1 Par rôle d'expédition de 20 lignes à la page et 10 syllabes à la ligne (C. pr., 8; Tarif 16 février 1807, 9) V. *infra*, 4° et 13°.	0 fr. 50c.	0 fr. 40c.	0 fr. 40c.
2° Chaque opposition au scellé,			

LES ÉMOLUMENTS DES GREFFIERS SONT TARIFÉS COMME SUIT :	TARIF POUR Paris.	les chefs-lieux d'arrondissement.	partout ailleurs.
formée par déclaration sur le procès-verbal de scellé (C. pr., 926; Tarif de 1807, 18). 3° Chaque extrait d'opposition au scellé, pour chaque opposition (C. pr., 926; Tarif de 1807, 20).	0 fr. 50c.	0 fr. 40c.	0 fr. 40c.
4° Expédition du procès-verbal de non-conciliation, devant ne contenir qu'une mention sommaire que les parties n'ont pu se concilier (C. pr., 54; Tarif de 1807, 10).	1 fr. » c.	0 fr. 80c.	0 fr. 80c.
5° Transport sur les lieux contentieux lorsqu'il a été ordonné (C. pr., 30; Tarif de 1807, 8 et 12). 6° Assistance, par chaque vacation de trois heures (Tarif de 1807, 1, 8, 12 et 16) : Aux conseils de famille (C. N., 406). Aux appositions de scellé (C. pr., 909). Aux reconnaissances et levées de scellés (C. pr., 932). Aux référés (C. pr., 921 et 935). Aux actes de notoriété (C. N., 70 et 71); V. *infra*, 15°.	3 fr. 33c.	2 fr. 50c.	1 fr. 67c.
Le temps du transport et du retour, pour les visites de lieux et les scellés, compte dans la première vacation; s'il n'y a qu'une vacation, elle doit être payée entière, quand même elle ne serait pas de trois heures (Tarif de 1807, art. 1er).			
Il ne peut être délivré d'expédition entière des appositions et levées de scellé qu'autant que les gref-			

LES ÉMOLUMENTS DES GREFFIERS SONT TARIFÉS COMME SUIT :	TARIF POUR Paris.	les chef lieux d'arrondissement.	partout ailleurs.
fiers en sont expressément requis par écrit (Tarif de 1807, art. 16). Les greffiers sont tenus de délivrer les extraits qui leur sont demandés, quoique l'expédition entière n'ait été ni demandée, ni délivrée (*ibid.*).			
7° Déclaration d'apposition de scellé, faite sur le registre du tribunal de première instance dans les villes de 20,000 âmes et au-dessus, par vacation (V. n° 6); C. pr., 925; Tarif 1807, 17.	3 fr. 33c.	2 fr. 50c.	1 fr. 67c.
8° Transmission au procureur impérial de la récusation et de la réponse du juge de paix, tous frais de port compris (C. pr., 45; Tarif de 1807, 14).	5 fr. » c.	5 fr . 1 c.	5 fr. » c.
9° Assistance aux opérations des experts et écriture de leur procès-verbal (C. pr., 31); les 2/3 des vacations allouées à un expert (Tarif de 1807, art. 15, 24 et 25).	variable.	variable.	variable.
Cette taxe doit être faite par le président du tribunal où le rapport est déposé (C. pr., 319).			
10° Vente volontaire de meubles, pour tous droits, non compris les déboursés (L. 18 juin 1843, art. 1 et 3).	6 p. 100.	6 p. 100.	6 p. 100.
Et en outre pour chaque vacation employée, sur la réquisition des parties, à préparer les objets mis en vente, et constatée par procès-verbal (*ibid.*).	6 fr. » c.	5 fr. » c.	5 fr. » c.
11° Prisée de meubles, par cha-			

LES ÉMOLUMENTS DES GREFFIERS SONT TARIFÉS COMME SUIT :	TARIF POUR Paris.	les chefs-lieux d'arrondissement.	Partout ailleurs.
que vacation de trois heures (L. 29 vent. an 9, art. 6 et 18 juin 1813, art. 1er). Dans ces deux cas, le tarif pour Paris est appliqué aux villes de Lyon, Bordeaux, Rouen, Toulouse et Marseille.	6 fr. » c.	5 fr. » c.	5 fr. » c.
12° Ventes judiciaires de meubles, non compris les déboursés :			
Pour les ventes de 1,000 fr. et au-dessous.	8 p. 100.	8 p. 100.	5 p. 100.
Pour celles de 1,000 à 4,000 fr.	7 p. 100.	7 p. 100.	5 p. 100.
Pour celles au-dessus de 4,000 fr. (L. 27 vent. an 9, art. 7).	5 p. 100.	5 p. 100.	5 p. 100.
13° Ventes de fruits et récoltes pendants pas racines et de coupes de bois taillis, non compris les déboursés (Décr. 5 nov. 1851, art. 1er), savoir :			
Pour les ventes de 10,000 fr. et au-dessous.	2 p. 100.	2 p. 100.	2 p. 100.
Au dessus de 10,000 fr.. sur l'excédant.	1/4 p. 100.	1/4 p. 100.	1/4 p. 100.
Si la vente est faite à terme, et le greffier chargé du recouvrement, sur la somme recouvrée (même décret, art. 2).	1 p. 100.	1 p. 100.	1 p. 100.
S'il est requis expédition ou extrait, par rôle de 25 lignes à la page et 15 syllabes à la ligne (même décret, art. 3).	1 fr. » c.	1 fr. » c.	1 fr. » c.
S'il y a versement à la caisse des consignations, payement de contributions ou assistance aux référés (même décret, art. 4).	4 fr. » c.	3 fr. » c.	3 fr. » c.
Dans ce dernier cas, les villes de			

LES ÉMOLUMENTS DES GREFFIERS SONT TARIFÉS COMME SUIT :	TARIF POUR Paris.	les chefs-lieux d'arrondissement.	partout ailleurs.
Lyon, Bordeaux, Rouen, Toulouse et Marseille sont assimilées à Paris.	4 fr. » c.	3 fr. » c.	3 fr. » c.
14° Inscriptions de stage des élèves en pharmacie (Budget, 26 juillet 1860, art. 20).	1 fr. » c.	1 fr. » c.	1 fr. » c.
15° Acte de notoriété relatif aux demandes en concession de terres en Algérie (Décr. 3 janvier 1852-24 janvier 1855, art. 2). 16° Contrat d'apprentissage (L. 22 février-4 mars 1851, art. 2).	2 fr. » c.	2 fr. » c.	2 fr. » c.
17° Légalisation de signature de notaire ou d'officier de l'état civil (L. 3 avril-2 mai 1861, art. 3). V. *infra*, 7°.	»	»	» fr. 25c.
18° Billet d'avertissement (L. 2 mai 1855, art. 2)........	» fr. 25c.	» fr. 25c.	» fr. 25c.
19° A titre de remboursement de timbre,			
Pour chaque jugement porté sur la feuille d'audience, ceux de remise exceptés (Décr. 8 déc. 1862, art. 3).	» fr. 65c.	» fr. 65c.	» fr. 65c.
Pour chaque jugement de remise (*ibid.*)................	» fr. 20c.	» fr. 20c.	» fr. 20c.
Pour chaque procès-verbal de conciliation, inscrit sur un registre timbré (*ibid.*).	» fr. 50c.	» fr. 50c.	» fr. 50c.
Pour le procès-verbal sommaire constatant que les parties n'ont pu être conciliées (*ibid.*).	» fr. 25c.	» fr. 25c.	» fr. 25c.
Pour les simples mentions portées à la feuille d'audience (Décr. 24 mai 1854, art. 3, § 3).	» fr. 15c.	» fr. 15c.	» fr. 15c.
Pourtant cette taxe, autorisée en 1854, alors que la feuille de pa-			

LES ÉMOLUMENTS DES GREFFIERS SONT TARIFÉS COMME SUIT :	TARIF POUR Paris.	les chefs-lieux d'arrondissement.	partout ailleurs.
pier timbré était tarifé 0 fr. 70 cent., semble, aujourd'hui que le prix en est porté à 1 fr., devoir être proportionnellement élevée au chiffre de chaque jugement de remise.	» fr. 20c.	» fr. 20c.	» fr. 20c.

20° Aucune des taxes qui précèdent n'est applicable en matière d'expropriation pour cause d'utilité publique. En cette matière les divers émoluments du greffier doivent être taxés conformément aux dispositions de l'ordonnance du 18 sept. 1833.

Il n'est rien alloué aux greffiers de justice de paix, pour :

1° La déclaration des parties qui demandent à être jugées par le juge de paix (C. pr., 7 ; Tarif de 1807, 11) ;

2° Les mentions de défaut de comparution en conciliation (C. pr., 58 ; Tarif de 1807, 13) ;

3° L'acte de dépôt de la signature d'un notaire ou d'un officier de l'état civil (L. 2 mai 1861 ; circul. minist. de la justice, 9 sept. 1861) ;

4° Les pièces relatives au mariage des indigents, à la légitimation de leurs enfants naturels et au retrait de ces enfants placés dans les hospices, lorsqu'il est produit un certificat régulier d'indigence (L. 10-18 déc. 1850, art. 5) ;

5° Celles relatives à la caisse des retraites pour la vieillesse (L. 13-15 juin 1851, art. 11) ;

6° Les oppositions aux scellés, formées par le ministère des huissiers (C. pr., 1039 ; Tarif de 1807, 19) ;

7° Les légalisations des signatures des notaires et des officiers de l'état civil, apposées sur des actes dispensés du timbre, lorsque ces actes font mention de leur destination.

V. *Légalisation.*

8° Les prestations de serment des employés des finances (Décis. minist. de la justice, 16 juin 1855).

Les indigents admis au bénéfice de l'assistance judiciaire sont provisoirement dispensés du payement des émoluments dus aux greffiers (D. 22-30 janvier 1851, art. 14).

XI. — États et relevés divers.

Les greffiers doivent gratuitement leurs soins (Circul. minist. de la justice, 1er frimaire an 4, 30 déc. 1840 et 31 déc. 1842) à divers états, tableaux et relevés intéressant l'administration de la justice ou celle des finances, et devant être fournis, soit par le juge, soit par le greffier. Réservant pour les deuxième et troisième parties de ce guide les états relatifs au tribunal de simple police et aux informations en matière criminelle, nous donnons l'énumération de ceux qui concernent la justice civile et l'administration des juges de paix.

1° *Etats mensuels.* — Dans les cinq premiers jours de chaque mois, le juge de paix doit procéder à la vérification des minutes du greffe. L'état qui constate cette opération, signé du juge de paix, est transmis au procureur impérial dans les cinq jours suivants (Ord. 5-8 nov. 1823, art. 3).

Dans le même temps, le greffier doit faire un extrait du registre des billets d'avertissement délivrés, en exécution de la loi du 2 mai 1855, indiquant, pour chaque billet délivré dans le cours du mois précédent, le nom du destinataire et la date de l'affranchissement. Cet état, signé par le greffier, est vérifié par le juge de paix (Circul. minist. de la justice, 22 avril 1856).

Aussi dans le même temps, le greffier doit remettre au juge de paix, qui le transmet au procureur impérial, un extrait des jugements portant condamnation contre les instituteurs (Circul. minist. de la justice, 27 sept. 1822, 6 déc. 1840, § 3, et 4 avril 1855). Cet état doit indiquer : 1° la date du jugement ; 2° le nom des parties et notamment de l'instituteur ; 3° le domicile de l'instituteur ; 4° la condamnation prononcée ; 5° et les observations, s'il y a lieu d'en faire.

2° *Etat trimestriel.* — Cet état a pour objet de constater la vérification faite par le juge de paix du registre des émoluments tenu par le greffier et arrêté tous les trois mois par le juge de paix. Il est transmis par ce magistrat au procureur impérial (Ord. 17 juill. 1825, art. 2 et 3).

3° *Etat semestriel.* — Au commencement de chaque semestre, il doit être fait état des numéros manquants du bulletin des lois dans la série reçue durant le semestre expiré. Cet état, consacré par l'usage, signé du greffier et certifié par le juge de paix, est aussi adressé au procureur impérial.

Il est utile de ne pas attendre la fin du semestre pour réclamer les numéros du bulletin des lois qui ne sont pas parvenus, car « le

» bulletin étant envoyé par ordre de numéros, les fonctionnaires, » en recevant un numéro, doivent immédiatement réclamer, à » peine de déchéance, les numéros antérieurs qui ne leur sont » pas parvenus. » (Avis donné en 1850 par l'imprimerie nationale).

C'est au procureur impérial que les réclamations doivent être adressées (Lettre du chef de service du bulletin des lois, 11 mars 1853).

2° *Etat annuel.* — Chaque année, dans les premiers jours du mois de janvier, il est fait, sur un cadre fourni par le ministère de la justice, un état de tous les travaux du tribunal pendant l'année expirée.

XII. — Commis greffier.

Les greffiers des justices de paix ont le droit d'avoir un commis greffier (L. 28 floréal an 10, art. 4; Décis. minist. de la justice, 26 pluviôse an 12; Ord. 16 juillet 1825, art. 6), révocable à leur volonté, dont ils sont civilement responsables (C. N. 1382 et s.) et qu'ils doivent présenter à l'agrément du juge de paix (Décis. du minist. de la justice, 22 mars 1833).

Avant d'entrer en fonctions le commis greffier doit prêter le même serment que le greffier. V. *Serment*, § 4, 1°, et § 5, IV).

Le commis greffier doit, comme le greffier résider au chef-lieu du canton (Décr. 30 mars 1808, art. 100).

Il tient la plume aux audiences, signe les expéditions et il remplit généralement toutes les fonctions judiciaires du greffier (Décis. minist. de la justice, 26 pluviôse an 12) ; mais il n'a aucun caractère public ; il n'est que l'employé du greffier, agréé par le juge ; il ne partage pas le droit de faire les prisées et ventes de meubles, opérations confiées par des lois spéciales au greffier, sans faculté de remplacement (Cass., 8 déc. 1846).

En l'absence ou sur l'empêchement du greffier et du commis greffier, le juge de paix peut confier temporairement à un commis greffier de son choix celles de leurs fonctions qui ne peuvent pas être remplies par eux (Cass., 6 nov. 1817). Mais, à chaque empêchement nouveau, il doit y avoir une nouvelle nomination et un nouveau serment (Carou, t. 1er, n° 11).

Grosse. — V. *Greffier*, § 4, VII.

Haies vives. — V. *Arbres et haies vives.*

Halles et marchés. — Toutes les contestations qui s'élèvent relativement à l'application des baux des biens des communes et notamment du droit de plaçage et du tarif que ces baux contiennent, sont de la compétence de l'autorité judiciaire, spécialement lorsque le débat est soulevé entre l'adjudicataire du droit de place et un redevable (Conseil d'Etat, 28 nov. et 18 déc. 1862; Moniteur des tribunaux, 1863, p. 214).

Ces actes, en effet, bien que revêtus de l'approbation préfectorale, ne sont que des actes privés ne traitant que d'intérêts privés (Cass., 2 janv. 1817). Cet arrêt, spécial au droit de plaçage, est rapporté en entier par M. Foucart, dans son *traité du pouvoir municipal*, chap. 22.

Il y a donc lieu, dans cette matière, d'appliquer les règles ordinaires de la compétence, selon la nature des questions soulevées.

Cependant, s'il se produisait une question d'interprétation d'un acte administratif, le juge devrait surseoir.

V. *Action personnelle; Bail administratif; Bail à ferme*, § 2, 1° et 6°, et § 3, 1°; et *Sursis*.

Hôteliers. — V. *Aubergistes.*

Huis-clos. — Les juges de paix peuvent ordonner le huis-clos si la discussion publique leur paraît de nature à entraîner du scandale, ou des inconvénients graves; mais ils doivent le prononcer par jugement et en rendre compte au procureur général (Constitution, 4 nov. 1848, art. 81; C. pr., 87; Cass., 9 juill. 1825; Sirey, note 4 sur l'art. 8 et 5 sur l'art. 87 C. pr.).

Il ne peut y avoir huis-clos que pour la discussion; le jugement doit être rendu publiquement (L. 20 avril 1810, art. 7; Cass. 18 oct. 1832, 31 mars 1837 et 15 février 1839).

Huissier. — Les huissiers attachés aux justices de paix ne peuvent instrumenter pour leurs parents en ligne directe, ni pour leurs frères, sœurs et alliés aux mêmes degrés (C. pr., 4).

Ils doivent faire leurs citations dans les formes et les remettre dans les délais fixés par les art. 1 à 7 C. pr. V. *Citation.*

Ils sont assujettis à la tenue d'un répertoire pour les actes ordinaires et d'un registre pour les protêts, l'un et l'autre cotés et paraphés par le juge de paix (Décr. 14 juin 1813, art. 46; C. C., 176).

Ils doivent faire le service d'audience. V. *Audience*.	»	»	16 et 19.
Il leur est interdit d'assister les parties comme conseil et de les représenter comme mandataire, à moins qu'ils ne plaident leur cause personnelle, ou celle de leurs femmes, de	50 fr.	»	18,

leurs enfants ou alliés en ligne directe (C. pr., 86, Dictionnaire des justices de paix, v° *Huissier*, n° 49), sous peine d'une amende de 25 à 50 fr. prononcée par le juge de paix,	50 fr.	»	18.
Et d'interdiction du droit de citer devant le juge de paix pendant un délai de 15 jours à trois mois.	»	»	19.

V. *Billet d'avertissement; Conciliation; Dimanches et fêtes.*

Les copies des exploits et celles des significations de tous jugements, actes ou pièces ne peuvent contenir, savoir : 1° sur le petit papier (feuille et demi-feuille) plus de 30 lignes à la page et de 30 syllabes à la ligne; 2° sur le moyen papier, plus de 35 lignes à la page et de 35 syllabes à la ligne; 3° sur le grand papier, plus de 40 lignes à la page et de 40 syllabes à la ligne : 4° et sur le grand papier registre, plus de 45 lignes à la page et de 45 syllabes à la ligne (Décr. 30 juillet-1er août 1862); elles doivent être correctes, lisibles et sans abréviation, le tout sous peine d'une amende de 25 fr. (L. de finances, 2-3 juillet 1862, art. 20).

Chaque original doit contenir le coût de l'acte et en donner le détail (C. pr., 67; Décr. 14 juin 1813, art. 48).

	TAXE POUR	
	Paris.	partout ailleurs.
Les juges de paix taxent les actes des huissiers faits devant leur tribunal (C. pr., 60; Cass., 8 juin 1864; Dictionnaire des justices de paix, v° *Tarif*, n° 43).		
Les salaires alloués aux huissiers sont fixés comme suit.		
1° chaque original :		
De citation contenant demande (Tarif, 16 février 1807, art. 21)...........	1 fr. 50c.	1 fr. 25c.
De signification de jugement (C. pr. 16 et 19; Tarif de 1807, 21). De sommation de fournir caution ou d'être présent à la réception et soumission de la caution ordonnée (C pr., 17; Tarif de 1807, 21).	1 fr. 25c.	1 fr. 25c.
D'opposition au jugement par défaut, contenant assignation à la première audience (C. pr., 20 ; Tarif de 1807, 21). De demande en garantie (C. pr., 32; Tarif, *ibid.*).	1 fr. 50c.	1 fr. 50c.

	TAXE POUR	
	Paris.	partout ailleurs.
De citation aux témoins (C. pr., 34; Tarif, *ibid.*). De citation aux gens de l'art et experts (C. pr., 42 ; Tarif, *ibid*). De citation en conciliation (C. pr., 52; Tarif, *ibid.*). De citation aux membres qui doivent composer le conseil de famille (C. pr., 406; Tarif, *ibid.*). D'opposition aux scellés (C. pr., 926; Tarif, *ibid.*). De sommation à la levée des scellés (Tarif, *ibid.*). De notification de l'avis de famille (*ibid.*) Il ne doit être fait qu'un seul original, quel que soit le nombre des copies, à moins qu'elles ne puissent être remises dans le même jour, circonstance laissée à l'appréciation du juge (Dictionnaire des justices de paix, v° *Tarif*, n° 24).	1 fr. 50c.	1 fr. 50c.
2° Pour chaque copie des actes ci-dessus énoncés (Tarif de 1807, art. 21).	1/4 de l'original.	1/4 de l'original.
3° Pour la copie des pièces qui peuvent être données avec les actes, par chaque rôle d'expédition de 20 lignes à la page et de 10 syllabes à la ligne (Tarif de 1807, art. 22).	» fr. 25c.	» fr. 20c.
4° Pour transport qui ne peut être alloué qu'autant qu'il y a plus de 5 kilomètres de distance entre la demeure de l'huissier et le lieu où l'exploit doit être posé, aller et retour, par myriamètre (*ibid.*, art. 23).	2 fr. » c.	2 fr. » c.
5° Pour chaque appel de cause sur le rôle et lors des jugements par défaut interlocutoires et définitifs, sans qu'il soit alloué aucun droit pour les jugements préparatoires et de simple remise (Décr. 14 juin 1813, art. 94, interprété par l'art. 152 du décr. de 1807; Dictionnaire des justices de paix, v° *Tarif*, n° 41).	» fr. 15c.	» fr. 15c.

6° Les actes faits en matière d'expropriation pour cause d'utilité publique doivent être taxés conformément aux prescriptions de l'ordonnance du 18 septembre 1833.

Il n'est rien alloué aux huissiers de justice de paix pour *visa* par le greffier de la justice de paix, ou par les maires ou adjoints des communes du canton, dans les différents cas prévus par le Code de procédure (Tarif de 1807, art. 23).

Dans l'exercice de leurs fonctions, les huissiers doivent porter un habit noir complet, avec un manteau de laine noire revenant par devant et de la largeur de l'habit (L. 2 nivôse an 11, art. 8).

Incendie. — V. *Dégradations et pertes.*

Incidents. — V. *Exceptions.*

Incompétence ratione loci. — Cette incompétence se produit lorsque l'action réelle ou se rattachant à des immeubles, n'est pas portée devant le juge de la situation de l'objet litigieux (C. pr., 3).

V. *Action réelle; Prorogation de juridiction.*

Incompétence ratione materiæ. — Cette incompétence existe pour toutes les matières qui ne sont pas expressément classées par la loi dans les attributions du juge de paix. Elle est absolue et ne pourrait pas être couverte par le consentement des parties; elle doit être prononcée d'office par le juge.

V. *Prorogation de juridiction.*

Incompétence ratione personæ. — Il y a incompétence *ratione personæ*, lorsque le défendeur à une action personnelle est cité devant un juge autre que celui de son domicile (C. pr., 2).

V. *Prorogation de juridiction.*

Indemnités. — Les demandes en indemnité doivent être portées devant le juge de paix de la situation de l'objet litigieux, lorsqu'il s'agit :

1° De *dommages aux champs, fruits et récoltes.* V. ces mots.

2° De déplacement de bornes. V. *Bornage.*

3° D'*Action possessoire.* V. ces mots.

4° De réparations locatives. V. *Bail à ferme*, § 3, 4°.

5° De non-jouissance du fermier ou locataire, provenant du fait du propriétaire. V. *Bail à ferme*, § 3, 2°.

6° De dégradations et pertes alléguées par le propriétaire. V. *Bail à ferme*, § 3, 3°.

Ces demandes doivent être portées devant le juge de paix du domicile du défendeur lorsqu'elles constituent une action purement personnelle.

V. *Action personnelle; Avarie et perte d'effets; Diffamation Injure.*

Indemnité de déplacement. — V. *Traitement des juges de paix.*

Indigence. — V. *Certificat d'indigence.*

Individualité. — V. *Certificat d'individualité.*

Injure. Toute expression outrageante, terme de mépris ou invective qui ne renferme l'imputation d'aucun fait, est une injure; l'allégation ou l'imputation d'un fait portant atteinte à l'honneur ou à la considération, constitue la diffamation (L. 17 mai 1819, art. 13).

Les actions pour injures publiques ou non publiques, verbales ou par écrit, faites autrement que par la voie de la presse (L. 17 mai 1819, art. 20, et 26 mai 1819, art. 20) doivent être portées devant le juge de paix du domicile du défendeur (C. pr., 2), lorsque les parties ne se sont pas pourvues par la voie criminelle. (V. *Affiche de jugement.*	100 fr.	illimité.	6, nº 5.

Inondation. — V. *Dégradations et pertes.*

Interdiction. Interdit. L'interdit est assimilé au mineur pour sa personne et pour ses biens (C. N., 509); il n'agit pas légalement par lui-même, il est représenté par son tuteur dans tous les actes de la vie civile (C. N., 450), et celui-ci ne peut former aucune action relative aux droits immobiliers de l'interdit sans y être autorisé par le conseil de famille (C. N., 464).

V. *Conseil de famille.*

Intérêts. — V. *Accessoires.*

Interlocutoire. — V. *Jugement.*

Si les parties sont contraires en faits de nature a être constatés par témoins (V. *Preuve testimoniale*) et dont le juge de paix trouve la vérification utile, il ordonne la preuve et en fixe précisément l'objet (C. pr., 34).

Le jugement qui ordonne une opération quelconque et notamment une enquête à laquelle les parties doivent assister, doit indiquer le lieu, le jour et l'heure de l'opération, et sa prononciation en présence des parties vaut citation lorsqu'il est contradictoire (C. pr., 28); mais s'il est rendu par défaut, ou si l'une des parties n'était pas présente au moment de sa prononciation, il doit être levé et signifié par la partie qui veut le faire exécuter (Pigeau, commentaire, t. 1er, p. 84; Carré et Chauveau, quest. 138).

V. *Péremption d'instance.*

Intervention. — L'intervention volontaire est reçue en justice de paix; elle se produit lorsqu'une partie ayant droit et qualité se présente de son propre mouvement, sur une contestation soulevée entre d'autres parties, exemples : 1° celui qui veut prévenir l'action en garantie (intervention forcée) que l'une des parties pourrait exercer contre lui (V. *Garant*); 2° le propriétaire, sur l'action en complainte formée par ou contre son fermier (Cass., 8 juillet 1829); 3° le créancier qui veut exercer les droits de son débiteur (C. N., 1166 et 2225).

L'intervention peut être introduite par exploit ou par la comparution volontaire en formulant des conclusions écrites (O. Bourbeau, n° 480).

Elle ne peut retarder le jugement de la cause principale, lorsque celle-ci est en état (C. pr., 340).

Irrigation. — V. *Cours d'eau.*

Jaugeage. — V. *Contributions indirectes*; *Serment*, § 4, n° 6.

Jeu. — La loi n'accorde aucune action pour les dettes de jeu ou pour le payement d'un pari (C. N., 1965 à 1967).

L'obligation souscrite pour une dette de jeu est frappée d'une nullité absolue comme constituant une fraude à la loi et ne peut être considérée comme un payement dans le sens de l'art. 1967 C. N. (Lyon, 29 nov. 1861).

L'action en nullité d'une dette de jeu est toujours ouverte au débiteur quels que soient la nature, la forme ou le nombre des actes qui reconnaissent et légalisent une telle dette, sous l'apparence d'une obligation licite et régulière (Même arrêt).

Le souscripteur d'effets de commerce dont la cause réelle est une dette de jeu, n'est pas fondé à opposer le vice de son engagement aux tiers porteurs de bonne foi. Mais il a un recours en garantie contre le bénéficiaire de l'effet de commerce qui, en connaissant la cause réelle, en a touché le prix par la négociation, la souscription d'un effet de commerce n'équivalant pas au payement prévu par l'art. 1967 (Paris, 19, 24 et 25 janv. 1863). Il y a deux arrêts conformes de la Cour suprême des 12 avr. et 4 déc. 1854.

Celui qui, pour payer une dette de jeu, a souscrit des billets au profit d'un nouveau créancier substitué, et qui en a payé le montant aux mains du tiers porteur, a une action en garantie contre ce créancier, si celui-ci a connu la cause primitive de l'obligation (Rouen, 23 nov. 1863).

Le tiers qui a prêté de l'argent à un joueur pour acquitter une dette de jeu a, en principe, une action pour le remboursement de ce prêt; mais cette action doit lui être refusée lorsqu'il a un intérêt, même indirect, au jeu (Cass., 15 nov. 1864, arrêt cassant en partie un arrêt de la C. de Paris du 8 août 1861, et rendu après délibéré en chambre du conseil).

Jours fériés. — V. *Dimanches et fêtes.*

Juge de paix. — V. *Audience; Conseil de famille; Greffier; Huissier; Traitement du juge de paix; Scellé.*

Jugements. — Vis-à-vis des parties, les jugements sont contradictoires ou par défaut; relativement aux contestations, ils sont préparatoires, interlocutoires ou définitifs.

Le jugement est contradictoire, lorsque les parties ont, par elles-mêmes ou par mandataires, contredit ou conclu devant le juge.

Il est par défaut, lorsque l'une des parties n'a ni contredit, ni conclu. V. *Défaut.*

Le jugement préparatoire tend à mettre le procès en état d'être jugé; il est de sa nature inoffensif, il ne préjuge pas le fond et ne porte aucun grief aux parties (C. pr., 452); aussi n'est-il susceptible d'appel qu'après le jugement définitif et conjointement avec l'appel de ce jugement; d'où il résulte que son exécution ne préjudicie en aucune manière aux droits qu'a la partie d'en faire appel, alors même qu'il n'y a eu dans l'exécution ni protestation, ni réserve (C. pr., 31 et 451; O. Bourbeau, n° 503).

Le jugement interlocutoire est celui qui ordonne, avant faire droit, une preuve, une instruction, une vérification (C. pr., 29, 34, 225) qui préjuge le fond (C. pr., 452) : en telle sorte qu'il devient vraisemblable que si la preuve ordonnée est faite, la partie qui l'a obtenue gagnera son procès. Son exécution volontaire équivaut à l'acquiescement, contre lequel la partie qui exécute doit protester en faisant réserve de se pourvoir par appel pour le cas où le jugement définitif lui serait contraire (Argument *à contrario* de l'art. 31 C. pr., qui dispense de protestation et réserve lorsqu'il s'agit simplement d'un jugement préparatoire; O. Bourbeau, *ibid*).

Le jugement définitif est celui qui décide le fond du procès. V. *Appel.*

Tout jugement doit être rendu publiquement, à l'audience, à peine de nullité, même lorsque le huis-clos a été ordonné pour les débats (L. 20 avril 1810, art. 7 et 44; Cass. 18 oct. 1832, 31 mars 1837, 15 févr. 1839; Sirey, note 11 sur l'art. 87 C. pr., et 121 et s., sur l'art. 141).

C'est à l'audience même où les débats ont été clos, ou au plus tard à l'audience suivante que le jugement doit être rendu (Argument des art. 39 C. pr. et 153 C. i. ; Cass. 14 déc. 1811 et 31 janv. 1833).

La rédaction du jugement doit contenir :

1° Le nom du juge à peine de nullité (C. pr., 141 ; L. 20 avr. 1810, art. 44 ; Cass., 11 juin 1811 et 24 nov. 1834 ; Sirey, notes 9 et s., 18 et s. sur l'art. 141) ;

2° Les noms, professions et demeures des parties (C. pr., 141 ; L. 20 avr. 1810, art 44) ;

3° Les conclusions prises par les parties, à peine de nullité (C. pr., 141 ; L. 20 avr. 1810, art. 44 ; nombreux arrêts ; V. Sirey, note 32 et s., sur l'art. 141) ;

4° L'exposition sommaire des points de fait et de droit, aussi sous peine de nullité (C. pr., 141 ; L. de 1810, 44 ; Sirey, notes 37, 40, 42 et 53, sur l'art. 141) ;

5° Les motifs, encore sous peine de nullité (C. pr., 141 ; L. de 1810, 44 ; Sirey, notes 61 à 63, 74 à 77, 94, 97, 98, 101, 104, 115, 120 et s., sur l'art. 141) ;

6° Et le dispositif, également sous peine de nullité (C. pr., 141 ; L. de 1810, art. 44 ; Sirey, notes 60, 121 et 124 sur l'art. 141).

Tout jugement rendu doit être porté sur la feuille d'audience. V. *Feuille d'audience.*

Jury. — V. *Liste du jury.*

Jury d'expropriation.

DIVISION.

§ 1er. — *Nomination du jury et du magistrat directeur.*
§ 2. — *Convocation du jury et des expropriés.*
§ 3. — *Constitution du jury.*
§ 4. — *Instruction et procédure devant le jury.*
§ 5. — *Délibération du jury.*
§ 6. — *Fixation des indemnités.*
§ 7. — *Procès-verbal.*
§ 8. — *Ordonnance du magistrat directeur.*
§ 9. — *Dépens et taxe.*
§ 10. — *Dépôt des dossiers.*

§ 1er. — Nomination du jury et du magistrat directeur.

Lorsque, pour les travaux d'ouverture et de redressement des chemins vicinaux autorisés par arrêté préfectoral, il y a lieu de recourir à l'expropriation, le tribunal d'arrondissement, en prononçant l'expropriation, désigne, pour présider et diriger le jury, l'un de ses membres ou le juge de paix du canton, et choisit sur la liste générale formée par le conseil général, en vertu de l'art. 29 de la loi du 3 mai 1841, quatre personnes pour former le jury et trois jurés supplémentaires (L. 21 mai 1836, art. 16).

Dans son remarquable guide pratique de l'expropriation pour utilité publique, M. Maulde enseigne que le jugement qui désigne le juge de paix doit, en même temps, indiquer par qui ce magistrat sera remplacé en cas d'empêchement ; car il s'agit ici d'une matière spéciale dans laquelle le magistrat tient ses pouvoirs non d'une délégation générale, mais d'une désignation spéciale, d'où il découle que le juge de paix ne serait pas valablement remplacé par ses suppléants dans l'ordre de leur nomination.

Le jury ne connait que des affaires dont il a été saisi au moment de sa convocation (L. 3 mai 1841, art. 44).

Les opérations commencées par lui et qui ne sont pas encore terminées au moment du renouvellement annuel de la liste générale, sont continuées jusqu'à conclusion définitive (L. 3 mai 1841, art. 45).

Il ne peut se séparer qu'après avoir réglé toutes les indemnités dont la fixation lui a été déférée (*ibid.*, art. 44).

§ 2. — Convocation du jury et des expropriés.

Le maire (Cass., 12 juillet 1842) ou le préfet, quand il y a délégation même tacite de l'autorité municipale (Cass., 31 juillet 1860), ou bien lorsqu'il s'agit d'un chemin de grande communication ou d'intérêt commun (Maulde), après s'être concerté avec le magistrat directeur du jury, convoque les jurés et les parties, huit jours au moins à l'avance, en leur indiquant le lieu et le jour de la réunion et en faisant connaître aux parties les noms des jurés (L. 3 mai 1841, art. 31).

Cette citation, donnée avant l'expiration de la quinzaine laissée aux expropriés pour l'acceptation des offres de l'administration (même loi, art. 23 et 24), serait frappée de nullité si les expropriés avaient répondu avant l'expiration du délai (Cass., 15 mai 1855).

§ 3. — Constitution du jury.

Au jour indiqué par la convocation, les opérations du jury s'ouvrent, en audience publique (L. 3 mai 1841, art. 37), sous la présidence du magistrat directeur, assisté du greffier ou du commis greffier de son tribunal (*ibid.*, art. 34), ou, à défaut, d'une personne choisie par lui.

V. *Greffier*, § 4, XII.

Le greffier fait un appel général des jurés. La loi ne prescrit pas cet appel, mais c'est une mesure d'ordre.

Les septuagénaires ont la faculté de se faire dispenser du service (L. 3 mai 1841, art. 30).

Le magistrat directeur, assisté du greffier, procède seul à toutes les opérations constitutives du jury (Cass., 2 janvier 1855 et 14 avril 1858).

Il prononce sur les causes d'empêchement que les jurés proposent et sur les exclusions et incompatibilités dont les causes ne seraient survenues ou n'auraient été connues que postérieurement à la désignation des jurés faite par le tribunal d'arrondissement (L. 3 mai 1841, art. 32).

Il condamne à une amende de 100 fr. au moins et de 300 fr. au plus, tout juré qui, sans motifs légitimes, manque à l'une des séances ou refuse de prendre part à la délibération, et il statue, en dernier ressort, sur l'opposition formée par le juré condamné (même article).

Les incapacités sont réglées par l'art. 382 C. i.; les incompatibilités, par l'art. 383.

Les jurés excusés, empêchés ou exclus sont remplacés par les jurés supplémentaires (L. 3 mai 1841, art. 33), dans l'ordre de leur inscription (*ibid.*).

Il doit être formé un jury distinct pour chaque affaire (*Mon.*, 27 janvier 1833, p. 212; Cass., 7 juin 1853); cependant rien ne s'oppose à ce que, du consentement de toutes parties intéressées, un même jury connaisse toutes les causes qui doivent être jugées pendant la session (Cass., 3 mai 1841 et 23 août 1854); même dans ce cas, le défaut de protestation des parties les rend non recevables à se plaindre de la jonction des affaires et de leur instruction simultanée (Cass., 15 avril 1855).

Les jurys des diverses affaires ou catégories d'affaires peuvent être formés dès l'ouverture de la session (Cass., 24 décembre 1851).

Si les parties acquiescent aux offres de l'administration, le magistrat directeur en dresse procès-verbal qui emporte translation de la propriété (L. 21 mai 1836, art. 16).

Tous les préliminaires accomplis, les jurés de jugement étant présents, le magistrat directeur déclare le jury constitué (L. 3 mai 1841, art. 35) et reçoit de chaque juré le serment de *remplir ses fonctions avec impartialité* (*ibid.*, art. 36). L'accomplissement de cette formalité doit être constaté par le procès-verbal (Cass., 6 avril 1858).

La prestation de serment des jurés doit précéder tout acte d'instruction (Cass., 24 septembre 1824, 9 mai 1843 et 24 novembre 1847).

§ 4. — Instruction et procédure devant le jury.

En matière de chemins vicinaux, non-seulement le magistrat directeur préside et a la police de l'audience, mais encore il a voix délibérative en cas de partage (L. 21 mai 1836, art. 16), et s'il a le droit, il a aussi le devoir d'assister à la délibération (Cass., 23 juin 1840 et 27 novembre 1855), de telle sorte que la délibération du jury présidée, non par le magistrat directeur, mais par l'un des jurés que les autres auraient choisi, et la décision qui en aurait été la suite, seraient frappées de nullité (Cass., 16 novembre 1858, 28 février et 23 mars 1859).

Le greffier appelle successivement les causes sur lesquelles le jury doit statuer (L. 3 mai 1841, art. 34). Cet appel doit être fait même en l'absence des parties (Cass., 19 janvier 1852).

Le magistrat directeur doit, à peine de nullité, mettre sous les yeux du jury, 1° le tableau des offres et demandes faites en exécution des art. 23 et 24 de la loi de 1841 (même loi, art. 37; Cass., 15 juillet 1847 et 25 août 1858); 2° et les plans parcellaires et les titres et autres documents produits par les parties à l'appui des offres et demandes (même article; Cass., 2 juillet 1844). Cette double remise doit être mentionnée au procès-verbal (Cass., 26 février 1851).

Les parties ou leurs mandataires ont le droit de présenter sommairement leurs observations (même article).

Le jury peut entendre toutes les personnes qu'il croit pouvoir l'éclairer; il peut aussi se transporter sur les lieux, ou déléguer à cet effet un ou plusieurs de ses membres (même article; Cass., 21 juin 1842).

Il appartient au jury de déclarer que la cause est entendue (Cass., 18 décembre 1861); mais c'est le magistrat directeur qui prononce la clôture des débats (L. 3 mai 1841, art. 38).

La Cour suprême a décidé que si le jury le demande, les débats peuvent être rouverts, pourvu que les parties aient la faculté de donner de nouvelles explications (11 août 1857).

Elle a également décidé, le 24 novembre 1846, que si le magistrat directeur n'est pas obligé de poser au jury les questions à résoudre, il a la faculté de le faire.

§ 5. — Délibération du jury.

Immédiatement après la clôture des débats, les jurés se retirent dans leur chambre pour délibérer, sans désemparer, sous la présidence du magistrat directeur (L. 3 mai 1841, art. 38, et 21 mai 1836, art. 16). V. *supra*, § 4, 1er alinéa. Cependant il a été jugé que lorsque le débat est clos à une heure avancée, la délibération peut être renvoyée au lendemain (Cass., 7 janvier 1845).

La délibération du jury doit être secrète, à peine de nullité; la communication avec l'extérieur d'un membre du jury emporterait aussi la nullité de l'opération (nombreux arrêts cités par M. Maulde).

La décision doit être signée de tous les membres qui y ont concouru (L. 3 mai 1841, art. 41).

La décision doit être proclamée par le magistrat directeur, en séance publique et en présence du jury (Cass., 11 août 1845).

Durant l'instruction et même au moment de la proclamation de la décision du jury, les parties peuvent demander la constatation des infractions qu'elles croient avoir été commises (Cass., 5 févr. 1845 et 19 févr. 1855).

§ 6. — **Fixation des indemnités.**

Nul ne pouvant être contraint de céder sa propriété pour cause d'utilité publique, que moyennant une juste indemnité (C. N., 545), il y a toujours nécessité, en cas d'expropriation, de fixer cette indemnité quelque faible qu'elle puisse être (Cass., 15 nov. 1858).

En aucun cas, l'indemnité ne peut être inférieure aux offres de l'administration, ni supérieure à la demande de l'exproprié (L. 3 mai 1841, art. 39).

Si l'exécution des travaux doit procurer une augmentation de valeur *immédiate et spéciale* à ce qui resterait de la propriété en cas d'expropriation partielle, cette augmentation doit être prise en considération dans l'évaluation du montant de l'indemnité (même loi, art. 51 ; Cass., 25 mai 1840); pour qu'il en soit ainsi, il ne suffirait pas que l'exproprié possédât d'autres propriétés avantagées par les travaux (Cass., 11 mai 1839).

Les constructions, plantations et améliorations ne donnent lieu à aucune indemnité, lorsque, à raison de l'époque où elles ont été faites ou de toutes autres circonstances dont l'appréciation lui est abandonnée, le jury acquiert la conviction qu'elles ont été faites dans la vue d'obtenir une indemnité plus élevée (même loi, art. 52).

A moins du consentement exprès de l'exproprié, l'indemnité fixée par le jury ne doit consister qu'en une somme d'argent, puisqu'elle doit être offrtee en un mandat délivré par l'ordonnateur compétent, visé par le payeur et payable sur la caisse publique, et, en cas de refus, consignée en espèces avant la prise de possession (même loi, art. 53; Cass., 3 juill. 1843, 2 janv. 1844, 29 juill. et 13 août 1862).

Le jury est juge de la sincérité des titres et de l'effet des actes qui sont de nature à modifier l'évaluation de l'indemnité (même loi, art. 48).

Dans le cas où l'administration conteste au détenteur exproprié le droit à une indemnité, le jury, sans s'arrêter à la contestation, dont il renvoie le jugement devant qui de droit, fixe l'indemnité comme si elle était due (même loi, art. 39 et 49).

Lorsque, s'agissant de bâtiments dont il est nécessaire d'acquérir une portion, le propriétaire a requis l'achat entier, par une déclaration formelle adressée au magistrat directeur du jury (même loi, art. 24, 27 et 50), s'il y a contestation sur ce point, le le jury, sans s'arrêter à cette contestation, dont il renvoie le jugement devant le tribunal compétent, fixe des indemnités alternatives (même loi, art. 39 ; Cass., 21 août 1838, 25 mars 1839, 19 mars 1849 et 1er juill. 1863).

Le jury prononce des indemnités distinctes en faveur des parties qui les réclament à des titres différents, comme propriétaires, fermiers, locataires, usagers et autres intéressés (L. 3 mai 1841, art. 21 et 39).

Dans le cas d'usufruit, une seule indemnité est fixée par le jury, eu égard à la valeur totale de l'immeuble, sauf au nu-propriétaire et à l'usufruitier à exercer leurs droits sur le montant de l'indemnité au lieu de l'exercer sur la chose (même art. 39).

L'indemnité doit être fixée d'une manière claire et complète (Maulde); la décision doit mettre fin à toute contestation entre les parties sur son montant, et elle doit être conçue de manière que le chiffre soit certain et non subordonné à des calculs ultérieurs (Cass., 3 août 1840), ou à une opération ultérieure aussi (Cass., 9 fév. 1846).

§ 7. — **Procès-verbal.**

Le greffier doit tenir procès-verbal de toutes les opérations du jury (L. 3 mai 1841, art. 34); il peut faire un seul procès-verbal comprenant, soit plusieurs affaires (Cass., 12 août 1863), soit plusieurs séances et plusieurs jours (Cass., 28 févr. 1859).

Le procès-verbal doit, à peine de nullité, être signé par tous les jurés qui y ont concouru, par le magistrat directeur et par le greffier, et contenir mention de cette signature (Cass., 27 août 1845 et 18 mars 1863).

Ce procès-verbal et tous les actes, plans, certificats, etc., produits ou faits en matières d'expropriation pour cause d'utilité publique doivent être visés pour timbre et enregistrés gratis (L. 3 mai 1841, art. 58; Garnier, Répert. gén., 6477). Le défaut du visa et d'enregistrement constituerait une contravention (Garnier, *ibid.*, art. 6448 *bis*).

§ 8. — Ordonnance du magistrat directeur.

La décision du jury, revêtue des signatures prescrites (§ 7), est remise au magistrat directeur.

Si l'indemnité accordée est éventuelle (L. 3 mai 1841, art. 49), ou s'il est alloué des indemnités alternatives (même loi, art. 39), le magistrat directeur ordonne la consignation, pour l'indemnité rester déposée jusqu'à ce que les parties se soient entendues ou que le litige soit jugé (art. 49).

Le magistrat directeur statue sur les dépens (§ 9) et envoie l'administration en possession de la propriété, sauf les cas de litige ou d'éventualité (Cass., 5 févr. 1840 et 22 août 1855), à la charge par elle de se conformer aux prescriptions des art. 53, 54 et suivants de la loi du 3 mai 1841 (art. 41 de cette loi).

L'ordonnance d'exéquatur doit être rendue en audience publique et en présenee du jury (Cass., 15 avr. 1840 et 11 août 1845).

Il n'est pas nécessaire qu'elle soit distincte du procès-verbal (arrêt du 15 avr. 1840).

§ 9. — Dépens et taxe.

Le magistrat directeur, en prononçant sur les dépens, rend un véritable jugement ; les dépens sont une partie du litige, qui doit être complétement vidé, le défaut de statuer au sujet des dépens serait une cause de nullité (Cass., 23 mai 1842); toutefois s'il y a contestation sur le fond du droit, la décision au sujet des dépens doit être reservée (Cass., 1er mars 1843).

Les dépens sont dus, savoir :

Par la partie qui a refusé les offres de l'administration, lorsque l'indemnité réglée par le jury ne dépasse pas ces offres (L. 3 mai 1841, art. 40);

Par l'administration, si l'indemnité égale la demande de la partie expropriée (même article);

Par la partie expropriée, quelle que soit l'estimation du jury, lorsque cette partie a omis, dans le délai de quinzaine de la notification des offres, de déclarer son acceptation ou d'indiquer le montant de ses prétentions (même loi, art. 24, 25, 26, 40).

Lorsque l'indemnité est à la fois supérieure à l'offre et inférieure à la demande, les dépens sont compensés de manière à être supportés par l'exproprié et par l'expropriant dans les proportions de leur offre et de leur demande avec la décision du jury (même loi, art. 40).

Le magistrat directeur taxe les dépens (*ibid.*, art. 41), dans lesquels ne doivent être compris que les actes postérieurs à l'offre de l'administration, qui, seule, doit dans tous les cas les frais antérieurs (*ibid.*).

Cette taxe est soumise, non au tarif de 1807, mais à l'ordonnance du 18 sept. 1833, seule applicable en matière d'expropriation (Loi de 1841, art. 41).

§ 10. — Dépôt des dossiers.

Le procès-verbal des opérations du jury, l'ordonnance du magistrat directeur et toutes les pièces produites aux débats doivent être déposés au greffe du tribunal qui a ordonné l'expropriation (L. 3 mai 1841, art. 46), dans le plus bref délai (Circul. minist., 18 janvier 1845).

Jury de révision. — V. *Garde nationale.*

Lais et relais de la mer. — Les lais et relais de la mer sont considérés comme des dépendances du *domaine public* (C. N., 538) ; mais ici, dit M. Proudhon (Domaine public, n° 710), dans l'expression domaine public il faut entendre le domaine national ou le *domaine de l'Etat*, car le domaine public est inaliénable et les lais et relais de la mer peuvent être aliénés en vertu de l'art. 41 de la loi du 16 sept. 1807, qui, en ce point, modifie l'art. 538 promulgué le 4 févr. 1804.

A ce titre les lais et relais de la mer sont l'objet d'une possession utile et peuvent s'acquérir par la prescription (Proudhon, *loc. cit.* ; Troplong, Prescription, n° 152; Fourcade, 2, 461).

Cependant, la Cour suprême, chambre civile, a décidé, le 21 janv. 1859, que les terrains couverts par les marées d'équinoxe continuent à faire partie du domaine public imprescriptible ; — Que si, aux termes de l'art. 41 de la loi de 1807, les lais et relais de la mer sont aliénables par l'Etat et dès lors prescriptibles, il faut reconnaître que les concessions de l'Etat en cette matière peuvent avoir pour objet, non-seulement des lais et des relais déjà formés par le déplacement des eaux de la mer qui les ont laissés définitivement à découvert, mais encore le droit d'endiguement et les lais ou créments futurs qui ne seront conquis sur la mer que par l'effet des travaux autorisés par le décret de concession, et qui, faisant partie du rivage de la mer et conséquemment du domaine public jusqu'à l'époque de la concession qui les en a fait sortir, n'étaient point, avant cette époque, susceptibles de possession privée.

Mais l'Etat seul peut opposer l'imprescriptibilité ; dès lors le juge de paix saisi d'une action possessoire est tenu de statuer sans s'occuper du caractère domanial de l'objet litigieux et sans qu'il y ait lieu d'ordonner la mise en cause de l'Etat, pour rechercher, à l'aide d'un débat contradictoire, si cet objet fait ou non partie du domaine public (Cass., chambre civile, 23 août 1859).

V. *Rivage de la mer* ; *Réintégrande*.

Lavoir. — V. *Source*.

Lazarets. — Les marchandises et autres objets déposés dans les lazarets et autres lieux réservés peuvent être vendus avant l'expiration du délai de deux ans, s'ils sont sujets à dépérissement, en vertu d'une ordonnance du juge de paix, à défaut du président du tribunal de commerce (L. 3-9 mars 1822, art. 20).

Légalisation. — Les juges de paix qui ne siégent pas au chef-lieu du tribunal de première instance sont autorisés à légaliser, concurremment avec le président du tribunal, les signatures des notaires qui résident dans leur canton et celles des officiers de l'état civil des communes qui en dépendent, soit en totalité, soit en partie (L. 3 avril-2 mai 1861, art. 1er).

Pour mettre le juge en position de vérifier les signatures présentées à la légalisation, les notaires et les officiers de l'état civil doivent déposer leurs signatures et paraphes au greffe de la justice de paix où la légalisation peut être donnée (*ibid.*, art. 2).

La forme et les conditions de ce dépôt ont été déterminées comme suit, de concert entre les ministères de la justice et des finances, ainsi que l'énonce une circulaire de M. le garde des sceaux du 9 sept. 1861 :

Les signature et paraphe de chaque notaire doivent être sur une feuille de papier timbré de 0 fr. 35 c. (aujourd'hui 0 fr. 50 c.), comme pour les dépôts effectués aux greffes des tribunaux de première instance, en exécution de l'art. 49 de la loi du 25 ventôse an 11 ; mais ceux des officiers de l'état civil peuvent être sur papier non timbré (L. 15 mai 1818, art. 80).

Chaque feuille contenant les signature et paragraphe d'un notaire ou d'un officier de l'état civil doit être déposée au greffe de la justice de paix du notaire ou de l'officier de l'état civil et donner également lieu à un acte de dépôt séparé, lequel est exempt de tous droits d'enregistrement et de greffe.

Les actes de dépôt sont portés sur un registre spécial ouvert au greffe, coté et paraphé par le juge de paix et exempt de timbre (L. 13 brumaire an 7, art. 16, § 2).

Il n'est dû aucune rétribution au greffier pour l'acte de dépôt (Décr., 16 févr. 1807, art. 11).

La mention de la légalisation est écrite par le greffier, à qui il est dû une rétribution de 0 fr. 25 c. par légalisation; toutefois cette rétribution n'est pas due lorsque la pièce légalisée est dispensée du timbre (L. 3 avril-2 mai 1861, art. 3, et Circul. du 9 sept. 1861, citée).

L'obligation du timbre imposée aux copies, expéditions et extraits des actes de l'état civil résulte des dispositions générales des art. 19 de la loi du 13 brumaire an 7, 63 de la loi du 28 avril 1816 et 80 de celle du 15 mai 1818, qui défendent à tous secrétaires des administrations publiques d'employer pour les expéditions qu'ils délivrent du papier autre que celui dit moyen papier dont le prix est fixé à 1 fr. 50 c.

Mais, par exception à cette règle générale, sont exempts de timbre les extraits, copies et expéditions de tous les actes de l'administration publique qui ne sont pas assujettis à l'enregistrement sur les minutes, lorsque ces extraits, copies et expéditions sont délivrés par une administration ou un fonctionnaire publics à une administration ou à un fonctionnaire publics, à la condition que cette destination y soit expressément mentionnée. L. 13 brumaire an 7, art. 16, et 28 avril 1816, art. 63).

Les actes de l'état civil sont dans ce cas, car ils émanent d'une autorité administrative, et ils ne sont soumis à l'enregistrement ni sur la minute, ni sur l'expédition (L. 22 frim. an 7, art. 70, § 3, n° 8) et leurs expéditions ne sont expressément assujetties au timbre que lorsqu'elles sont délivrées aux parties (L. 15 mai 1818, art. 80).

L'exemption du timbre est accordée spécialement :

1° Aux expéditions des actes de l'état civil transmises par les maires soit directement aux préfets, soit aux commissions administratives des hospices chargées de les produire pour l'admission des enfants trouvés dans ces établissements (Décis. minist. des finances, 3 févr. 1836) ;

2° A celles délivrées aux individus qui veulent contracter un enrôlement ou un engagement volontaire, et en général aux gens de guerre, tant pour le service de terre que pour le service de mer. (L. 13 brumaire an 7, art. 16 ; Décis. minist. des finances 6 août 1818 ; Instruct. de la Régie, 17 sept. 1818, n° 851 et 15 juill. 1835, n° 1489) ;

3° A celles délivrées aux individus qui, en vertu des art. 14 et 15 de la loi du 10 mars 1818, réclament l'exemption du service militaire pour d'autres motifs que pour infirmités, ou demandent une dispense de service (Décis. minist. des fin., 5 sept. 1818 ; Instruct. de la Régie, 10 sept. 1818, n° 856) ;

4° A celles délivrées aux veuves et aux enfants des militaires pour obtenir des pensions ou des secours de l'Etat, ou simplement le payement des arrérages de ces pensions (Décis. minist. des fin., 27 oct. 1807 et 15 janv. 1823 ; Instruct. de la Régie, 4 mars 1823, n° 1073) ;

5° A celles délivrées aux ouvriers qui émigrent pour les colonies françaises (Déc. minist. des fin., 27 mai 1850) ;

6° Aux expéditions des actes de naissance délivrées aux gendarmes pour être admis au serment, ou à des militaires pour être admis dans la gendarmerie (Déc. minist. des fin., 8 août 1836) ;

7° Et celles des actes de naissance délivrées pour l'exercice du droit électoral (Déc. 10 mars 1848) ;

Dans tous ces cas, les expéditions doivent faire mention, en tête, de la destination en considération de laquelle elles jouissent de l'exemption du timbre.

Pour les autres pièces exemptes du timbre, V. *Greffier*, § 4, VIII.

Pour d'autres légalisations, V. *Certificat de vie; Livret; Télégraphie*.

Le certificat constatant l'existence d'un contrat de mariage délivré par le notaire qui a reçu ce contrat, en exécution de l'art. 1er de la loi du 17 juin-2, 10 et 18 juill. 1850, est exempt de timbre, à la condition que ce certificat indique qu'il doit être remis à l'officier de l'état civil (C. N., 1394, § 3).

Liste électorale. — Dans chaque commune, la liste électorale est dressée par le maire du 1er au 10 janv. (décret réglementaire du 2-21 févr. 1852, art. 1er). Elle doit comprendre tous les Français âgés de 21 ans accomplis, jouissant de leurs droits civils et politiques, habitant la commune depuis 6 mois au moins, et ceux qui, n'ayant pas atteint, lors de la formation de la liste, les conditions d'âge et d'habitation, doivent les accomplir avant la clôture définitive fixée au 31 mars (même décret, art. 7 et décret organique, 2-21 févr. 1852, art. 12, 13 et 14).

Les exclusions sont déterminées dans les art. 15 et 16 du décret organique.

Le tableau dressé par le maire est déposé au secrétariat de la mairie le 15 janv. au plus tard et le jour même du dépôt il est annoncé par un avis affiché aux lieux accoutumés (Décr. réglement., art. 2).

Dans les dix jours de cette publication (*ibid.*, art. 5), tout citoyen omis sur la liste peut présenter sa réclamation à la mairie, et tout électeur inscrit sur l'une des listes de la circonscription électorale peut réclamer la radiation ou l'inscription d'un individu omis ou indûment inscrit; le même droit appartient au préfet et au sous-préfet (Décr. organique, art. 19).

L'électeur inscrit dont l'inscription est contestée en est averti et a le droit de présenter des observations (même article).

Les réclamations sont jugées par une commission composée : à Paris, du maire et de deux adjoints; partout ailleurs, du maire et de deux membres du conseil municipal, désignés par ce conseil (*ibid.*, art. 20).

Les décisions de cette commission sont notifiées dans les trois jours, par un agent assermenté aux parties intéressées, qui peuvent interjeter appel dans les cinq jours de la notification (*ibid.*, art. 21).

L'appel est porté devant le juge de paix du canton; il est formé par une simple déclaration au greffe; le juge de paix doit statuer dans les dix jours, sans frais ni forme de procédure, et sur simple avertissement, donné trois jours à l'avance à toutes les parties intéressées (*ibid.*, art. 22).	toujours.	»	»

Mais si la demande portée devant le juge de paix implique la solution préjudicielle d'une question d'état, ce magistrat doit renvoyer préalablement les parties à se pourvoir devant les juges compétents, et fixer un bref délai dans lequel la partie qui a soulevé la question préjudicielle devra justifier de ses diligences (même article).

Le juge de paix ne peut être saisi d'une demande en inscription que sur l'appel d'une décision rendue par la commission municipale; il y aurait excès de pouvoir et nullité dans le jugement par lequel ce magistrat ordonnerait d'office une inscription sur les listes électorales sans qu'il ait été procédé en première instance devant la commission (Cass., 10 août 1864).

Si le juge de paix prononce l'infirmation des décisions portées devant lui par appel, il doit, dans les trois jours de son jugement, en donner avis au préfet et au maire (Décr. réglement., art. 6).

En cette matière, les décisions du juge de paix sont de véritables jugements, qui doivent être rendus par le juge de paix, assisté de son greffier, en audience publique (Cass., 22 août et 3 nov. 1850, 7 mai 1860, 26 juin 1861 et 10 août 1864), motivés (Cass., 23 mars 1863, 16 mars et 10 août 1864), et doivent contenir les énonciations substantielles exigées pour les autres jugements (Cass., 31 mars 1863).

V. *Jugement.*

Le greffier est tenu de recevoir soit la déclaration du pourvoi en cassation formé par les parties, soit la requête dressée par elles contre la décision du juge de paix et d'adresser les pièces dans les 24 heures au procureur général près la Cour suprême (Circul. minist. de la justice, 26 avr. 1849) ; hors ce cas, les pièces et mémoires fournis par les parties sont transmis, sans frais, par le greffier de la justice de paix, au greffier de la Cour de cassation (Décr. organique, art. 23).

En cette matière tous les actes judiciaires sont exempts de timbre et enregistrés gratis (*ibid.*, art. 24).

Liste du jury. — Dans chaque canton, une commission, composée du juge de paix, président, et de tous les maires, dresse une liste préparatoire de la liste générale du jury. Cette liste cantonale doit contenir un nombre de noms triple de celui fixé pour le contingent du canton par un arrêté du préfet, pris en conseil de préfecture (L. 4-10 juin 1853, art. 7, 8 et 9).

Cette commission se réunit au chef-lieu du canton, chaque année, dans la première huitaine du mois de novembre, sur la convocation spéciale du juge de paix délivrée dans la forme administrative (*ibid.*, art. 10).

La liste doit comprendre cinq colonnes distribuées ainsi : 1° numéro d'ordre, 2° noms et prénoms, 3° date et lieu de naissance, 4° profession, 5° lieu de la résidence. Le juge de paix doit vérifier avec soin, sur les registres de l'état civil ou à l'aide des renseignements fournis par les citoyens eux-mêmes, *l'orthographe des noms propres, les prénoms et leur ordre, et la date exacte de la naissance,* qui doit toujours être indiquée par les *jours, mois et an* (Circul. min. de la justice, 26 août 1853, 6 sept. 1856, 1er sept. 1857 ; Circul. de M. le procureur général de Poitiers, 21 oct. 1861).

Elle doit être dressée et signée séance tenante (même loi, art. 10), communiquée par le juge de paix au procureur impérial

(Circul. min. de la justice, 26 août 1853), après la vérification recommandée (Circul. de M. le procureur général du 21 oct. 1861), et adressée au préfet pour l'arrondissement chef-lieu et au sous-préfet pour les autres arrondissements (art. 10 de la loi).

Une commission supérieure, composée du préfet ou du sous-préfet, président, et de tous les juges de paix de l'arrondissement, choisit sur les listes préparatoires le nombre de jurés nécessaires pour former la liste d'arrondissement, conformément à la répartition établie par le préfet. — Néanmoins, elle peut, élever ou abaisser, pour chaque canton, le contingent proportionnel fixé par le préfet; mais l'augmentation ou la réduction ne peut, en aucun cas, excéder le quart du contingent cantonal, ni modifier le contingent de l'arrondissement (même loi, art. 11).

Les décisions sont prises à la majorité; en cas de partage la voix du président est prépondérante (même article).

La liste, définitivement arrêtée, est signée séance tenante (art. 12).

Pendant la durée permanente de cette liste, les juges de paix doivent informer le préfet et le procureur impérial des décès ou des incapacités légales frappant des membres dont les noms y sont portés, qui viendraient à leur connaissance (Circul. de 1853).

Les juges de paix doivent s'entourer de tous les renseignements de nature à constater l'âge, la nationalité, les cas d'incompatibilité, l'état de domesticité, d'instruction et de fortune (Circul. de 1853); ils doivent apporter dans l'accomplissement de leur mission autant de zèle que d'exactitude, assister à toutes les séances des commissions (Circul. minist. de la justice, 31 oct. 1848), et, d'abord, se bien pénétrer de l'esprit de la loi sur la matière :

La loi sur la composition de la liste générale du jury tend uniquement à assurer la préférence aux meilleures conditions morales; elle ne reconnaît pas que le titre de juré soit un droit; elle n'y voit qu'une fonction publique à conférer aux plus dignes; il n'y a donc pas à se préoccuper des réclamations des citoyens non portés sur les listes (Circul. de 1853).

Tout citoyen doit être désigné, pourvu qu'il soit probe, éclairé, ferme, digne enfin et capable tout à la fois de porter un jugement sur les faits, quelquefois compliqués, qui peuvent être soumis à son appréciation. Les listes ne doivent jamais comprendre des noms qui n'offriraient pas ces garanties (même circulaire).

Il faut s'attacher à faire un choix raisonné et à n'inscrire que des hommes qui, indépendamment de la probité et de la capacité, puissent, à raison de leur fortune et de leurs occupations personnelles, répondre, sans nuire à leurs affaires, à l'appel qui leur est fait (Circul. minist. de la justice, 2 janv. 1816).

Ainsi, il est recommandé de s'abstenir de choisir ceux qui, étant éloignés du lieu où siége la cour d'assises, n'auraient pas les moyens pécuniaires de s'y rendre ; ceux qui en seraient empêchés par l'assiduité qu'exige leur profession ; les cultivateurs à l'époque des récoltes (Circul. minist. de la justice du 2 juill. 1814) ; les gens infirmes et maladifs et ceux qui auront accompli leur 70e année dans le cours de l'année suivante (Circul. de 1853).

Il est aussi recommandé d'écarter des listes, en vue de réduire le nombre des récusations, ceux qui, imbus de faux systèmes ou prédisposés pour un trop faible caractère, seraient enclins soit à nier, soit à laisser sans sanction le droit social (même circulaire).

Les choix à faire par les commissions sont dominés par les règles suivantes écrites dans la loi :

I. Nul ne peut remplir les fonctions de juré, à peine de nullité, s'il n'est âgé de 30 ans accomplis, s'il ne jouit des droits politiques, civils et de famille et s'il est dans l'un des cas d'incapacité ou d'incompatibilité prévus par les art. 2 et 3 de la loi du 4-10 juin 1853 (art. 1er de cette loi).

II. Sont incapables d'être jurés :

1° Les individus qui ont été condamnés, soit à des peines afflictives et infamantes, soit à des peines infamantes seulement (même loi, art. 2, 1°), c'est-à-dire à la peine de mort, aux travaux forcés, à la déportation, à la détention, à la réclusion, au bannissement ou à la dégradation civique (C. p., 7 et 8) ;

2° Ceux qui ont été condamnés à des peines correctionnelles pour fait qualifié crime par la loi (même loi, art. 2, 2°), c'est-à-dire à l'emprisonnement dans un lieu de correction ou à l'interdiction temporaire de certains droits civiques, civils ou de famille, ou à l'amende (C. p., 9), dans les cas de fait qualifié crime ;

3° Les militaires condamnés au boulet et au travaux publics (même loi, art. 2, 3°) ;

4° Les condamnés à un emprisonnement de trois mois au moins (même art. 4°) ;

3° Les condamnés à l'emprisonnement, quelle que soit sa durée, pour vol, escroquerie, abus de confiance, soustraction commise par un dépositaire public, outrage public à la pudeur (C. p., 330) ; attentat aux mœurs (proxénétisme, C. p., 334) ; outrage à la morale publique ou religieuse, attaque contre le principe de la propriété et les droits de la famille, vagabondage ou mendicité, infraction aux art. 38, 41, 43 et 45 de la loi du 21 mars 1832 sur le recrutement de l'armée; tromperie sur les matières d'or et d'argent et sur la qualité des marchandises (C. p., 423; L. 27 mars 1851, art. 1er; L. 4 juin 1863, art. 2, n° 5).

6° Les condamnés pour délit d'usure (même art., n° 6);

7° Ceux qui sont en état d'accusation et de contumace (même art., n° 7);

8° Les notaires, greffiers et officiers ministériels destitués (même art., n° 8) non réhabilités (L. 19 mars 1864);

9° Les faillis non réhabilités (même art., n° 9);

10° Les interdits et les individus pourvus d'un conseil judiciaire (même art., n° 10);

11° Ceux auxquels les fonctions de jurés ont été interdites par les tribunaux correctionnels (même art., n° 11; C. p., 42);

12° Tout juré qui, pour la troisième fois, ne se sera pas rendu à son poste sur la citation qui lui aura été notifiée et aura, pour ce fait, été déclaré incapable par arrêt de la Cour d'assises (même art., n° 11; C. i., 396);

13° Ceux qui sont sous mandat d'arrêt ou de dépôt (même art., n° 12).

III. Sont incapables d'être jurés pendant cinq ans, à dater de l'expiration de leur peine, les condamnés à un emprisonnement d'un mois au moins (même art., n° 13).

IV. Les fonctions de juré sont incompatibles avec celles de : ministre, — président du Sénat, — président du Corps législatif, — membre du conseil d'État, — sous-secrétaire d'État ou secrétaire général d'un ministère, — préfet et sous-préfet, — conseiller de préfecture, — juge, — officier du ministère public près les cours et les tribunaux de première instance, — commissaire de police, — ministre d'un culte reconnu par l'État, — militaire de l'armée de terre ou de mer en activité de service et pourvu d'emploi, — fonctionnaire ou préposé du service actif des douanes, des contributions indirectes, des forêts de l'État et de la couronne, et de l'administration des télégraphes, — instituteur primaire communal (L. 4-10 juin 1853, art. 3).

Une instruction de M. le préfet de la Charente-Inférieure du 15 oct. 1861, s'appuyant sur une instruction ministérielle, invite les commissions de ce département à ne pas porter sur les listes les fonctionnaires qui peuvent être difficilement remplacés ou dont l'absence ferait souffrir le service qui leur est confié, notamment : 1° Les contrôleurs des contributions indirectes, 2° et les agents de l'administration de la marine, surtout ceux qui sont attachés à la manutention et à l'inscription maritime.

V. Ne peuvent être jurés; les domestiques et serviteurs à gages; — ceux qui ne savent pas lire et écrire en français; — ceux qui sont placés dans un établissement public d'aliénés, en vertu de la loi du 30 juin 1838 (L. 4-10 juin 1853, art. 4).

VI. Sont dispensés des fonctions de juré les septuagénaires et ceux qui ont besoin pour vivre de leur travail manuel et journalier (*ibid.*, art. 5).

VII. Sont excusés sur leur demande : 1° Les sénateurs et les membres du Corps législatif, mais seulement pendant la durée des sessions, 2° et ceux qui ont rempli les fonctions de juré pendant l'année courante et l'année précédente (*ibid.*, art. 16).

Litispendance. — S'il a été formé précédemment devant un autre tribunal une demande pour le même objet, ou si l'action nouvelle est tellement liée à une autre demande déjà intentée devant un autre tribunal que le jugement de l'une doive influer nécessairement sur le jugement de l'autre, le renvoi peut être demandé et ordonné (C. pr., 171).

L'exception de litispendance ne se couvre pas par la défense au fond; mais si avant de la proposer la partie qui l'invoque a laissé faire des frais frustratoires, ces frais sont à sa charge (Boncenne, *Procédure*, t. 3, p. 247).

Livres des marchands. — Les livres des marchands ne font point, contre les personnes non marchandes, preuve des fournitures qui y sont portées (C. N., 1329).

Mais, lorsqu'ils sont régulièrement tenus; quand il paraît manifeste qu'ils n'ont pas été établis pour les besoins de la cause, le juge peut y trouver des raisons suffisantes de déférer à celui qui s'en prévaut, le serment supplétif (argument des art. 1329 et 1367, C. N.)

V. *Serment*, § 1er, II.

Ces livres font foi contre les marchands, mais celui qui veut en tirer avantage ne peut les diviser et en accepter une partie sans accepter aussi ce qu'ils contiennent de contraire à ses prétentions (C. N., 1330).

Le livre-journal et le livre d'inventaire des commerçants doivent être cotés, paraphés et visés par un juge du tribunal de commerce, ou par le maire, ou par un adjoint du maire du domicile du commerçant (C. c., 11).

Autrefois, ces livres étaient assujettis au timbre, mais ils en ont été affranchis par la loi du 20 juill. 1837 (art. 4). Toutefois les extraits qui en sont délivrés aux parties pour leur servir de titre, doivent être sur papier timbré (Garnier, Rép. gén., art. 13672 *bis*).

Livres domestiques. — Les livres domestiques ne font point titre pour celui qui les a écrits ; mais ils font foi contre lui : 1° dans tous les cas où ils énoncent formellement un payement reçu, 2° et lorsqu'ils contiennent la mention expresse que la note a été faite pour suppléer le défaut de titre en faveur de celui au profit duquel ils énoncent une obligation (C. N., 1331).

Il paraît admis dans la pratique que, comme les livres de commerce produits contre des personnes non marchandes, les livres domestiques peuvent, selon les circonstances, autoriser le juge à déférer le serment supplétif, s'ils sont régulièrement tenus et s'il paraît manifeste qu'ils n'ont pas été établis pour les besoins de la cause. Cette solution est appuyée par M. J. L. Jay dans les observations qui accompagnent trois jugements de justice de paix insérés au bulletin spécial publié par lui, années 1859, p. 284 ; 1860, p. 21, et 1861, p. 179.

Il a été jugé (Cass., 2 mai 1810) que la partie qui réclame une somme de 150 fr. et qui ne produit à l'appui de sa demande *que le relevé* de ses livres, ne peut être admise au serment supplétif.

V. *Serment*, § 1er, II.

Livret d'ouvrier. — Les contestations relatives à la délivrance des congés ou à la rétention des livrets sont jugées par le juge de paix du domicile du défendeur (C. pr., 2), dans les lieux où ne sont pas établis des conseils de prud'hommes (L. 14 mai 1851, art. 7).	100 fr.	illimité.	5, n° 3.

Le juge de paix prononce, les parties présentes ou appelées par voie de simple avertissement ; sa décision est exécutoire sur minute et sans aucun délai (L. de 1851, art. 8).

L'inscription sur le livret du montant des avances doit être légalisée par le juge de paix, à défaut de conseil de prud'hommes (même loi, art. 6).

Locataire et propriétaire. — V. *Bail à ferme*.

Locataires et logeurs. — V. *Aubergiste*.

Louage de domestiques et ouvriers. — Les contestations relatives aux engagements respectifs des gens de travail au jour, au mois et à l'année, et de ceux qui les emploient ; des maîtres et des domesti-	100 fr.	illimité.	5, n° 3.

ques ou gens de service à gages ; des maîtres et de leurs ouvriers ou apprentis (C. N., 1780 et 1781) ; sans déroger à la juridiction des conseils de prud'hommes, doivent être portées devant le juge de paix du domicile du défendeur (C. pr., 2).	100 fr.	illimité.	5, n° 3.

V. *Affirmation* ; — *Louage d'ouvrage*.

Louage d'immeubles. — V. *Bail à ferme*.

Louage de meubles. — V. *Bail à loyer de meubles*.

Louage à nourriture de personnes. — V. *Bail à nourriture de personnes*.

Louage d'ouvrage et d'industrie. — Il y a trois espèces de louage d'ouvrage et d'industrie : 1° le louage des gens de travail qui s'engagent au service de quelqu'un (C. N., 1779, 1780, 1781) ; c'est *le louage des domestiques et ouvriers*. V. ces mots.

2° Celui des voituriers par terre et par eau (C. N., 1779, 1782 et s.). V. *Voituriers*.

3° Celui des entrepreneurs d'ouvrage par suite de devis ou marchés (C. N., 1779, 1787 et s.). V. *Devis et marchés*.

Loyers et fermages. — V. *Bail à ferme*.

Magasins de sel. — V. *Distances prescrites*.

Maire. — V. *Action possessoire* ; *Autorisation administrative*; *Jury d'expropriation*.

Maîtres et domestiques ou ouvriers. — V. *Louage de domestiques*, etc.

Marais. — La propriété des marais est soumise à des règles particulières (L. 15-26 sept. 1807, art. 1er).

L'entretien et la garde des travaux de desséchement à y faire sont à la charge des propriétaires représentés par une administration, qui doit faire exécuter les travaux et en répartir la dépense conformément à des règlements d'administration publique (même loi, art. 2 ; Conseil d'Etat, 26 sept. 1829).

Ces règlements statuent sur la possibilité et le mode d'application à chaque cas ou entreprise particulière (même loi, art. 58).

Les taxes autorisées par cette loi pour les travaux de desséchement, imposées par l'autorité en vue de l'utilité générale, présentent tous les caractères d'une taxe d'utilité publique ; elles sont classées parmi les impôts et, à ce titre, autorisées chaque année par la loi des finances, état E, § 2.

La perception de ces taxes est assimilée à celle des contributions directes et les contestations relatives au recouvrement des rôles qui en sont dressés, classées dans la compétence des conseils de préfecture sont jugées, comme tenant aux travaux publics, selon la loi du 28 pluviôse an 8 (Conseil d'Etat, 2 févr. 1825, affaire Perdry ; Journal du palais, Dauvilliers, v° *Contributions*, n°s 477 et 478).

C'est devant ce conseil que doit être portée toute demande en dégrèvement de cotisation (Conseil d'Etat, 29 mai 1822 et 2 févr. 1825, déjà cité) ; de même que toute demande en réduction ou changement de classe (Conseil d'Etat, 1er juillet 1839).

Un règlement spécial aux marais de l'arrondissement de Marennes, approuvé par ordonnance du roi du 29 sept. 1824, sous la seule réserve que les dispositions du 4e livre qui traite des pénalités, ne seront appliquées qu'autant qu'elles seront conformes à ce que prescrivent les dispositions du Code pénal et les décrets, ordonnances et règlements locaux qui sont maintenus par l'art. 484 même Code, a tous les caractères d'un règlement d'administration publique, et, à ce titre, en vertu des art. 26 et 58 de la loi de 1807, fait loi pour tout ce qui se rattache au dessèchement des marais de cet arrondissement.

L'art. 36 de ce règlement charge les commissions syndicales de représenter la masse de tous les intérêts de leurs syndicats respectifs. Il leur attribue le droit de voter les contributions, d'ordonner les travaux et, en un mot, de faire toutes les améliorations quelconques et sous quelque rapport que ce soit, dont les marais sont susceptibles.

L'art. 42 charge le syndic de représenter activement et passivement la commission syndicale, et, dès lors, la masse de tous les intérêts du syndicat devant les tribunaux, autorités et tous autres en tant qu'il est besoin, et de poursuivre, à ce titre, la répression des délits, le payement des créances, etc.

L'art. 53 charge les syndics, le caissier et les commissaires surveillants d'établir les rôles relatifs au recouvrement des contributions votées par la commission syndicale (art. 52).

Les art. 54 et 55 fixent le mode administratif des réclamations contre ces répartitions.

L'art. 56 est ainsi conçu : « Le recouvrement se fait dans la » même forme que celui des contributions publiques. Les payements s'effectuent, toutefois, aux époques fixées par la commission syndicale. — Les poursuites nécessitées par le recouvrement sont faites au nom de la société, ou du grand syndicat, à

» la diligence du caissier. — L'état de contrainte, arrêté et visé » par le syndic, est également soumis par le caissier au visa du » sous-préfet. — Les contraintes sont signifiées par les agents » ordinaires des contributions à la disposition des percepteurs. »

Il ressort évidemment de la loi de 1807, de l'ordonnance réglementaire de 1824, du budget annuel de l'Etat et de la jurisprudence du conseil d'Etat que les conseils de préfecture sont seuls compétents pour connaître de toutes les questions relatives au recouvrement des taxes annuelles autorisées pour les travaux de desséchement des marais faits en vertu de la loi de 1807.

La compétence des conseils de préfecture est exclusive et l'incompétence *ratione materiæ* des tribunaux ordinaires est d'ordre public; elle peut être proposée en tout état de cause et doit être déclarée même d'office.

Mais les sociétés syndicales peuvent avoir des contestations sur des matières qui rentrent dans la compétence des juges de paix; dans ces cas, les limites de la compétence sont déterminées par la matière même qui fait l'objet de la contestation.

Il en est de même de toutes les contestations relatives aux travaux de desséchement d'un marais, d'un lac, d'un étang, entrepris par les propriétaires, dans leur intérêt privé et sans autorisation administrative (Conseil d'Etat, 21 mars 1821, Chaptal C. Charleval, et 11 août 1824, Ruelle, C. Davin).

V. *Drainage*.

Marchandises. — Dans les lieux où il n'y a pas de tribunal de commerce, le juge de paix peut autoriser la vente des marchandises avariées, par lots d'une valeur inférieure à 500 fr.; à cet effet, il rend une ordonnance sur requête; il peut, s'il le juge utile, faire constater l'avarie par un expert de son choix (Décr. 29 juin-26 juillet 1861).

En cas de refus ou de contestation pour la réception des objets transportés, leur état est vérifié et constaté par des experts nommés par le juge de paix, à défaut du tribunal de commerce (C. c., 106 et 107).

V. *Ordonnances; Naufrage*.

Marchés. — V. *Halles et marchés; Devis et marchés*.

Marques de fabrique. — Sur la requête du propriétaire d'une marque de fabrique demandant la description, avec ou sans saisie, des produits qu'il prétend être marqués à son préjudice, et sur présentation du procès-verbal constatant le dépôt de la marque, le juge de paix, à défaut de tribunal de première instance dans le canton où se trouvent placés les produits, autorise l'opération et, s'il y a lieu, nomme un expert pour aider l'huissier dans son opération. En cas de saisie, le juge de paix peut exiger un cautionnement qui doit être consigné avant de pratiquer la saisie (L. 23-27 juin 1857, art. 17).

Matières corrosives. — V. *Distances prescrites.*

Menses épiscopales. — V. *Archevêchés.*

Menues dépenses des justices de paix. — Les juges de paix ont droit pour menues dépenses à un allocation annuelle classée parmi les dépenses ordinaires de leur département (L. 10 mai 1838, art. 12, nº 8; Circul. du minist. de l'intérieur, 24 juill. 1838, sect. 1re, chap. 7).

Cette allocation est votée par le conseil général et mandatée par le préfet.

L'administration des finances a décidé que les mandats pour l'allocation d'une année ne doivent pas être délivrés par les préfets avant le 1er janvier de l'année suivante, attendu que ces traitements et allocations ne sont acquis qu'à termes échus et quand il est constaté qu'il y a eu position de présence, conformément aux dispositions de l'ordonnance réglementaire du 31 mai 1838.

Mercuriales. — Les mercuriales ou états périodiques du prix courant de certaines denrées de première nécessité et notamment des céréales, relevés par les maires des lieux où il existe des marchés régulateurs, sont résumés tous les quinze jours (1er et 15 de chaque mois), en un tableau récapitulatif dressé à la préfecture (Circul. minist. de l'intérieur, 20 therm. an 10, 1er févr. 1817 et 8 avril 1824).

Pour déterminer la compétence des juges de paix, en matière de bail à ferme, il faut, lorsque le prix du bail consiste en denrées ou prestations appréciables d'après les mercuriales, en faire l'évaluation sur les mercuriales du jour de l'échéance, lorsqu'il s'agit de payement de fermages ; dans tous les autres cas, l'évaluation a lieu suivant les mercuriales du mois qui a précédé la demande.	»	»	3, § 3.
Si le prix du bail consiste en prestations non appréciables d'après les mercuriales, ou s'il s'agit de baux à colonage partiaire, le juge de paix	»	»	3, § 4.

détermine sa compétence en prenant pour base du revenu de la propriété le principal de la contribution foncière de l'année courante multiplié par cinq.	»	»	3, § 4.

S'il s'agit d'une demande en restitution de fruits, il y a lieu d'appliquer les mercuriales, eu égard aux saisons et au prix moyen de l'année (C. pr., 129).

Lorsque la demande s'applique à des objets de consommation soumis aux taxes administratives (L. 19-22 juillet 1791, art. 30), ce sont ces taxes qu'il faut appliquer (O. Bourbeau, n° 95).

La loi fixe la date des mercuriales à appliquer lorsqu'il s'agit de baux à ferme et de restitution de fruits ; cependant M. Bourbeau enseigne (n° 96) qu'il faut, pour appliquer les mercuriales, s'attacher en général non à l'époque d'exigibilité, mais au jour de la demande.

Messageries. — Les juges de paix procèdent en présence de la Régie de l'enregistrement et des entrepreneurs des messageries ou du roulage, à l'ouverture et à l'inventaire des ballots, malles, caisses, et paquets qui, après avoir été confiés pour être transportés à des entrepreneurs de roulage ou de messageries par terre ou par eau, n'ont pas été réclamés dans le délai de six mois à compter du jour de leur arrivée au lieu de leur destination (Décr., 13 août 1810).

V. *Contrainte par corps ; Dépôt nécessaire ; Ordonnances ; Voituriers.*

Mesurage. — V. *Contrainte (finances)*, 7° ; *Contributions indirectes.*

Militaires absents. — V. *Conseil de famille*, § 3, III ; *Scellé*, § 2.

Militaires disparus. — V. *Greffier*, § 1, VIII ; *Notoriété.*

Mineur. — Le mineur n'agit pas légalement pour lui-même : Durant le mariage il est placé sous l'autorité de son père (C. N., 373), son administrateur légal (C. N. 389), ou de sa mère si le père a disparu (C. N., 141) ; après la dissolution du mariage, il est représenté par son tuteur dans tous les actes de la vie civile (C. N., 450), lequel tuteur ne peut former aucune action relative aux droits immobiliers du mineur, ni acquiescer à aucune demande relative aux mêmes droits, sans l'autorisation du conseil de famille (C. N., 464).

V. *Caisse des retraites pour la vieillesse ; Conseil de famille ; Emancipation ; Scellé*, tit. 2, § 2, et tit. 3, § 2.

Mise en cause de garant. — V. *Garant.*

Mobilier du prétoire. — V. *Prétoire.*

Motifs. — V. *Jugements.*

Muet. — V. *Sourd-muet.*

Mur mitoyen ou non mitoyen. — V. *Distances prescrites.*

Naufrage. — Le capitaine qui a fait naufrage et qui s'est sauvé seul ou avec partie de son équipage, est tenu de se présenter devant le juge du lieu, ou, à défaut du juge, devant toute autre autorité civile, d'y faire son rapport, de le faire vérifier par ceux de son équipage qui se sont sauvés et se trouvent avec lui, et d'en lever expédition (C. c., 246).

Pour vérifier le rapport du capitaine, le juge reçoit l'interrogatoire des gens de l'équipage, et, s'il est possible, des passagers, sans préjudice des autres preuves (C. c., 247).

La vérification doit être faite devant le juge qui a reçu le rapport (Sirey, note 1re sur l'art. 247).

Le juge de paix qui a reçu le rapport doit l'envoyer sans délai, c'est-à-dire après vérification (art. 247) et expédition (art. 246), au président du tribunal de commerce (argument de l'art. 243).

V. *Greffier*, § 4, VIII, n° 8; *Navire*, 2°.

Avant de procéder à la vente d'un navire échoué avec bris, le capitaine, s'il n'a pas abandonné son navire, et le commissaire de l'inscription maritime, si le navire a été abandonné, doivent se pourvoir devant le tribunal de commerce, et, à défaut du tribunal de commerce, devant le juge de paix, à l'effet de faire nommer des experts appelés à donner leur avis sur les deux points essentiels à constater pour justifier le délaissement vis-à-vis des assureurs : 1° l'état absolu d'innavigabilité du navire, 2° l'impossibilité de le relever et de le réparer (C. c., 389).

Il doit être nommé trois experts; l'ordonnance qui les nomme doit être rendue sur requête et sur papier timbré (Déclaration du roi du 10 janv. 1770, art. 14; Circul. minist. de la marine, 6 nov. 1829).

V. *Ordonnance; Serment*, § 2 et § 5, II.

En ce qui concerne les marchandises, dans tous les cas où le ministère des experts est demandé, leur nomination est faite par ordonnance du tribunal de commerce, et, à défaut de tribunal de commerce, du juge de paix, rendue aussi sur requête et sur timbre (Déclar. du 10 janv. 1770, art. 16).

V. *Marchandises*: *Ordonnance*; *Serment*, § 2 et § 5, II; et *Dépôt nécessaire.*

Navires. — Dans les lieux où il n'existe pas de tribunal de commerce, les juges de paix ont mission :

1° De recevoir des experts visiteurs et de transmettre au président du tribunal de commerce les actes de visites que les capitaines, maîtres et patrons de navire sont obligés de faire faire (C. c., 225; Ord. 1-11 nov. 1826, art. 15; Décr. 19 mars 1852, art. 2). — L'envoi au président du tribunal de commerce ne doit être fait qu'après les 24 heures de la remise, puisque dans ce délai le capitaine peut se faire délivrer un extrait de l'acte de visite par le greffier de la justice de paix (Ord. citée de 1826, art. 2 et 3).

V. *Greffier*, § 4, VIII, n° 9).

2° De donner sur le registre de bord le visa que doit demander le capitaine dans les 24 heures de son arrivée; de recevoir la déclaration du capitaine énonçant le lieu et le temps de son départ, la route qu'il a tenue, les hasards qu'il a courus, les désordres arrivés dans le navire et toutes les circonstances remarquables dans son voyage (C. c., 242 et s., et 413);

Le rapport est envoyé sans délai au président du tribunal de commerce le plus voisin (C. c., 243);

3° De recevoir les petits rapports de mer, c'est-à-dire ceux dans lesquels les capitaines de navire déclarent seulement le jour de leur départ, le nom, le port et le chargement du navire, la route et le jour d'arrivée (Décis. minist. des finances, 2 et 24 août 1808; Instr. de la Régie, 14 oct. 1808; n° 402), et de les transmettre au président du tribunal de commerce (Décis. minist. finances, 13 déc. 1828; Instr. de la Régie, 24 mars 1829, § 12).

V. *Greffier*, § 4, VIII, n° 8.

4° De recevoir les déclarations de relâche forcée, faites en cours de voyage (C. c., 245).

5° De nommer les experts qui doivent dresser, au lieu de déchargement, l'état des pertes et dommages (C. c., 414).

Dans un port où il n'y a point de tribunal de commerce, mais où il existe un tribunal de première instance, le rapport du capitaine doit être fait devant le président de ce tribunal et non devant le juge de paix (Boulay-Paty, sur Émérigon, t. 2, p. 152, et *Droit maritime*, t. 2, p. 123).

Le mot *arrondissement* écrit au deuxième alinéa de l'art. 243, C. c., expliqué par l'art. 246 du même Code, semble avoir et généralement reçoit dans la pratique la signification donnée par l'art. 2 de l'arrêté du 9 fruct. an 9.

V. *Arrondissement*; *Francisation*; *Naufrage*.

Notoriété (acte de). — Les juges de paix reçoivent les actes de notoriété à produire :

1° En cas de célébration de mariage, pour suppléer,

Au défaut d'acte de naissance des futurs époux (C. N., 70 à 72);

Et au défaut d'actes respectueux, en cas d'absence des ascendants auxquels l'acte doit être notifié (C. N., 151 à 155);

Dans l'un et l'autre cas, c'est le juge de paix du domicile réel et non celui du domicile de six mois de l'art. 74 C. N., qui est compétent (Dict. des justices de paix, v° *Acte de notoriété,* n° 7);

2° En cas de versement à la caisse des retraites pour la vieillesse, à l'effet de suppléer au défaut d'acte de naissance (C. N., 71; Décr. 18 août-8 sept. 1853, art. 3, et 17 juill.-14 août 1861, art. 2 et 3);

3° Pour le transfert des rentes, en cas de mutation par décès, lorsqu'il n'y a pas eu inventaire, partage par acte authentique ou transmission gratuite par acte entre-vifs ou testamentaire (L. 28 flor. an 7, art. 6). C'est le juge de paix du domicile fixé par l'ouverture de la succession qui est compétent;

4° Pour le remboursement d'un cautionnement, lors aussi qu'il n'y a ni inventaire, ni partage authentique, ni donation, ni testament (Décr., 18 sept. 1806, art. 1er). C'est le juge de paix du titulaire qui est compétent;

5° Pour le payement aux héritiers des officiers décédés, des sommes acquises par ces militaires à l'époque de leur décès, à titre de solde d'activité, solde de retraite, traitement de réforme ou autres attributions d'un service personnel (Décr.; 1er juill. 1809, art. 1 et 2). C'est le juge de paix du domicile de l'officier décédé qui est compétent.

Il en est de même à l'égard des pensions ou soldes de retraite des sous-officiers et soldats décédés (même décr., art. 5).

6° Pour constater les causes et circonstances relatives au décès des militaires tués dans les combats ou morts après 30 ans de service, lorsque les contrôles du corps ou du ministère de la guerre ne contiennent pas d'indices suffisants. Dans ce cas, l'acte de notoriété est reçu par le juge de paix sur l'attestation de deux témoins contemporains de l'événement, et du même corps, ou qui, par leur position, avaient des relations habituelles de service avec le militaire disparu (Avis du comité de la guerre au conseil d'État, approuvé par le ministre le 22 mars 1820).

V. *Greffier*, § 4, VIII, n° 3.

7° Pour la justification de la privation de moyens d'existence, faire par les veuves et les orphelins de militaires morts ou disparus, qui croient avoir des droits à une pension ou à un secours (Ord. 16 oct. 1822 ; Instruct. de la Régie, 6 mars 1824, n° 1124).

V. *Greffier*, § 4, VIII, n° 3.

8° Pour constater les ressources des demandeurs en concession de terre en Algérie (Décr. 23 avr. 1852-24 janv. 1855). C'est le juge de paix du domicile du demandeur en concession qui est compétent.

Dans ces divers cas, pour éviter l'extension des effets de l'acte de notoriété au delà de son but, il est prudent d'y indiquer ce but et de dire que l'acte est délivré en exécution de l'article de loi qui l'autorise et uniquement pour en remplir l'objet (Diction. des justices de paix, v° *Acte de notoriété*, n° 6).

V. *Certificat d'individualité; Certificat de propriété; Greffier*, § 3, II, et § 4, VIII, n°s 2, 3 et 10; et *Légalisation*, n° 4.

Nourrices. — Sauf ce qui est prescrit par les lois et règlements d'administration publique à l'égard des bureaux de nourrices établis dans les villes, les demandes en payement du salaire des nourrices doivent être portées devant le juge de paix du domicile du défendeur (C. pr., 2).	100 fr.	illimité.	5, n° 4.
Les contestations sur tous autres points, relatives aux engagements respectifs des nourrices et des parents des nourrissons, et celles basées sur ce que, contrairement : 1° à l'ordonnance de police du 17 déc. 1762, les femmes ont pris un nourrisson, alors que leur dernier enfant, âgé de 7 mois, n'est pas sevré, ou qu'elles sont accouchées depuis plus de deux ans, 2° et aux déclarations du roi du 27 janvier 1715 et 1er mars 1727, elles ont pris un nourrisson en ayant déjà un, ou étant enceintes, doivent être portées devant le juge de paix du domicile du défendeur (C. pr., 2).	100 fr.	200 fr.	1er.

Nouvel œuvre. — V. *Dénonciation de nouvel œuvre.*

Nullité. — V. *Citation; Enquête; Jugements.*

Octroi. — Les contestations sur l'application du tarif, ou sur la quotité des droits exigés par les receveurs des octrois municipaux et de bienfaisance, doivent être portées devant le juge de paix du rayon de l'octroi (L. 6, 7, 11 sept. 1790, art. 2; 2 vend. an 8, art. 1er, et 27 frim. an 8, art. 13; Décr. 10 août 1809; Cass., 27 juillet 1825 et 17 déc. 1861 : Conseil d'État, 18 déc. 1862).	100 fr.	illimité.	»

Considérée comme purement civile, cette action n'est qu'une faculté accordée à l'introducteur, sous la condition de la consignation des droits réclamés; d'où il résulte que le juge de paix n'est compétent pour connaître les difficultés sur l'application des tarifs d'octroi qu'autant qu'il y a eu consignation des droits avant l'introduction des objets prétendus tarifés. — Si, au contraire, l'introduction s'est opérée sans consignation des droits réclamés, le tribunal correctionnel saisi de la contravention est seul compétent pour connaître de l'exception soulevée par le prévenu (L. 2 vendém. an 8, art. 1 et 3; Ord. 9 déc. 1814, art. 78 et 81; Cass., 7 mars 1818, 22 déc. 1820 et 15 mai 1862).

Ainsi la demande en application du tarif ne peut être introduite devant le juge que par le contribuable, après consignation des droits réclamés et sur production de la quittance (L. 2 vendém. an 8, art. 3, et 27 frim. an 8, art. 14; Décret de 1809 cité; Ord. 9 déc. 1814, art. 81), ou par opposition à une contrainte.

V. *Contrainte.*

Les juges de paix, compétents pour statuer sur les contestations élevées entre le fermier de l'octroi et les redevables relativement à l'application des tarifs, sont par cela même compétents pour déterminer le sens et la portée des dispositions des tarifs; spécialement pour décider quelles sont les limites du périmètre de l'octroi et quels sont aussi les produits soumis aux droits (Cons. d'État, 18 déc. 1862).

L'action en remboursement se prescrit par six mois (L. 28 avr. 1816, art. 247).

L'action publique et l'action civile résultant des procès-verbaux se prescrivent par trois années révolues (Cass., 21 août 1863).

Les objets saisis, sujets à dépérissement, peuvent être vendus avant l'échéance du délai de dix jours accordé au délinquant pour le payement de l'amende encourue, en vertu d'une ordonnance, rendue sur requête (Ord. 9 déc. 1814, art. 79 et 82). V. *Ordonnance.*

V. *Contrainte par corps; Opposition.*

Officiers ministériels. — Les demandes formées pour frais par les officiers ministériels doivent être portées au tribunal où les frais ont été faits (C. pr., 60).

C'est une question controversée que celle de savoir si les juges de paix sont compétents pour connaître de la demande des droits et vacations dus à leurs greffiers.

MM. Carou (t. 1er, n° 99) et Curasson (t. 1er, p. 239) se prononcent pour la négative et la Cour suprême a jugé, le 25 avr. 1848, que c'est devant le tribunal civil et non devant le juge de paix que doivent être portées les contestations relatives aux frais et vacations réclamés par un greffier de paix pour apposition de scellé.

M. Boncenne (*Théorie de la procédure,* t. 2, p. 253) enseigne que les greffiers de justice de paix sont soumis à la juridiction de leur tribunal pour les contestations relatives à leurs émoluments.

Les greffiers de justice de paix, dit M. Rivoire (n° 16), sont fondés à citer devant cette juridiction, la partie pour laquelle ils ont fait des avances.

Ils sont en droit de citer devant leur justice de paix pour le payement des émoluments qui leur sont dus (Leignadier, *Encyclopédie des juges de paix*, t. 3, p. 331).

M. J. L. Jay se prononce aussi pour l'affirmative dans son dictionnaire général des justices de paix, v° *Tarif*, n°s 3 et s., et dans son traité de la compétence générale des juges de paix (1864, n° 148).

Il semble, en effet que la décision de la Cour suprême et la solution de MM. Curasson et Carou méconnaissent le principe de l'art. 60 C. pr. : *La demande est portée au tribunal où les frais ont été faits,* et celui de l'art. 1er de l'ordonnance du 17 juill. 1825, portant que : *aucuns frais ni émoluments ne pourront être perçus par les greffiers de justice de paix que sur des états dressés par eux, vérifiés et visés par le juge de paix.*

Ce qui vient d'être dit au sujet des greffiers s'applique également aux huissiers; ils sont justiciables de la justice de paix *devant laquelle les frais ont été faits.*

Les notaires n'officient ni devant la justice de paix, ni devant le tribunal supérieur; ils n'y font aucun acte; ils n'y exécutent aucun ordre; seulement dans certains cas (C. pr., 954 et 969), ils reçoivent des missions du tribunal supérieur, dont ils sont alors les délégués, et, pour tout ce qui se rattache à l'exercice de leurs fonctions, ils sont placés sous l'autorité de ce tribunal (L. 25 vent. an 11, art. 53). Ce n'est donc qu'improprement qu'on leur donne le titre d'officiers ministériels.

Mais les juges de paix n'en sont pas moins incompétents pour connaître des actions ayant pour objet le payement de leurs honoraires; cette matière est attribuée au tribunal civil par l'art. 51 de la loi de l'an 11.

C'est aussi devant le tribunal civil que les commissaires-priseurs doivent porter les demandes en payement de leurs émoluments (Boncenne, p. 253; Chauveau, quest. 276; Rodière, p. 123; Rivoire, v° *Dépens*, n° 48).

V. *Exécutoire.*

Offres. — Les juges de paix sont compétents pour statuer sur la validité d'offres réelles qui n'ont été faites que par voie d'exception à une demande rentrant dans les limites de leur compétence et qui n'ont pas eu lieu en exécution d'un de leurs jugements (C. Pau, 7 juin 1862; O. Bourbeau, n° 39).

Oppositions. — Les jugements par défaut (V. *défaut*) peuvent être attaqués par voie d'opposition formée dans les trois jours de leur signification (C. pr., 20), ou dans le délai accordé en cas d'absence. V. *Absence.*

L'opposition doit contenir sommairement les moyens de la partie et assignation au prochain jour d'audience, en observant les délais prescrits pour la citation (V. *Citation*). Elle doit indiquer le jour et l'heure de l'audience (C. pr., 20).

La partie opposante qui se laisserait juger une seconde fois par défaut, ne serait plus reçue à former une nouvelle opposition (C. pr., 22).

Les oppositions aux contraintes administratives en matière,

1° De douanes (L. 14 fructidor an 3, art. 10; Cass., 8 nivôse an 6),

2° De contributions indirectes et d'octroi (L. 2 vendémiaire an 8, art. 1er.; Décr. 10 avril 1809; Cass., 27 juillet 1825),

Doivent être portées devant le juge de paix qui a rendu la contrainte exécutoire.	100 fr.	illimité.	»

V. *Contrainte.*

Celles formées contre les états dressés par les maires et rendus exécutoires par le sous-préfet, pour le recouvrement des recettes municipales (Dict. des justices de paix, v° *Louage*, n° 13; O. Bourbeau, nº 146), doivent être portées devant le juge de paix dont ressort la recette municipale (C. pr., 2),

S'il s'agit de baux (V. *Bail à ferme*).	100 fr.	illimité.	3.
Et dans tous les autres cas.	100 fr.	200 fr.	1er.

Les oppositions aux contraintes délivrées en matière d'enregistrement doivent être portées devant le tribunal de première instance (L. 22 frimaire an 7, art. 64; O. Bourbeau, nº 146).

Celles formées aux contraintes délivrées par les juges de paix, doivent être portées devant le juge qui les a délivrées, pourvu, bien entendu, que la matière rentre dans les limites de ses attributions et qu'aucun texte de loi ne la soumette à une juridiction d'un autre ordre (O. Bourbeau, *ibid.*).

Pour l'opposition à une saisie-gagerie (V. *Bail à ferme*, § 2, 5º, nº 3).

Ordonnances. — Les juges de paix ont mission de rendre des ordonnances, soit pour prescrire une opération, soit pour fixer le moment d'une opération déjà prescrite, notamment dans les matières suivantes, classées dans leur ordre alphabétique :

Bail a domaine congéable. V. *Bail à convenant.*

Bois et forêts. Les juges de paix peuvent autoriser la vente à l'enchère, au marché le plus voisin, des bestiaux saisis, non réclamés dans les cinq jours suivant le sequestre, à défaut de bonne et solvable caution. (C. pr., 169).

Chasse. Le gibier saisi pendant le temps où la chasse est interdite doit être immédiatement livré à l'établissement de bienfaisance le plus voisin, en vertu soit d'une ordonnance du juge de paix, si la saisie a lieu au chef-lieu de canton, soit d'une autorisation du maire, si le juge de paix est absent, ou si la saisie a été faite dans une commune autre que celle du chef-lieu de canton. — Cette ordonnance ou cette autorisation est délivrée sur la requête des agents ou gardes qui ont opéré la saisie et sur la présentation du procès-verbal régulièrement dressé (L. 3 mai 1844, art. 4).

Contrainte par corps. V. *Contrainte par corps.*

Contributions indirectes. V. *Contributions indirectes.*

Douanes. V. *Douanes*, § 2, 4º.

Emprunt sur corps et quille de navire. Si, pendant le cours d'un voyage de mer, il y a nécessité de radoub, ou d'achat de victuailles, le capitaine, après l'avoir constaté par un procès-verbal signé des principaux de l'équipage, pourra, en se faisant autoriser par le juge de paix, à défaut de tribunal de commerce, emprunter sur corps et quille de vaisseau, mettre en gage ou vendre des marchandises jusqu'à concurrence de la somme que les besoins constatés exigent (C. c., 234).

Enregistrement. — V. *Enregistrement.*

Expertise en matière commerciale. — En cas de refus ou de contestation pour la réception des objets transportés par terre ou par eau, leur état est vérifié ou constaté par des experts nommés par le tribunal de commerce, ou, à son défaut, par le juge de paix et par ordonnance au pied de la requête (C. c., 106 et 107).

Expertise en matière d'enregistrement. — V. *Enregistrement.*

Jury d'expropriation. - V. *Jury d'expropriation.*

Lazarets. — V. *Lazarets.*

Marchandises. — V. *Marchandises.*

Marque de fabrique. — V. *Marque de fabrique.*

Naufrage, navire. — V. *Naufrage, navire,* et à cette subdivision les mots : *Emprunts sur corps et quille,* etc.

Octroi. — V. *Octroi.*

Saisie-gagerie. — Dans le cas où la saisie-gagerie (C. N, 2102, n° 1er) ne peut avoir lieu qu'en vertu de permission de justice (C. pr., 819 et 822), cette permission doit être demandée au juge de paix toutes les fois que les causes sont de sa compétence.

V. *Bail à ferme,* § 2, 5°.

Saisie sur débiteur forain. — Tout créancier, même sans titre et sans commandement préalable, peut, avec permission du juge de paix, faire saisir les effets trouvés dans la commune qu'il habite, appartenant à son débiteur forain (C. pr., 822).

Saisie sur contravention. — 1° En matière forestière, le juge de paix peut ordonner mainlevée provisoire des objets saisis, à la charge du payement des frais de séquestre et moyennant bonne et valable caution (C. f., 168).

Il peut aussi ordonner la vente à l'enchère, au marché le plus voisin, des bestiaux saisis qui ne sont pas réclamés dans les cinq jours, ou s'il n'est pas fourni bonne et valable caution (C. f., 169).

2° En matière de douanes et en cas de saisie de chevaux, mulets et autres moyens quelconques de transport de sel en contravention, dont la remise sous caution aura été offerte par procès-verbal et refusée par la partie, le juge de paix le plus voisin autorise la vente par enchères (Décr. 20 nov. 1806, art. 1 et 2).

3° En matière d'octroi.

V. *Octroi.*

4° En matière de chasse. V. à cette subdivision le mot *Chasse.*

Scellé. — V. *Scellé,* tit. 3, § 2).

Serment d'experts. — La prestation de serment des experts

doit être fixée par une ordonnance du juge de paix (C. pr., 305 et 307). Cette règle s'applique notamment : 1° aux ventes de biens immeubles des mineurs (C. pr., 956), 2° aux partages (C. pr., 971), 3° aux contestations pour réception des objets transportés par les voituriers par terre et par eau (C. c., 106 et 107), 4° aux expertises en matière d'enregistrement (L. 15-25 nov. 1808).

V. *Serment*, § 2 et § 3, II.

VICES RÉDHIBITOIRES. — C'est le juge de paix du lieu où se trouve l'animal qui nomme les experts chargés de vérifier le vice rédhibitoire (L. 20 mai 1838, art. 5).

Orphelins. — Dans les départements, les juges de paix sont membres des commissions municipales établies aux chefs-lieux des cantons pour gérer les intérêts des orphelins adoptés par l'État (Décr. 26 nov.-12 déc. 1851, art. 1er).

V. *Conseil de famille*.

Ouvriers, maîtres et apprentis. — V. *Apprentis*; *Louage d'ouvrage*.

Ouvriers et voyageurs. — V. *Voitures de voyages*.

Parents. — V. *Enquête*.

Pari. — V. *Jeu*.

Passage. — V. *Servitudes*.

Patente. — Les juges de paix ont le droit d'exiger de tout patentable l'exhibition de sa patente (L. 25 avr. 1844, art. 27).

Payement de loyers et fermages. — V. *Bail à ferme*.

Payement de salaires des nourrices. — V. *Nourrices*.

Péage. — V. *Bac*.

Pêche. — V. *Bail à loyer de meubles*.

Peines. — Les juges de paix, siégeant comme juges civils, prononcent des peines contre les huissiers pour certaines infractions aux prescriptions de la loi et contre toutes personnes pour police d'audience.

V. *Audience*; *Huissier*.

Pension alimentaire. — Les demandes en pension alimentaire formées en vertu des art. 205 à 207 du C. N., et n'excédant pas 150 francs par année, doivent être portées devant le juge de paix du domicile du défendeur.	»	toujours.	6, nº 4.

C'est la valeur entière de la pension demandée à plusieurs défendeurs et non le chiffre de celle demandée à chacun d'eux qu'il faut prendre en considération pour reconnaître si le juge de paix est compétent (O. Bourbeau, n° 221).

V. *Exécution provisoire.*

Péremption d'instance. — Dans le cas où un interlocutoire (V. *Jugement*) aurait été ordonné, la cause sera jugée définitivement au plus tard dans le délai de quatre mois du jour du jugement interlocutoire; après ce délai l'instance sera périmée de droit (C. pr., 15).

Si l'instance est périmée par la faute du juge, il sera passible de dommages-intérêts (même article).

V. *Prise à partie.*

La péremption prononcée par l'art. 15 est la seule qui puisse se produire devant les juges de paix; celle de trois ans prononcée par l'art. 397 ne leur est point applicable (Curasson, 1re partie, sect. 5; Sirey, note 14 sur l'art. 15).

Pour qu'il produise la péremption il faut que l'interlocutoire ait été rendu sur le fond de la contestation et non sur un incident (Sirey, note 3, *ibid.*).

La péremption est suspendue en cas de renvoi à un autre tribunal ou devant l'autorité administrative pour une question préjudicielle, et aussi en cas d'appel de l'interlocutoire; dans l'un et l'autre cas, elle ne reprend son cours qu'à dater de la signification du jugement intervenu sur le renvoi ou l'appel (Curasson, *ibid.*, O. Bourbeau, n° 478).

Si, dans la même affaire, il intervient plusieurs interlocutoires, c'est la date du dernier rendu qui fixe le point de départ du délai de quatre mois (mêmes autorités).

La présomption peut se couvrir par le consentement des parties (Sirey, notes 12 et 13 sur l'art. 15, C. pr.).

Il est sans difficulté que la péremption de l'art. 15 n'opère pas l'extinction de l'action : sous ce rapport cet art. 15 déroge à l'art. 7, tit. 7, de la loi du 18-26 oct. 1790 qui prononce la péremption de toute action formée devant les juges de paix et non jugée dans les quatre mois de la notification de la citation (Carré, quest. 67; Thomine, t. 1er, p. 73; Pigeau, t. 1er, p. 32; Demiau, p. 22; Biret, n° 577; Levasseur, n° 97; Reynaud, n° 129; Rodière, p. 317; Boitard, p. 403; O. Bourbeau, n° 477).

Permis de citer. — Le permis de citer est nécessaire, en cas d'urgence, lorsque les parties n'ont pas été appelées devant le juge de paix par billet d'avertissement.	»	»	17.

Nulle part il n'est prescrit pour les cas où, les parties ayant été appelées devant le juge de paix par billet d'avertissement, il n'y a pas eu conciliation, soit que les parties ou l'une d'elles n'ait pas comparu, soit que, comparaissant, elles n'aient pas pu se mettre d'accord.

Dans ce cas,

Selon les uns, la loi a été suffisamment obéie : il y a eu appel devant le juge de paix, et cela suffit pour que le demandeur puisse citer sans être obligé de demander une permission ;

Selon les autres, la loi a voulu une tentative sérieuse de conciliation, et cette tentative ne s'est pas produite :

1° Si le demandeur n'a pas comparu, car par son absence il a refusé d'expliquer sa demande, d'éclairer le défendeur, d'entendre les raisons que celui-ci pouvait lui opposer, les propositions qu'il pouvait lui faire, il a écarté la bienveillante médiation du juge ;

2° Si les deux parties ont fait défaut, car ici encore les explications de la demande, les arguments, les propositions de la défense et la médiation du juge ont été supprimés ;

En conséquence, ajoute-t-on, le juge de paix ne doit délivrer de permis de citer que dans les affaires où les parties ont en réalité satisfait au vœu de la loi.

Cette controverse est au début ; elle n'a pas dit son dernier mot et la jurisprudence est muette à son sujet.

C'est une raison de n'accepter l'une ou l'autre solution qu'avec une grande réserve.

En supposant l'exactitude de la seconde solution, serait-ce bien un permis de citer que délivrerait le juge de paix ?

Ne serait-ce pas plutôt un simple certificat du fait de l'appel infructueux par billet d'avertissement ?

Pour résoudre ces questions il faut se demander quel serait le but de la délivrance du permis ou du certificat ?

Le vœu de la loi ayant été rempli, le droit de citer serait acquis et la délivrance au demandeur du permis serait sans objet ; ce serait donc un simple certificat qui n'aurait évidemment pour but que d'avertir l'huissier de l'accomplissement du vœu de la loi.

Dans ce but j'ai essayé d'introduire dans mon ressort l'usage du certificat ; mais je n'ai pas tardé à le supprimer, j'arrivais à un résultat funeste : en délivrant le certificat j'usais des plus grandes précautions pour faire comprendre qu'il n'était donné que pour constater le préliminaire du billet d'avertissement et qu'autrement il n'exercerait aucune influence sur les suites de l'affaire ; cependant il faut croire que le demandeur y trouvait un encouragement, peut-être une assurance, car pendant deux mois que j'ai ainsi expérimenté, les affaires sur citation se sont considérablement multipliées; j'ai supprimé le certificat et immédiatement les affaires ont descendu au chiffre normal.

De cette expérience j'ai conclu que la délivrance du permis de citer ou du certificat est plus nuisible qu'utile. Ne pas la faire impose à l'huissier des recherches pour s'assurer qu'il y a eu billet d'avertissement; mais si c'est une charge pour l'officier ministériel, elle tient à la nature de ses fonctions et, au point de vue de l'intérêt général, elle porte de bons fruits.

Perquisition. — V. *Contributions indirectes; Douanes.*

Perte ou avarie d'effets. — V. *Aubergiste; Dépôt nécessaire; Avaries; Voituriers.*

Pesage et mesurage publics. — V. *Contrainte (finances); Contributions indirectes.*

Plaçage aux halles et marchés. — V. *Halles et marchés.*

Plantation d'arbres ou haies. — V. *Arbres.*

Possession. — V. *Action possessoire.*

Poste. — V. *Contrainte (finances); Franchise et contre-seing.*

Préfet et sous-préfet. — Les juges de paix reçoivent de la loi diverses attributions qui les mettent en relation officielle avec la première autorité du département (le préfet) ou de l'arrondissement (le sous-préfet). V. les mots: *Jury; Jury d'expropriation; Jury de révision; Liste électorale; Liste du Jury.*

Ils sont en outre appelés par l'autorité administrative supérieure à l'aider de leurs démarches et de leurs travaux au sujet de différentes matières administratives.

Dans l'un et l'autre cas ils doivent apporter zèle et dévouement à l'accomplissement de ces diverses missions; ils le doivent à la haute position de l'autorité préfectorale; ils y sont invités par son Exc. M. le ministre de la justice (Circul. des 3 thermidor an 8; 14 thermidor an 10; 23 août 1836; 22 sept. 1852).

V. *Autorisation administrative.*

Préparatoire. — V. *Jugement.*

Prestations. — V. *Bail à ferme*, § 1er; *Mercuriales.*

Prétoire. — La commune chef-lieu de canton est obligée de fournir le prétoire de la justice de paix et d'acheter et entretenir son mobilier (L. 18 juillet 1837, art. 30, n° 10).

Cette dépense est obligatoire (Même art.); si le conseil municipal la refuse ou n'alloue qu'une somme insuffisante, l'allocation nécessaire est inscrite au budget par arrêté préfectoral (Même loi, art. 39).

Le mobilier du prétoire fourni par la commune chef-lieu de canton est constaté par un inventaire (Décr. 20 juillet 1853, art. 1er), dressé par le greffier sous la surveillance du juge de paix (Même décr., art. 3 et 4), vérifié par le maire et fait en double expédition (Même décr., art. 5).

Sa garde est confiée au concierge et, s'il n'y en a pas, au greffier (Art. 2).

Un récolement est fait à la fin de chaque année (Art. 8).

Une expédition de l'inventaire est remise au gardien, l'autre reste au greffe (Art. 5, 9 et 10).

Les changements arrivés dans l'année sont déclarés par le gardien et annotés par le greffier sur l'expédition du greffe (Art. 9); au récolement annuel ils sont consignés sur l'expédition remise au gardien (Art. 10).

Preuve. — Celui qui réclame l'exécution d'une obligation doit la prouver, et, réciproquement, celui qui se prétend libéré doit justifier le payement ou le fait qui a produit l'extinction de son obligation (C. N., 1315).

Preuve testimoniale. — La preuve testimoniale est inadmissible dans les cas suivants :

1° Pour toute somme ou valeur excédant 150 fr., même pour dépôt volontaire (C. N., 1341 et 1923);

2° Contre et outre le contenu aux actes, ni sur ce qui serait allégué avoir été dit avant, lors ou depuis les actes, encore qu'il s'agisse d'une somme ou valeur moindre de 150 fr. (C. N., 1341);

3° Sur toute demande primitive excédant 150 fr., bien qu'elle soit plus tard réduite au-dessous de cette somme (C. N., 1343);

4° Sur toute demande moindre de 150 fr., si elle est déclarée être le restant ou faire partie d'une créance plus forte qui n'est pas prouvée par écrit (C. 1344);

5° Si, dans la même instance, une partie fait plusieurs demandes dont il n'y a point de titre et qui, jointes ensemble, excèdent 150 fr., encore qu'elles proviennent de différentes causes et qu'elles se soient formées en différents temps, si ce n'était que ces droits procédassent par succession, donation ou autrement de personnes différentes (C. N., 1345).

La prohibition de cet art. 1345 ne pourrait être éludée sans danger par le fractionnement des demandes, pour faire admettre la preuve testimoniale de chacune d'elles, car toutes les demandes, à quelque titre que ce soit, qui ne sont pas justifiées par écrit doivent être réunies sous peine de déchéance pour celles qui seraient réservées (C. N., 1346).

Les règles qui précèdent ne s'appliquent pas : 1° lorsqu'il existe un commencement de preuve par écrit (C. N., 1347) ; 2° toutes les fois qu'il n'a pas été possible au créancier de se procurer une preuve littérale de l'obligation contractée envers lui (C. N., 1348), et notamment lorsque l'engagement dérive soit d'un quasi-contrat (C. N., 1371 et s.), soit d'un délit, d'un quasi-délit (C. N., 1382 et s.), soit du dépôt nécessaire (C. N., 1949). Dans ces divers cas la preuve testimoniale est exceptionnellement admissible.

Cette preuve est inadmissible encore,

6° S'il s'agit de bail à ferme ou à loyer fait sans écrit et n'ayant reçu aucun commencement d'exécution, quelque modique qu'en soit le prix (C. N., 1715). V. *Arrhes.*

De même la résiliation d'un bail verbal ne peut être prouvée par témoins lorsqu'elle n'a reçu aucun commencement d'exécution (Cass., 18 nov. 1861).

7° Pour les sociétés civiles dont la valeur excède 150 fr. (C. N., 1834) ;

8° Pour le mandat excédant la même valeur (C. N., 1985) ;

9° Pour les transactions (C. N., 2044) ;

10° Pour le gage excédant la valeur de 150 fr. (C. N., 2074) ;

La possession qui réunit les conditions nécessaires pour, à défaut de titre, prescrire la propriété (C. N., 2228 et s., 2262 et s., et 2279), peut toujours se prouver par témoins, car la possession est un fait et non une convention.

La preuve testimoniale en matière commerciale (C. c., 39, 41, 49, 109 et s., 273, 282, 311 et 332) ne peut pas se produire en justice de paix (C. c., 531 à 638). V. *Acte de commerce.*

Pour les formes à suivre dans l'admission et l'administration de la preuve testimoniale, V. *Enquête.*

Prise à partie. — Il y a lieu à prise à partie contre les juges de paix :

1° S'il y a péremption d'instance par leur faute (C. pr., 15 et 505, n° 3). V. *Péremption d'instance.*

2° S'il y a levée de scellé avant l'expiration du délai de trois jours depuis l'inhumation si l'apposition du scellé l'a précédée, ou depuis l'apposition si elle a suivi l'inhumation, à moins que, pour des causes urgentes, il n'en ait été autrement ordonné par le président du tribunal de première instance (C. pr., 505, n° 3 et 928). V. *Scellé*, tit. 3, § 1er.

3° S'il y a eu prononciation de la contrainte par corps hors des cas déterminés par la loi (C. N., 2063 ; C. pr., 505, n° 3) ;

V. *Contrainte par corps.*

4° Pour attentat à la liberté individuelle (C. p., 114, 117, 119; C. pr., 505, n° 3);

5° Pour déni de justice (C. p., 4; C. pr., 505 à 508; C. p., 185);

6° Pour dol, fraude ou concussion commis soit dans le cours de l'instruction, soit lors du jugement (C. pr., 505, n° 1).

Propriétaires et locataires ou fermiers. — V. *Bail à ferme.*

Propriété (certificat de). — V. *Certificat de propriété.*

Propriété littéraire. — V. *Brevet d'invention.*

Prorogation de juridiction. — En toute matière classée par la loi dans la compétence des juges de paix avec des limites de quantité, les parties peuvent effacer ces limites, consentir la prorogation et même conférer le dernier ressort (C. pr., 7).

Mais dans les autres matières l'incompétence est absolue et ne peut pas être couverte par le consentement des parties (Sirey, note 3 sur l'art. 7 C. pr., Curasson, 1re partie, sect. 2, § 5; O. Bourbeau, n° 36).

V. *Incompétence ratione materiæ; Incompétence ratione personæ.*

Lorsque les parties se présentent volontairement, leur déclaration doit être constatée et signée par elles, ou contenir mention qu'elles ne peuvent signer (C. pr., 7).

Lorsqu'au contraire l'affaire est introduite par citation, le consentement à prorogation peut-il être tacite?

Oui (Cass., 3 frim. an 9 et 12 mars 1829; Paris, 5 août 1809; Pau, 6 juill. 1837; Chauveau et Pigeau cités par Sirey, note 5 sur l'art. 7 C. pr.).

Non (Cass., 20 mai 1829; 22 juin 1808; Riom, 21 juill. 1824; Benech, Curasson, Carré et Biret, cités par Sirey, note 6 sur l'art. 7; Paillet, notes 7 et 8 sur l'art. 7; Moniteur des tribunaux, 1861, p. 17).

Oui, s'il s'agit d'une action pour laquelle l'incompétence du juge de paix n'est relative qu'à la personne. Dans ce cas il suffit que l'exception n'ait pas été soulevée (O. Bourbeau, n° 23).

Non, lorsqu'il s'agit d'une demande qui, par sa quotité, excède la compétence légale du juge de paix (O. Bourbeau, n° 22).

Cette controverse doit conduire tout au moins à constater le consentement à prorogation sur la feuille d'audience et à l'exprimer dans le jugement (Paillet, *loc. cit.*).

La prorogation ne peut être consentie qu'entre parties capables; mais la validité d'une telle prorogation ne survivrait pas au décès de la partie capable laissant des héritiers incapables, si le décès survenait avant que le juge ait définitivement statué (O. Bourbeau, nos 24 et 25).

Si la prorogation est facultative de la part des plaideurs, consentie par eux, elle est obligatoire pour le juge de paix; *les parties pourront toujours..., auquel cas le juge de paix jugera*, dit l'art. 7 du C. pr.; dans ce cas, ce n'est pas un arbitre que les parties constituent, car l'arbitre, juge privé, n'a d'autre mandat que celui qu'il trouve dans le compromis; le juge de paix, délégué du pouvoir souverain, rend des sentences exécutoires; même lorsqu'il reçoit des parties le complément de sa compétence (O. Bourbeau, n° 28).

Les effets de la prorogation consentie devant le juge de paix s'étendent au delà de la juridiction qu'il exerce : le tribunal civil qui, si la compétence du juge de paix n'eût pas été prorogée, aurait été juge en première instance de la contestation, deviendrait alors juge d'appel, et si le juge de paix avait été autorisé à juger en dernier ressort, non-seulement le droit d'appel ne pourrait pas s'exercer, mais encore le pourvoi en cassation échapperait lui-même aux parties, puisque le concours n'est ouvert contre les jugements des juges de paix que pour excès de pouvoir (V. *Cassation*); ainsi la prorogation développe dans des proportions infinies cette juridiction des juges de paix resserrée dans des limites étroites lorsque la loi l'impose, et l'élève jusqu'à la hauteur des pouvoirs d'une Cour souveraine lorsque la confiance des plaideurs a brisé ses entraves en sollicitant les bienfaits de son humble justice (O. Bourbeau, nos 21 et 28).

Puits. — V. *Distances prescrites*.

Quasi-contrat. — V. *Action personnelle; Preuve testimoniale*.

Quasi-délit. — V. *Action personnelle; Preuve testimoniale*.

Rapports de mer. — V. *Naufrage; Navire*.

Reconvention. — V. *Demande reconventionnelle*.

Récréance. — Lorsque le juge de paix saisi d'une action en complainte ne peut, après une instruction par enquête ou autre voie, reconnaître à laquelle des deux parties qui se disputent la possession d'un héritage appartient cette possession, les parties peuvent être renvoyées à se pourvoir au pétitoire, soit purement et simplement, soit en accordant pendant le même temps la *récréance* ou la possession provisoire à l'une des parties : on objecterait vainement que, dans ce cas, la complainte doit être déclarée mal fondée, faute par le demandeur de faire preuve de sa possession (C. N., 1961, 2°; Cass., 14 nov. 1832, 30 juill. 1838, 9 déc. 1840, 16 nov. 1842, 11 févr. 1857, 5 nov. 1860; Curasson, sur l'art. 6 de la loi du 25 mai 1838, 1re part., sect. 4, § 2; O. Bourbeau, nos 296, 431 et s.).

La récréance et le séquestre ne sont pas les incidents de l'action possessoire; ce sont des mesures prises par le juge en vertu de sa propre initiative, sans qu'il soit nécessaire que les parties ou l'une d'elles aient formé une demande incidente sur ce point (O. Bourbeau, n° 433).

Récusation. — Les juges de paix peuvent être récusés : 1° quand ils ont un intérêt personnel à la contestation, 2° quand ils sont parents ou alliés d'une des parties jusqu'au degré de cousin germain inclusivement, 3° si, dans l'année qui a précédé la récusation il y a eu procès criminel entre eux et l'une des parties, ou son conjoint, ou ses parents et alliés en ligne directe, 4° s'il y a procès civil existant entre eux et l'une des parties ou son conjoint, 5° s'ils ont donné un avis écrit dans l'affaire (C. pr., 44).

Ces dispositions de l'art. 44 sont limitatives; la loi n'admet aucune autre cause de récusation (Sirey, note 1re sur cet art.)

L'acte de récusation doit être remis au greffier, qui vise l'original et communique immédiatement au juge de paix la copie qui lui a été délaissée (C. pr., 45).

Dans le délai de deux jours le juge écrit au bas de la copie la déclaration d'acquiescement ou de refus et sa réponse aux moyens de récusation (C. pr., 46).

Dans les trois jours de la réponse, le greffier, sur la demande de la partie la plus diligente, adresse au procureur impérial expédition de l'acte de récusation et de la réponse du juge (C. pr., 47).

La récusation est jugée en dernier ressort par le tribunal d'arrondissement (même article).

Registres. — V. *Cote et paraphe; Greffier*, § 1, V; *Scellé*, tit. 2, § 2, 4°.

Règlement de juges. — Il y a lieu à règlement de juges lorsqu'un différend est porté devant un ou plusieurs tribunaux de paix (C. pr., 363).

V. *Litispendance.*

Réhabilitation. — Les juges de paix sont appelés par le procureur impérial à donner leur avis sur les demandes en réhabilitation formées par des condamnés qui demeurent dans leurs cantons (C. i., 363).

Réintégrande. — Il y a lieu à réintégrande lorsque le possesseur actuel a été dépouillé par violence ou voie de fait (Cass., 5 mars 1828, 4 déc. 1833).

L'action en réintégrande fondée sur des faits commis dans l'année doit être portée devant le juge de paix de la situation de l'objet litigieux (C. pr., 3, n° 2, et 23).	»	toujours.	6, n° 1er.

C'est à l'autorité judiciaire qu'il appartient de connaître de l'action en réintégrande intentée contre l'État par un particulier troublé de vive force dans la possession d'un terrain par les agents de l'administration, et cela alors même qu'il serait prétendu que ce terrain dépend du domaine public. Il en est ainsi du moins quand le terrain dont il s'agit est revendiqué par l'administration, non pas comme faisant partie d'une route ou d'un pont; mais seulement comme ayant dépendu d'un ancien port supprimé, et comme ayant été réuni postérieurement à une place publique (Conseil d'État, 14 déc. 1862).

Le demandeur en réintégrande n'est pas obligé de prouver la possession annale (Cass., 28 déc. 1826, 4 juin et 16 nov. 1835, 19 mars 1839, 5 avr. 1841, 5 août 1845, 23 nov. 1846, 18 août 1847 et 25 mars 1857); il suffit qu'il prouve une possession matérielle de l'objet litigieux au moment du fait qui motive l'action (Cass., 11 juin 1828).

V. *Action possessoire; Complainte; Contrainte par corps; Dénonciation de nouvel œuvre.*

Reliquat. — L'action en payement d'une somme inférieure à 200 francs est de la compétence du juge de paix, encore que cette somme soit réclamée comme reliquat d'une créance plus forte et que le défendeur conteste l'existence de la créance totale (Cass., 29 nov. 1846 et 23 août 1858.	100 fr.	200 fr.	1er.

V. *Preuve testimoniale.*

Réparations locatives. — V. *Bail à ferme.*

Reproches. — V. *Enquête.*

Requête civile. — La voie de la requête civile (C. pr., 480) est admissible contre les jugements des juges de paix (Sirey, note 12 sur cet article; Dictionn. des justices de paix, v° *Requête civile*, n° 4).

La procédure de ce recours (C. pr., 482 et s.) est applicable sauf les modifications que comporte et exige la constitution des tribunaux de paix (Dictionn., *ib.*, n° 5).

Réserves. — L'action personnelle en payement d'une somme inférieure à 200 francs, formée sous reserve expresse de réclamer ultérieurement au défendeur une autre somme qui, réunie à la première, excède 200 francs, comprend-elle deux demandes motivant l'incompétence du juge de paix saisi, notamment lorsque les deux sommes ont pour objet le payement de 95 francs pour 250 grammes et de 190 francs pour 500 grammes de graine de ver à soie, livrés en même temps, au même lieu et au même prix?

Un jugement de la justice de paix de Sauve (Gard) a décidé l'affirmative le 15 juill. 1861.

M. Jay, en publiant ce jugement, se prononce pour la négative (Bulletin spécial des décisions des juges de paix, 1863, p. 193).

Il rappelle la règle qui prescrit, sous peine de déchéance pour les omissions, de réunir dans un même exploit toutes les demandes qui ne sont pas entièrement justifiées par écrit (C. N., 1346; V. *Preuve testimoniale*); il invoque l'axiome *qui a terme ne doit rien* (C. N., 1186), et, s'appuyant, d'une part, sur ce que la règle de l'art. 1346 n'est relative qu'à la preuve de la demande; de l'autre, sur ce que le créancier ne peut pas demander ce qui n'est pas échu, il en conclut que la réserve exprimée ne comprend pas une seconde demande.

Le Moniteur des tribunaux (1863, p. 522), rendant compte du même jugement, donne en faveur de l'incompétence une décision délibérée par son comité de rédaction et basée sur les raisons suivantes :

« Dans l'examen des questions de compétence le juge doit s'attacher à discerner quel est le but du plaideur plutôt que l'apparence des actes signifiés; il ne doit pas s'arrêter à l'écorce; il doit vouloir, avant tout, connaître l'intention des parties, apercevoir les fraudes imaginées en vue d'éluder sa compétence, et, dans l'un comme dans l'autre cas, il ne doit pas hésiter à replacer les plaideurs sur le terrain de la légalité.

» Ainsi donc, pour en revenir à l'exploit ne concluant qu'au payement d'une somme de 95 fr. et demandant acte au juge des réserves qu'il fait pour en réclamer 190, comment ne voit-on pas là l'intention d'éluder la loi de compétence en matière personnelle et mobilière? Comment cette intention pourrait-elle être un seul instant douteuse, lorsque la somme pour laquelle on

» fait des réserves n'est qu'une portion de celle qu'on réclame » de suite, lorsque la chose qui fait l'objet de la dette a été livrée » en même temps, au même lieu et aux mêmes conditions?

» Quant aux réserves, elles forment bien un paragraphe spécial » et certain dans la demande, et il est facile de s'en convaincre » en y réfléchissant un peu. Supposons la condamnation prononcée » pour les 95 fr., dans la pensée du juge qui condamne la » question de principe est décidée, et il ajoute : *réserve les droits* » *du demandeur relativement à la somme de 190 fr.*; c'est-à-dire que » le jugement est réellement prononcé pour 285 fr., en un mot » pour une demande qui excède la compétence du juge de paix.

» En présence de cet artifice que devient l'argument tiré du » terme bénévolement accordé par le créancier à son débiteur? » Peu de chose assurément; mais cette longanimité du créancier » serait-elle de longue durée?

» Quant à l'argument tiré de la loi de 1838 qui tendrait à faire » considérer les réserves comme une seconde demande, nous ne » pouvons l'admettre, car cette opinion serait en opposition manifeste » avec ce que nous venons de dire : il n'y a, selon nous, » qu'une seule demande en payement de 285 fr., déguisée sous » une demande de 95 fr. »

En acceptant pour notre pratique la solution d'incompétence, nous ajoutons aux puissants motifs donnés par le Moniteur des tribunaux, le suivant : La réserve pour les 190 fr. a évidemment un but favorable au demandeur, la demande d'acte de cette réserve appelle le juge à se prononcer et ce magistrat ne le peut faire qu'après avoir entendu le défendeur, à qui il ne saurait refuser le droit de combattre les conclusions de la demande; ainsi cette réserve ouvre un débat que le juge doit vider; or, que ce débat roule sur une seconde demande ou sur un second chef d'une seule demande, le résultat est le même; la contestation roule sur deux valeurs : 95 fr., demande actuelle et 190 fr., valeur de la réserve. C'est donc avec raisons que M. le juge de paix de Sauve s'est déclaré incompétent.

Résiliation de bail. — V. *Bail à ferme; Preuve testimoniale.*

Responsabilité civile (C. N., 1382 à 1386, 1784, 1792, 1952; C. c., 103 et 122). — V. *Action personnelle.*

Ressort. — V. *Arrondissement.*

Restitution de fruits. — V. *Mercuriales.*

Restitution de titres. — V. *Dépositaires publics de titres.*

Retard de route. — V. *Voituriers par terre et par eau.*

Réunion de demandes. — V. *Demandes réunies; Réserves*

Rivage de la mer. — Est réputé rivage de la mer tout ce qu'elle couvre et découvre pendant les nouvelles et pleines lunes, et jusqu'où le grand flot de mars se peut étendre sur les grèves (Ord. du mois d'août 1681, liv. 4, tit. 7, art. 1er).

Le rivage de la mer est inaliénable et imprescriptible (C. N., 538); à ce titre est nulle, comme contenant aliénation du domaine public et atteinte à la liberté de l'industrie, la décision ministérielle qui concède à une ville une certaine partie du rivage de la mer, avec droit exclusif à son profit ou au profit de son locataire, d'y faire circuler des voitures à l'usage des baigneurs (Décr. en conseil d'État, 19 mai 1858 et 30 avr. 1863).

Ainsi l'action possessoire n'est pas admissible relativement au rivage de la mer, puisqu'elle suppose une possession utile. Cependant V. *Réintégrande*.

Mais le rivage des rivières ayant leur embouchure dans la mer, même couvert par le flot de la mer, ou sur lequel le flux fait remonter les eaux de la mer est bord de rivière et non rivage maritime (Cass., 23 juin 1830, 17 mars 1857; Conseil d'État, arrêt recueilli, sans indication de date, par le Moniteur des tribunaux, 1863, p. 393; Poitiers, 3 avr. 1835; Rouen, 26 août 1840 et 22 juill. 1841; Merlin, quest., v° *Rivage de la mer;* Henrion de Pansey, diss. féod., t. 1er, v° *Eaux*, § 6; Proudhon, t. 3, n° 717; Daviel, t. 1er, n° 68; Garnier, t. 1er, n° 24; Hennequin, t. 1er, p. 292; Duffour, t. 2, n° 1107; Chardon, *Des alluvions*, p. 40).

De même, on ne peut considérer comme rivage de la mer et comme appartenant à ce titre au domaine public, des terrains que les eaux de la mer couvrent, même à des intervalles périodiques, en s'introduisant accidentellement par une ouverture ou goulet qui n'est que le résultat d'une section survenue à la falaise ou chaussée bordant la mer (Cass., 4 mai 1836; Garnier, t. 1er, n° 231).

V. *Lais et relais de la mer.*

Rixes. — Lorsque les parties ne se sont pas pourvues par la voie criminelle, les actions pour rixes ou voies de fait ne constituant ni crime ni délit (L. 16-24 août 1790, tit. 3, art. 10, n° 6; Code du 3 brum. an 4, art. 605, n° 8; O. Bourbeau, n° 217) doivent être portées devant le juge de paix du domicile du défendeur (C. pr., 2).	100 fr.	illimité.	5, n° 5.

Roulage. — V. *Marchandises; Messageries; Voituriers par terre et par eau.*

Rues. — Toute rue qui est reconnue, dans les formes légales, être le prolongement d'un chemin vicinal en fait intégralement partie et est soumise aux mêmes lois et règlements (L. 8 juin 1864, art. 1er).

Lorsque l'occupation des terrains bâtis est jugé nécessaire pour l'ouverture, le redressement ou l'élargissement immédiat d'une rue formant le prolongement d'un chemin vicinal, l'expropriation a lieu conformément aux dispositions de la loi du 3 mai 1841 combinées avec celles des cinq derniers paragraphes de l'art. 16 de la loi du 21 mai 1836 (même loi, art. 2).

Il est procédé de la même manière lorsque les terrains bâtis sont situés sur le parcours d'un chemin vicinal en dehors des agglomérations communales (même article).

V. *Chemins vicinaux; Jury d'expropriation.*

Saisie.—V. *Bois et forêts; Chasse; Douanes; Octroi; Ordonnances.*

Saisie-exécution. — Si les portes sont fermées ou si l'ouverture en est refusée, l'huissier chargé de procéder à une saisie-exécution se retire devant le juge de paix, ou devant le commissaire de police, le maire ou l'adjoint, en présence desquels l'ouverture des portes, même celles des meubles, est faite au fur et à mesure de la saisie (C. pr., 587).

S'il y a saisie d'animaux et ustensiles servant à l'exploitation des terres, le juge de paix peut, sur la demande du saisissant, le propriétaire et le saisi entendus ou appelés, établir un gérant à l'exploitation (C. pr., 594).

Saisie-gagerie. — V. *Bail à ferme; Ordonnances.*

Saisie sur débiteur forain. — V. *Aubergiste; Ordonnances.*

Salaires. — V. *Carrossiers; Domestiques; Gens de service et de travail; Maîtres; Nourrices; Ouvriers; Voyageurs; Huissiers; Affirmation.*

Scellé.

DIVISION.

TIT. I. — Compétence.

TIT. II. — Apposition de scellé;

§ 1er. — *Dispositions générales.*

§ 2. — *Apposition d'office.*

§ 3. — *Apposition sur réquisition.*

I. Après décès.

II. Sur instance en séparation.

III. En cas d'interdiction.

TITRE PREMIER. — COMPÉTENCE.

Le scellé ne peut être apposé que par le juge de paix des lieux ou par ses suppléants (C. pr., 912). Cependant :

En matière de saisie-exécution, lorsqu'il est procédé en l'absence du débiteur saisi ou du propriétaire, les papiers trouvés sont mis sous le scellé par le fonctionnaire, quel qu'il soit, qui a assisté à l'ouverture des portes (C. pr., 587 et 597) ;

Et s'il y a lieu à scellé après le décès d'un étranger, l'agent de la nation à laquelle appartenait le défunt a le droit de joindre ses scellés à ceux du juge de paix, pour, les uns et les autres, être levés de concert (Décis. du minist. de la justice, 12 janvier 1837).

Lorsqu'un Espagnol décède en France sur un point où il ne se trouve pas d'agent consulaire de sa nation, l'apposition des scellés appartient au juge de paix du lieu, qui doit en rendre compte dans le plus bref délai possible, à l'ambassade ou à la légation, ou au consulat ou vice-consulat le plus voisin (Décr. 2 avr. 1862, art. 21). — S'il y a sur le lieu un agent consulaire, c'est à cet agent qu'appartient l'apposition des scellés, à la charge de prévenir le juge de paix compétent, qui peut y assister et apposer aussi le sien (même décret, art. 20).

Il est procédé de même au sujet des nationaux italiens (Décr. 21 sept.-1er oct. 1862, art. 9).

Il a été jugé par la Cour de Paris (21 août 1852) que dans le cas du décès d'un Portugais en France, c'est au consul seul de sa nation qu'il appartient d'apposer le scellé, alors que l'apposition par les magistrats français compétents aurait été requise par quelques-uns des prétendant droit portugais.

Les juges de paix ont le droit, soit lors de l'apposition des scellés, soit lors de l'inventaire, de faire toutes les interpellations nécessaires pour constater les valeurs qui dépendent de la succession (C. pr., 936; Trib. de la Seine, 17 févr. 1857; Journal des Notaires, Art. 16079).

TITRE II. — Apposition de scellé.

§ 1er. — Dispositions générales.

Le seul but du scellé étant d'assurer la conservation des biens et droits auxquels il s'applique, il importe de l'apposer aussitôt que la cause qui le nécessite est connue.

Si l'apposition du scellé après décès n'a pas précédé l'inhumation, le juge doit constater dans son procès-verbal le moment où il a été requis de l'apposer et les causes qui ont retardé soit la requisition, soit l'apposition (C. pr., 913).

Le scellé ne peut être apposé lorsque l'inventaire est achevé, à moins que l'inventaire ne soit attaqué et qu'il ne soit ainsi ordonné par le président du tribuual (C. pr., 923). Si l'apposition est requise pendant le cours de l'inventaire, le scellé ne peut être apposé que sur les objets non inventoriés (*ibid.*).

L'apposition faite et constatée, le juge et le greffier doivent se retirer, et, jusqu'à la levée, ils ne doivent pas entrer dans la maison où le scellé est placé, à moins qu'ils n'en soient requis et que leur transport n'ait été précédé d'une ordonnance motivée (C. pr., 915).

Dans les communes d'une population de 20,000 âmes et au-dessus, les juges de paix sont tenus de faire parvenir au greffe de première instance, dans les 24 heures de l'apposition : 1° les noms et demeures des personnes sur les effets desquelles le scellé a été apposé; 2° le nom et la demeure du juge qui a fait l'apposition; 3° le jour qu'elle a été faite (C. pr., 925). La déclaration en est faite par le greffier (Tarif de 1807, art. 17).

§ 2. — Apposition d'office.

Le scellé doit être apposé d'office (C. pr., 911) :

1° Si le mineur ou l'interdit est sans tuteur et que le scellé ne soit pas requis par un parent (C. N., 509 et 1031; Avis du conseil d'État, 8 déc. 1821; Décis. du minist. de la justice, 27 juill. 1824);

2° Si, au décès du mari, la veuve ayant fait une déclaration de grossesse, le curateur au ventre n'a pas été nommé (Dictionn. des justices de paix, v° *Scellé*, n° 50);

3° Si le conjoint ou les héritiers, ou l'un d'eux sont absents, ou bien si le tuteur des mineurs ou des interdits n'est pas présent (Dictionn. du Notariat, v° *Scellé*, n° 15) ;

Le mot *absent* de l'art. 911 signifie en même temps : 1° la personne qui a cessé de paraître à son domicile ou à sa résidence et dont on n'a point de nouvelles (C. N., 115); 2° et celle non présente, bien qu'on en ait des nouvelles.

Dans le premier cas, si l'absence a été déclarée, s'il y a eu envoi en possession et si les héritiers envoyés en possession sont présents sur les lieux, le scellé ne doit pas être apposé d'office (C. N., 120 et s.).

Mais dans le deuxième cas, il suffit que l'héritier ne soit pas présent pour que le scellé soit apposé d'office (Dictionn. du Notariat, v° *Scellé*, n°s 18 et s.; Dictionn. des justices de paix, v° *Scellé*, n°s 40 et s.).

Si l'héritier absent est un militaire, immédiatement après l'apposition du scellé, le juge de paix doit en avertir ce militaire s'il sait à quel corps d'armée il est attaché ; il doit aussi en instruire le ministre de la guerre, et le double de ses lettres doit être copié à la suite du procès-verbal avant de le présenter à l'enregistrement, dont le droit n'est point augmenté par ces copies (L. 11-15 vent. an 2, art. 1er).

Sont assimilés aux militaires les officiers de santé et tous autres citoyens attachés au service des armées françaises (L. 16 fructidor an 2).

V. *Conseil de famille*, § 3, III, au mot *Militaire absent*.

4° Si le défunt était dépositaire public. Alors même que le scellé ne devrait pas être apposé pour toute autre cause, il doit toujours l'être à raison du dépôt public sur les objets qui le constituent.

Sont dans ce cas :

Les minutes et répertoires des notaires (L. 25 vent. an 11, art. 61);

Les papiers, comptes, plans et mémoires, autres que ceux dont le décédé est l'auteur, laissés par les officiers généraux et supérieurs de toute arme, les commissaires ordonnateurs, inspecteurs aux revues, officiers de santé en chef des armées, retirés ou en activité de service. — Dans ce cas, l'apposition du scellé est faite en présence du maire ou de l'adjoint, et avis doit en être immédiatement donné au général commandant la division militaire et au ministre de la guerre (L. 3 niv. an 10, art. 1er) ;

Les papiers diplomatiques de toute sorte dont les agents diplomatiques et consulaires sont en possession à leur décès (Ord. 18 août 1833) ;

Les effets appartenant aux archevêchés, évêchés et cures, dont les titulaires sont en possession à leur décès (L. 6 nov. 1813, art. 16, 37 et 38).

Dans le cas d'apposition du scellé sur les effets et papiers des comptables, les registres de recette et autres de l'année courante ne doivent pas être renfermés sous le scellé; ils sont seulement arrêtés et paraphés par le juge, qui les remet au préposé chargé de la recette par *interim*, lequel en demeure garant comme dépositaire de justice, et il en est fait mention sur le procès-verbal d'apposition (Décr. de douanes, 6-22 août 1791, tit. 13, art. 21).

5° En cas de faillite, sur l'avis donné par le greffier du tribunal de commerce des dispositions du jugement déclaratif de la faillite qui en ordonnent l'apposition (C. c., 457), le scellé doit être mis sur les magasins, comptoirs, caisses, portefeuilles, papiers, meubles et effets du failli (C. c., 458), sauf les dispenses ou distractions autorisées par le juge-commissaire (C. c., 469).

S'il y a faillite d'une société, le scellé doit être apposé, non-seulement au siége principal de la société, mais encore au domicile séparé de chacun des associés solidaires (C. c., 458).

Dans tous les cas, le juge de paix doit donner avis immédiat au président du tribunal de commerce de l'apposition du scellé (même article).

6° Avant déclaration de faillite, lorsqu'il y a disparition du commerçant débiteur, ou détournement de tout ou partie de son actif (C. c.. 457); mais, dans ce cas, l'apposition d'office est seulement facultative et abandonnée à la prudence du juge (Dict. des justices de paix, v° *Scellé*, n°s 252 et s.).

§ 3. — Apposition sur réquisition.

I. *Après décès.* — L'apposition du scellé après décès peut être requise :

1° Par tous ceux qui prétendent droit dans la succession ou dans la communauté (C. pr., 819 et 909, 1°).

Les héritiers présomptifs conservent ce droit tant que le légataire universel ne leur a pas notifié le testament et même après la notification, car ils peuvent ou attaquer le testament, ou espérer la découverte d'une révocation; mais, dans ce dernier cas, le scellé est à leurs frais (Journal des Notaires, Art. 635, 1172, 1578 et 13372).

Si le testament est olographe ou mystique, le légataire universel ne trouve la saisine que dans l'ordonnance d'envoi en possession, et le droit qu'a l'héritier présomptif de faire apposer le scellé ne saurait être contesté à aucun titre (C. N., 1008; Journal des Notaires, Art. 635).

2° Par l'exécuteur testamentaire (C. N., 1031);

3° Par tous créanciers fondés en titre exécutoire ou autorisés par le président du tribunal ou par le juge de paix (C. N., 920; C. pr., 909, 2°).

Les créanciers des héritiers pouvant exercer les droits et actions de leurs débiteurs (C. N., 1166), ont le droit de requérir l'apposition du scellé (Dict. des justices de paix, v° *Scellé*, n° 63 et s.).

4° Par les personnes qui demeuraient avec le défunt et par ses serviteurs et domestiques, en cas d'absence soit du conjoint, soit des héritiers ou de l'un d'eux (C. pr., 909, 3°; C. N., 819);

5° Par les parents des mineurs non émancipés qui sont sans tuteur, ou dont le tuteur est absent (C. pr., 910);

6° Par les mineurs émancipés, bien qu'ils ne soient pas assistés de leur curateur C. pr., 910);

7° Par le procureur impérial (C. pr., 911; C. N., 819);

8° Par le conjoint survivant et par l'administration des domaines, en cas de déchéance (C. pr., 769).

II. *Sur instance en séparation.* — La femme qui a obtenu du président du tribunal civil l'autorisation de poursuivre la séparation de biens (C. pr., 865), ayant le droit de faire les actes conservatoires (C. pr., 869), peut requérir l'apposition du scellé sur le mobilier de la communauté.

S'il s'agit de demande en séparation de corps, la femme demanderesse peut, après l'ordonnance rendue en conformité de l'art. 283 C. N., requérir l'apposition du scellé sur les effets de la communauté (C. N., 270; Amiens, 5 pluv. an 13; Bruxelles, 8 mai 1807, 11 août 1808 et 13 août 1812; Paris, 20 avr. 1811; Lyon, 1er avr. 1854; Journal des Notaires, Art. 15363).

III. *Sur interdiction.* — Aucune disposition spéciale et formelle de la loi n'autorise l'apposition du scellé sur la poursuite en interdiction. Si, dans ce cas, il y avait danger d'enlèvement des biens du dément, et si l'un des parents de celui-ci demandait le scellé, le juge de paix agirait prudemment en renvoyant le requérant devant le président du tribunal de première instance, qui apprécierait (Carré, n° 2229).

IV. *En cas de faillite.* — Les syndics d'une faillite peuvent requérir l'apposition du scellé si elle n'a pas été faite avant leur nomination (C. c., 468).

S'il y a déclaration de banqueroute, les syndics peuvent requérir l'apposition du scellé; ils doivent, sans retard, procéder, avec l'assistance du juge de paix, sur l'ancien inventaire, au récolement des valeurs, actions et papiers, et, s'il y a lieu, à un supplément d'inventaire (C. c., 522).

V. *En cas de disparition.* — Le procureur impérial peut requérir l'apposition du scellé, non-seulement dans les cas prévus par l'art. 911 C. pr., mais encore lorsqu'un individu disparaît et qu'il n'y a personne pour veiller à la conservation de ses effets, papiers, etc. (Argument de l'art. 114 C. N.; Dictionn. du Notariat, 4e édit.; v° *Scellé*, n° 3; Boileux, sur l'art. 114).

VI. *Pendant ou après inventaire.* — Si la réquisition est présentée alors que l'inventaire est achevé, c'est au président de première instance qu'il appartient de décider si l'apposition doit être faite. Si elle se produit dans le cours de l'inventaire, le scellé ne peut être apposé que sur les effets non inventoriés (C. pr., 923).

§ 4. — Incidents et formalités.

I. — Incidents.

La clôture des portes, les autres obstacles et les difficultés que peut rencontrer l'apposition du scellé, soit avant, soit pendant l'opération, donnent lieu à en référer devant le président du tribunal de première instance; à cet effet, il doit être sursis en établissant garnison extérieure, même intérieure si le cas y échet, et, s'il y a péril en la demeure, le juge de paix peut statuer provisoirement et apposer le scellé sans retard, sauf à en référer ensuite. Dans tous les cas, le procès-verbal doit constater ce qui a été fait et ordonné, et l'ordonnance du président est rendue sur ce procès-verbal (C. pr., 921 et 922).

Si l'un des intéressés requiert la recherche d'un testament dont l'existence est annoncée, le juge de paix fait, avant l'apposition, les perquisitions nécessaires et il en constate le résultat (C. pr., 917).

S'il y a découverte d'un testament ou de tout autre papier cacheté, soit sur perquisition, soit dans le cours de l'opération, le juge de paix en constate la forme extérieure, le sceau et la suscription; il paraphe l'enveloppe avec les parties présentes, si elles le savent ou le peuvent; il indique les jour et heure où le paquet sera par lui présenté au président du tribunal, et il fait mention du tout dans son procès-verbal (C. pr., 916 à 918).

Si un testament est trouvé ouvert, le juge de paix en constate l'état et procède comme pour le testament cacheté (C. pr., 916, 918 et 920).

Le scellé ne doit être apposé que sur les meubles dont le défunt était en possession, et non sur ceux qui, quoique placés dans la même maison, appartiennent à d'autres personnes; surtout s'il a été dressé entre celles-ci et le défunt un acte d'incommunauté. (Journal des Notaires, Art. 12,467 et 13559).

S'il se trouve des effets mobiliers qui soient nécessaires aux personnes habitant la maison, ou sur lesquels le scellé ne puisse être mis, le juge de paix en fait la description sommaire (C. pr., 924).

Et s'il n'y a aucun effet mobilier, il dresse un procès-verbal de carence (même article).

II. — Formalités.

Le juge de paix doit se servir d'un sceau particulier, qui reste entre ses mains et dont l'empreinte est déposée au tribunal de première instance (C. pr., 908).

Si le scellé n'a pas été apposé avant l'inhumation, le juge de paix doit constater, par son procès-verbal, le moment où il a été requis de l'apposer, et les causes qui ont retardé soit la requisition, soit l'apposition (C. pr., 913).

Le procès-verbal d'apposition de scellé doit contenir (C. pr. 914) :

1° La date des an, mois, jour et heure;

2° Le motif de l'apposition;

3° Les nom, profession et demeure du requérant, s'il y en a, et son élection de domicile dans la commune où le scellé est apposé, s'il n'y demeure;

4° S'il n'y a pas de partie requérante, le procès-verbal énoncera que le scellé a été apposé d'office ou sur la réquisition ou sur la déclaration du procureur impérial, du maire ou de l'adjoint de la commune;

5° L'ordonnance qui permet le scellé, s'il en a été rendu;

6° Les comparutions et dires des parties;

7° La désignation des lieux, bureaux, coffres, armoires, sur les ouvertures desquels le scellé a été apposé;

8° Une description sommaire des effets qui ne sont pas mis sous le scellé;

9° Le serment, lors de la clôture de l'apposition, par ceux qui demeurent dans le lieu *qu'ils n'ont rien détourné, vu ni su qu'il ait été rien détourné directement, ni indirectement*;

10° L'établissement du gardien présenté, s'il a les qualités requises; sauf, s'il ne les a pas, ou s'il n'en est pas présenté, à en établir un d'office par le juge de paix (1).

11° La remise faite au greffier des clefs des serrures sur lesquelles le scellé a été apposé (C. pr., 915);

12° L'indication de tout ce qui aura été requis et fait soit au sujet de la recherche et de la découverte de testaments, paquets cachetés, etc. (C. pr., 916 à 920), soit relativement aux divers incidents qui se seront présentés (V. à ce sujet § I), soit à tous autres égards, car tout procès-verbal doit être un narré fidèle de tout ce qui s'est produit dans le cours de l'opération qu'il constate.

TITRE III. — Levée de scellé.

§ 1er. — Délai.

Le scellé ne peut être levé que trois jours après l'inhumation s'il a été apposé auparavant, ou trois jours après l'apposition si elle a été faite depuis l'inhumation, à moins que pour des causes urgentes dont il sera fait mention dans son ordonnance, il n'en soit autrement ordonné par le président du tribunal de première instance (C. pr., 928).

V. *Prise à partie.*

§ 2. — Requête et ordonnance.

Toute levée de scellé doit être précédée d'une requête et d'une ordonnance motivée (C. pr., 915, 931 et 936).

La requête peut être présentée par tous ceux qui ont le droit de requérir l'apposition (C. pr., 909; *supra*, tit. 2, § 3), excepté les hôtes, serviteurs et domestiques du défunt (C. pr., 930).

En matière de faillite, le droit de requérir la levée du scellé appartient aux syndics provisoires aussi bien qu'aux syndics définitifs (C. comm., 479; Bourges, 14 janvier 1862).

La requête doit être suivie d'une ordonnance du juge de paix (C. pr., 931), qui décide, sauf recours au président du tribunal

---

(1) Pour être gardien du scellé, il faut remplir au moins les conditions suivantes : 1° avoir capacité de s'obliger (C. N., 1123 et s.), puisque le gardien s'oblige à représenter; 2° être solvable (C. pr., 596). 3° être soumis à la contrainte par corps (C. N., 2060, 4°), V. *Contrainte par corps.* — Un décret du 6 vendémiaire an 3 exclut les femmes de la garde du scellé; un autre décret du 21 du même mois restreint cette exclusion au scellé apposé sur les effets et meubles appartenant à la nation.

civil en cas de refus (Dict. du Not., 4e édit., v° *Scellé*, n° 75). — L'ordonnance est soumise à l'enregistrement (Décis. du minist. des finances, 17 juillet 1814).

Le juge de paix doit refuser la levée du scellé dans les cas suivants :

1° Si le conjoint survivant ; — les héritiers présomptifs ; — l'exécuteur testamentaire ; — les légataires universels et à titre universel qui sont connus ; — les opposants, — et le notaire nommé pour représenter les intéressés demeurant hors de la distance de 5 myriamètres ne sont pas présents ou n'ont pas été dûment appelés par une sommation d'y assister (C. pr., 931) ;

2° Si les héritiers ou quelques-uns d'eux, mineurs non émancipés, n'ont pas été émancipés ou pourvus d'un tuteur (C. pr., 929) ;

3° S'il n'a pas été nommé un curateur aux militaires absents appelés à prendre part à la succession (L. 11-15 ventôse an 2, art. 2), comme aux officiers de santé et à tous autres citoyens attachés au service des armées qui se trouvent dans le même cas (L. 16 fructidor an 2) ;

4° Si un officier nommé par le général commandant la division n'est pas présent à la levée, lorsque le scellé a été apposé après le décès d'un officier général ou supérieur de toute arme, d'un commissaire ordonnateur, inspecteur aux revues, officier de santé en chef des armées, retiré ou en activité de service (Arrêté, 13 brumaire an 10, art. 2) ;

5° S'il n'était pas fait inventaire, lorsque parmi les héritiers il y a un mineur, même émancipé (C. N., 451, 461 et 794 ; Metz, 18 mars 1852). Dans ce cas, le scellé ne doit être levé qu'au fur et à mesure de la confection de l'inventaire, et le juge de paix ne doit se retirer qu'après la clôture de cet inventaire, car, d'une part, le juge de paix a le droit d'interpellation tant que l'inventaire dure (*supra*, tit. 2, § 1er), et, d'autre part, il peut y avoir lieu à réapposition du scellé (C. pr., 937 ; Journal des Notaires, Art. 9396 et 14636 ; Dict. du Not., 4e édit., v° *Scellé*, n° 81 ; Dict. des justices de paix, v° *Scellé*, n° 196) ; cette règle s'applique à l'interdit qui est assimilé au mineur (C. N., 509) ;

6° Lorsque le scellé a été apposé après faillite, si le failli n'est pas présent ou appelé (C. comm., 479) à l'inventaire qui doit être fait (C. comm., 480) en présence du juge de paix.

Lorsque la cause de l'apposition du scellé a cessé, la levée doit en être faite sans description si tous les intéressés sont d'accord (C. pr., 940) et majeurs (V. *supra*, 2° et 5°).

§ 3. — Présence à la levée.

Le conjoint survivant, l'exécuteur testamentaire, les héritiers, les légataires universels et à titre universel ont le droit d'assister, en personne ou par mandataire, à toutes les vacations de la levée du scellé (C. pr., 932).

Tous les opposants ne peuvent assister, soit en personne, soit par mandataire, qu'à la première vacation; aux vacations suivantes, ils doivent se faire représenter par un seul mandataire convenu entre eux, sinon nommé d'office par le juge (C. pr., 932).

Cependant si l'un des opposants a des intérêts différents de ceux des autres, ou des intérêts contraires, il peut assister en personne ou par un mandataire particulier, mais à ses frais (C. pr., 933).

Les opposants qui agissent pour la conservation des droits de leur débiteur (C. N. 1166) ne peuvent assister à la première vacation, ni concourir au choix d'un mandataire pour les vacations suivantes (C. pr., 934); une telle opposition ne leur donne que le droit d'assister au partage (Douai, 26 mars 1824).

§ 4. — Serment des experts.

Les experts convenus par les parties ou nommés d'office par le président du tribunal de première instance pour concourir à l'inventaire qui accompagne la levée du scellé (C. pr., 937), doivent prêter serment devant le juge de paix (C. pr., 935).

V. *Serment*, § 2, et § 5, II.

§ 5. — Levée partielle.

La levée du scellé peut n'être pas complète et définitive, mais seulement partielle ou provisoire lorsqu'elle a pour objet :

1° De réunir à l'inventaire, suivant leur ordre, les objets de même nature (C. pr., 938);

2° De remettre aux tiers les titres leur appartenant (Décr. 6 pluviôse an 2, art. 1 et 3);

3° En cas de faillite, d'extraire du scellé les objets nécessaires au failli ou à sa famille et ceux qui servent à l'exploitation du fonds de commerce ou sont sujets à dépérissement (C. comm., 469), ou bien les effets en portefeuille à courte échéance susceptibles d'acceptation ou nécessitant des actes conservatoires et les livres du failli (C. comm., 468 et 471).

L'état des livres doit être sommairement constaté et le bordereau des effets à courte échéance ou susceptibles d'acceptation, ou nécessitant des actes conservatoires doit être remis au juge-commissaire (C. comm., 468).

§ 6. — Oppositions et difficultés.

L'opposition au scellé est un acte conservatoire par lequel une personne intéressée demande que la levée soit différée ou que l'on n'y procède qu'en sa présence, ou bien encore que l'on prenne telle mesure, telle précaution utile à ses intérêts.

Elle peut être formée par tous créanciers, alors même qu'ils n'ont ni titre exécutoire, ni permission du juge (C. N., 821).

Elle peut être faite soit par une déclaration sur le procès-verbal de scellé, soit par un exploit signifié au greffier du juge de paix (C. pr., 926), qui doit viser l'original de l'exploit (C. pr., 1039) et communiquer l'opposition au juge de paix (Argument de l'art. 45 C. pr.).

Outre les formalités communes à tout exploit, l'opposition au scellé doit contenir, à peine de nullité : 1° élection de domicile dans la commune ou dans l'arrondissement de la justice de paix où le scellé est apposé, si l'opposant n'y demeure pas, 2° et l'énonciation précise de la cause de l'opposition (C. pr., 61 et 927).

S'il s'élève des difficultés sur la levée du scellé déjà commencée, le juge de paix peut passer outre et se dispenser d'en référer; ce n'est pas ici le cas de l'art. 921 C. pr., qui n'a d'application que lorsqu'il s'agit de l'apposition (Cass., 27 avril 1828; Journal des Notaires, Art. 6600).

§ 7. — Procès-verbal.

Le procès-verbal de levée de scellé doit contenir (C. pr., 936) :

1° La date;

2° Les noms, profession, demeure et élection de domicile du requérant;

3° L'énonciation de l'ordonnance délivrée pour la levée;

4° L'énonciation de la sommation prescrite (à ce titre, *supra*, § 2);

5° Les comparutions et dires des parties;

6° La nomination des notaires, commissaires-priseurs et experts qui doivent opérer;

7° La reconnaissance des scellés, s'ils sont sains et entiers; s'ils ne le sont pas, l'état des altérations;

8° Les réquisitions à fin de perquisitions, le résultat desdites perquisitions et toutes autres demandes sur lesquelles il y'aura lieu de statuer.

Il doit indiquer en outre :

9° Les papiers étrangers à la succession, trouvés sous le scellé, remis à qui de droit et décrits au procès-verbal de levée et non à l'inventaire (C. pr., 939) ;

10° La taxe du salaire dû au gardien du scellé, par chaque jour, avec les distinctions suivantes (tarif du 16 février 1807, art. 26), savoir :	A Paris.	Aux chefs-lieux d'arrondissement.	Partout ailleurs.
Pendant les douze premiers jours.	2fr. 50	2 fr. »	1 fr. 50
Et pendant les jours suivants. . .	1fr. »	» fr. 80	» 60

Sel (Magasin de). — V. *Distances prescrites.*

Sentier. — V. *Servitudes.*

Séquestre. — V. *Récréance.*

Serment.

DIVISION.

§ 1er. — *Serment judiciaire.*
I. — Serment décisoire.
II. — Serment supplétif
§ 2. — *Serment des experts.*
§ 3. — *Serment des témoins.*
§ 4. — *Serment des fonctionnaires.*
§ 5. — *Formules de serment.*
I. — Serment judiciaire.
II. — Serment des experts.
III. — Serment des témoins.
IV. — Serment des fonctionnaires.
1° Serment politique.
2° Serment professionnel.

§ 1er. — **Serment judiciaire.**

Tout jugement qui ordonne un serment doit énoncer les faits sur lesquels ce serment sera reçu (C. pr., 120) devant le juge qui l'ordonne ou devant le juge-commissaire, l'autre partie présente ou dûment appelée (C. pr., 121).

V. *Affirmation ; Commission rogatoire.*

I. — Serment décisoire.

Le serment décisoire est celui qu'une partie défère à l'autre pour en faire dépendre le jugement de la cause (C. pr., 1357, 1°).

Il peut être déféré sur quelque espèce de contestation que ce soit (C. pr., 1358) et en tout état de cause, encore qu'il n'existe aucun commencement de preuve de la demande ou de l'exception sur laquelle il est provoqué (C. N., 1360), même en conciliation (C. pr., 55); mais il ne peut pas être ordonné quand il est déclaré que cette mesure serait frustratoire comme tendant à faire réjeter une demande suffisamment justifiée ou à combattre une preuve déjà acquise au procès (Cass., 17 nov. 1863; 17 mars 1862; 11 nov. 1861; 6 août 1856).

Ce serment ne peut être déféré que sur un fait personnel à la partie à laquelle on le défère (C. N., 1359).

La partie à laquelle le serment décisoire est déféré, qui le refuse ou ne consent pas à le référer à son adversaire, ou l'adversaire à qui il a été référé et qui le refuse, doit succomber dans sa demande ou dans son exception (C. N., 1361).

Le serment doit être prêté sans réticence ni tergiversation; une réponse vague, équivoque, incomplète, basée sur un défaut de mémoire, ou sur une discussion raisonnée soit de l'impossibilité, soit de l'invraisemblance du fait litigieux, n'étant pas décisoire équivaut à un refus du serment (Cass., 8 mars 1852, 1er avril 1862, 9 juin 1863).

Le serment ne peut pas être référé lorsque le fait qui en est l'objet n'est point celui des deux parties, mais est purement personnel à celui auquel le serment a été déféré (C. N., 1362).

Le serment décisoire peut être déféré par ceux auxquels on oppose la prescription de six mois ou d'un an prononcée par les art. 2271 et 2272 C. N.; mais seulement sur la question de savoir si la chose a été réellement payée (C. N., 2275).

Il ne peut être déféré par le tuteur, au nom du mineur, qu'avec l'autorisation du conseil de famille.

V. *Conseil de famille*, § 3, III.

En matière de baux à ferme ou à loyer, le serment décisoire peut être déféré à celui qui nie le bail fait sans écrit et n'ayant reçu aucun commencement d'exécution (C. N., 1715).

Si le bail ayant reçu un commencement d'exécution, il y a contestation sur le prix alors qu'il n'existe pas de quittance, le propriétaire est cru sur son serment, si mieux n'aime le locataire demander l'estimation par expert, auquel cas les frais d'expertise sont à sa charge si l'estimation excède le prix qu'il a déclaré (C. N., 1716).

II. — Serment supplétif.

Le serment supplétif est celui qui est déféré d'office par le juge à l'une ou à l'autre des parties (C. N., 1357, 2°); ce nom lui vient de ce qu'il supplée le serment décisoire que les parties n'ont pas déféré et complète la preuve d'une demande qui n'est pas pleinement justifiée.

Il peut être déféré par le juge, soit pour en faire dépendre la décision de la cause, soit pour déterminer le montant de la condamnation (C. N., 1366).

Il ne peut l'être, soit sur la demande, soit sur l'exception que sous les deux conditions suivantes : il faut, 1° que la demande ou l'exception ne soit pas pleinement justifiée ; 2° qu'elle ne soit pas totalement dénuée de preuve; hors ces deux cas, le juge doit ou adjuger ou rejeter purement et simplement la demande (C. N., 1367).

Le serment supplétif peut être déféré même après l'admission de la preuve testimoniale (Cass., 8 sept. 1807) et bien qu'il n'y ait pas de commencement de preuve par écrit, si les aveux des parties à l'audience rendent le fait présumable (Cass., 5 juill. 1808; 31 mai 1825).

V. *Livres des marchands; Livres domestiques.*

Le serment sur la valeur de la chose demandée ne peut être déféré d'office au demandeur que lorsqu'il y a impossibilité de constater autrement cette valeur, et, dans ce cas, le juge doit déterminer la somme jusqu'à concurrence de laquelle le demandeur sera cru sur son serment (C. N., 1369).

Le serment supplétif peut être déféré sur des *faits non personnels et même étrangers* à la partie qui doit le prêter, mais dont cette partie a *parfaitement connaissance* (Cass., 14 août 1811; 8 déc. 1832.

Le serment supplétif ne peut pas être référé (C. N., 1368).

§ 2. — **Serment des experts.**

Les juges de paix reçoivent et constatent le serment des experts : 1° sur les litiges pendants devant eux (C. pr., 41 à 43); 2° sur vérification des objets transportés et refusés (C. comm., 106 et 107); 3° en matière de naufrage, d'échouement, d'avaries (C. comm., 389 et 414; Déclaration du roi, 10 fév. 1770, art. 10 et 14); 4° en matière de domaine congéable (L. 7 juin-6 août 1791); 5° au sujet des objets déposés dans les lazarets (L. 9 mars 1822, art. 20);

6° en matière de contrefaçon (L. 23-27 juin 1851, art. 1er); 7° pour emprunt sur corps et quille de navire (C. comm., 234); 8° en matière de succession (C. pr., 305, 307, 453, 935, 956, 971); 9° de jaugeage (L. 28 avril 1816, art. 146); 10° d'enregistrement (L. 15 oct. 1806); 11° sur commission rogatoire.

V. *Commission rogatoire.*

En général la prestation de serment des experts est précédée d'une ordonnance rendue par le juge.

V. *Ordonnances.*

Le procès-verbal qui la constate doit indiquer le lieu, le jour et l'heure où les experts commenceront leur opération (C. pr., 315).

§ 3. — Serment des témoins.

V. *Enquête.*

§ 4. — Serment des fonctionnaires.

Tout fonctionnaire public doit, avant d'entrer en fonctions, prêter le serment politique (Constitution, 14 janv. 1852, art. 14; Sénatus-consulte, 25-31 déc. 1852, art. 16) et le serment professionnel prescrit par la loi qui régit son institution (C. p., 196).

Les fonctionnaires dont les juges de paix reçoivent et constatent le double serment, politique et professionel, sont notamment :

1° Les greffiers institués près des justices de paix (L. 24 août 1790, tit. 9, art. 5), et leurs commis greffiers (Circul. minist. de la justice, 22 janv. 1823);

2° Les employés de l'administration de l'enregistrement, du timbre, des domaines et des hypothèques, lorsqu'ils ne résident pas dans la commune où le tribunal de première instance est établi (Décr. 9 mars 1791, art. 6, modifié par la loi du 16 thermidor an 4, art. 1er);

3° Les employés de l'administration des postes (Décr. 26 août 1790, art. 2; L. 16 thermidor an 4, art. 1er);

4° Les préposés de la Régie des contributions indirectes, au nombre desquels figurent les receveurs buralistes et les débitants de tabac et de poudre à tirer (Décr. 1er germinal an 13, art. 20). — Le procès-verbal de ce serment doit être transcrit sur la commission sans autres frais que ceux d'enregistrement et de greffe (*ibid.*);

5° Les employés des octrois (Ord. 9 déc. 1814, art. 58);

6° Les employés aux jaugeages, mesurages et pesages publics (Arrêté, 7 brumaire an 9, art. 2);

7° Les fonctionnaires et agents chargés par la loi du 29 floréal an 10 de constater les contraventions de grande voirie (Décr. en conseil d'Etat, 11 févr. 1857, affaire Fichaux);

8° Les gardes champêtres (L. 28 sept.-6 oct. 1791, tit. 1er, sect. 7, art. 5; Décr. 5-7 avril 1852, art. 5). Les gardes des particuliers sont assimilés aux gardes champêtres des communes; mais lorsque des bois sont confiés à leur garde, c'est devant le tribunal de première instance qu'ils doivent prêter serment (C. f., 117);

9° Et tous autres fonctionnaires assujettis au serment par les lois antérieures au 16 thermidor an 4, lorsqu'ils ne résident pas dans la commune où siége le tribunal de première instance (L. citée, art. 1er).

Cependant les juges de paix ne reçoivent pas le serment : 1° des employés des douanes (L. 15-18 avril 1818, art. 65); 2° des agents forestiers (C. for., 5); 3° et des gardes particuliers institués pour la conservation des bois (C. for., 117).

§ 5. — Formules du serment.

I. — Serment judiciaire.

Ce serment n'a pas de formule sacramentelle; il suffit qu'il soit conçu en termes affirmatifs du fait sur lequel il a été déféré.

II. — Serment des experts.

Le serment des experts n'a pas non plus de formule sacramentelle; il suffit qu'il contienne l'engagement de *bien et fidèlement remplir la mission confiée*, ou bien *de faire son rapport et donner son avis en honneur et conscience.*

Cependant le serment de l'expert choisi par le subrogé tuteur, pour l'estimation du mobilier conservé en nature par le survivant des père et mère doit exprimer l'engagement de *faire cette estimation à juste valeur* (C. N., 453).

III. — Serment des témoins.

En matière civile, le serment du témoin doit contenir l'engagement pris par lui *de dire la vérité* (C. pr., 39 et 262); il n'est pas nécessaire, comme en matière criminelle, de faire prendre au témoin l'obligation de *dire toute la vérité, rien que la vérité* (C. i., 155), ou celle de *parler sans haine et sans crainte, de dire toute la vérité et rien que la vérité* (C. Inst., 317).

IV. — Serment des fonctionnaires.

Le serment des fonctionnaires doit contenir deux engagements distincts; l'un politique, l'autre professionnel.

1° Serment politique.

Le serment politique est le même pour tous les fonctionnaires; il est conçu en ces termes : « Je jure obéissance à la constitution et fidélité à l'empereur. » (Sénatus-consulte, 24-31 déc. 1852, art. 16).

2° Serment professionnel.

La formule du serment professionnel varie pour chaque profession; elle est prescrite ou par la loi ou par les instructions de l'administration supérieure; nous allons la dire pour les fonctions indiquées *supra*, § 4 :

1° *Greffier et commis greffier*, « Je promets aussi de bien et fidèlement remplir les fonctions qui me sont confiées et d'observer » en tout les devoirs qu'elles m'imposent. » (Dictionn. des justices de paix, v° *Greffier*, n° 59).

2° *Employés de l'enregistrement, du timbre, des domaines et des hypothèques*, » Je jure aussi de remplir avec fidélité les fonctions qui m'ont été départies. » (Décr., 9 mai 1791, art. 6).

3° *Employés des postes*, « Je jure aussi de garder et observer » fidèlement la foi due au secret des lettres et de dénoncer aux » tribunaux toutes les contraventions qui pourraient avoir lieu et » parviendraient à ma connaissance. » (Décr. 26-29 août 1790, art. 2).

4° *Préposés des contributions indirectes et employés des octrois*, « Je jure en outre de remplir mes fonctions avec exactitude et » probité et d'observer en tout les devoirs qu'elles m'imposent. » Cette formule est ordinairement imprimée sur les commissions.

5° *Employés aux jaugeages, mesurages et pesages publics*, « Je jure » aussi de bien et fidèlement remplir mes devoirs. » (Arrêté du 7 brumaire an 9, art. 2).

6° *Gardes champêtres et gardes des particuliers*, « Je jure également de veiller à la conservation de toutes les propriétés qui » sont sous la foi publique et de toutes celles dont la garde m'est » confiée par l'acte de ma nomination. » (L. 28 sept.-6 oct. 1791, tit. 1er, sect. 7, art. 5).

7° *Agents de la grande voirie*. La loi du 29 floréal an 10, qui prescrit la constatation des contraventions à la grande voirie ne donne pas la formule du serment professionnel que doivent prêter les agents chargés de ce service ; on pourrait, semble-t-il, appliquer à ces agents la formule suivante : *Je jure en outre de remplir mes fonctions avec exactitude et probité et d'observer en tout les devoirs qu'elles m'imposent.*

8° *Autres fonctionnaires.* Ces fonctionnaires sont dans le même cas que les agents de la grande voirie.

Pour le serment qui précède l'acte de francisation des navires du commerce, V. *Francisation.*

Servitudes. — La servitude imposée sur un héritage pour l'usage et l'utilité d'un autre héritage (C. N., 637), immeuble par l'objet auquel elle s'applique (C. N., 526), constitue un droit réel, et les contestations que ce droit engendre échappent à la juridiction des juges de paix ; le n° 1er de l'art. 5 de la loi du 25 mai 1838 en donne des exemples en n'attribuant à ces magistrats la connaissance des actions pour dommage aux champs, pour élagage des arbres et haies et pour curage des fossés et canaux, qu'autant que les droits de propriété ou de servitude ne sont pas contestés.

Cependant, en matière de servitude l'incompétence des juges de paix n'est pas absolue, puisque ces magistrats connaissent des actions possessoires,	100 fr.	toujours.	6, n° 1er.

Car l'action possessoire est recevable pour les servitudes prescriptibles sans titre, telles que celles qui dérivent de la situation des lieux (C. N., 642) ; de la destination du père de famille (C. N., 686 et 692), ou de la loi (C. N., 652) ; telles encore que le passage en cas d'enclave (C. N., 682 et s.), et les servitudes continues et apparentes (C. N., 690)—(Cass., 19 juillet 1864 ; Demolombe, n° 938 ; Curasson sur l'art. 6, n° 1er de la loi de 1838 ; Dictionnaire du Notariat, 4e édit, v° *Action possessoire*, nos 216 et s. ; Dictionnaire des justices de paix, même mot, nos 37 et s.).

Lorsque le droit de passage s'exerce sur un chemin d'exploitation entre héritages contigus, il peut faire l'objet d'une action possessoire ; à ce cas ne s'appliquent pas les règles sur le droit de passage considéré comme servitude discontinue, car il y a présomption que le sentier est la propriété commune des héritages entre lesquels il est tracé (Cass., 20 janvier 1863).

Société civile. — Les contestations qui naissent d'une société civile doivent être portées devant le juge de paix du domicile du défendeur (C. pr., 2).	100 fr.	200 fr.	1er.

V. *Action mobilière; Action personnelle; Bail à colonage; Preuve testimoniale.*

Source. — Tout trouble apporté au droit qu'a le propriétaire d'une source d'en user à sa volonté, sauf les droits que le propriétaire du fonds inférieur pourrait avoir acquis par titre ou par prescription (C. N., 641), ou d'en changer le cours lorsqu'il ne fournit pas aux habitants d'une commune, d'un village ou d'un hameau l'eau qui leur est nécessaire (C. N., 643), peut motiver une action possessoire lorsque le trouble résulte d'ouvrages établis sur le terrain du propriétaire de la source (C. N., 642; Cass., 25 août 1812, 6 juillet 1825, 27 mars 1832, 5 juillet 1837 et 15 avril 1846; Metz, 28 avril 1824; Bordeaux, 1er juillet 1834; Montpellier, 29 mai 1846.	»	toujours.	6, no 1er.

De même l'action possessoire peut se produire, lorsque le propriétaire du fonds inférieur qui reçoit les eaux provenant de l'héritage supérieur au moyen d'ouvrages apparents destinés à faciliter la chute et le cours de l'eau, ou qui en étant en possession en vertu d'un titre, en est privé par le fait du propriétaire du fonds supérieur (Cass., 24 mai 1813, 27 mars 1832 et 17 juillet 1844).

V. *Action possessoire.*

Sourd-Muet. — Aucune disposition de la loi ne frappe le sourd-muet d'incapacité; il peut légalement contracter (Cass., 30 janvier 1844) et dès lors ester en jugement; peu importe qu'il soit illettré, s'il peut complétemet exprimer sa pensée par signes (même arrêt).

Mais son infirmité jointe à son ignorance peut le réduire à un état voisin de l'idiotisme ou le rendre incapable de donner un consentement éclairé, circonstances abandonnées, dans le silence de la loi, à l'appréciation des tribunaux et qui, selon les cas, autorisent l'interdiction ou la nomination d'un conseil judiciaire (C. N., 489 et 513; Lyon, 14 janvier 1812; Rouen, 18 mai 1842).

V. *Conseil de famille*, § 3, III.

Sous-préfet. — V. *Préfet*.

Subrogé tuteur. — V. *Conseil de famille*, § 3, II.

Suppléant (Juge). — Chaque juge de paix a deux suppléants qui le remplacent, non pas par délégation, mais en vertu de la loi et seulement en cas de maladie, d'absence ou d'autre empêchement, ce dont les suppléants doivent s'assurer avant d'agir (L. 29 vent. an 9, art. 3; Cass., 6 avril 1819).

V. *Visa*.

Les suppléants remplacent le juge de paix dans l'ordre de leur nomination pour toutes les affaires de la compétence de ce magistrat (Cass., 2 frim. an 14, 7 juill. 1809, 7 nov. 1821 et 30 sept. 1831).

Ils ne sont pas tenus de résider au chef-lieu de canton (Dictionnaire des justices de paix), v° *Suppléant*.

Les suppléants remplissent des fonctions gratuites; ils n'ont même droit à aucune part du traitement du juge de paix en congé (Instr. minist. de la justice, 16 nov. 1822); mais, en cas de transport, l'indemnité allouée leur est due à titre de remboursement des frais de déplacement.

Sursis. — Les juges de paix peuvent, en considération de la position du débiteur, et en usant de ce pouvoir avec une grande réserve, accorder des délais modérés pour le payement et surseoir à l'exécution des poursuites, toutes choses demeurant en état (C. N., 1244, 1900 et 1901); mais le sursis doit être prononcé par le jugement qui statue sur le fond du procès et ce jugement doit en donner les motifs (C. pr., 122).

V. *Contrainte par corps*.

Lorsqu'une question préjudicielle nécessite le renvoi à un autre tribunal ou devant l'autorité administrative, le juge de paix, s'il est compétent sur la question du fond, doit la retenir, mais surseoir jusqu'au jugement de la question préjudicielle; en effet, la solution du fond dépend du sort de l'exception, qui doit être jugée la première.

V. *Bac; Bail administratif; Désaveu d'actes et contrats; Exceptions; Liste électorale*.

Taxes administratives. — V. *Mercuriales.*

Taxes municipales. — Les infractions aux règlements municipaux qui établissent une perception de taxe ne peuvent engendrer qu'une action civile de la compétence des juges de paix dans les limites de l'action personnelle et mobilière.

V. *Action personnelle; Action mobilière.*

Télégraphie. — Lorsque, sur une ligne de télégraphie aérienne déjà établie, la transmission des signaux est empêchée ou gênée, soit par des arbres, soit par l'interposition d'un objet quelconque placé à demeure, mais susceptible d'être déplacé, un arrêté du préfet prescrit les mesures nécessaires pour faire disparaître l'obstacle, à la charge de payer l'indemnité qui sera fixée par le juge de paix (Décr. 27 nov. 1851-10 janvier 1852, art. 9).

Les juges de paix ont mission de constater (légaliser) la sincérité des signatures mises au bas des dépêches télégraphiques (Décr. 17-23 juin 1852, art. 5).

Les procès-verbaux rapportés par les agents de surveillance assermentés, visés pour timbre et enregistrés en débet, doivent être affirmés dans les trois jours devant le juge de paix ou le maire, soit du lieu du délit ou de la contravention, soit de la résidence de l'agent (même décr., art. 10 et 11).

Témoins. — V. *Enquête.*

Terme. — V. *Exceptions*, § 3; *Sursis.*

Testament. — Les juges de paix ont qualité pour recevoir les testaments dans les lieux où toute communication est interceptée à cause de la peste ou d'autres maladies contagieuses (C. N., 971 à 980 et 985 à 987).

V. *Dépôt de testament*; *Greffier*, § 3, II; *Scellé*, § 4, I.

Timbre. — V. *Greffier*, § 4, VIII; *Légalisation*; *Livres des marchands.*

Titres. — Le juge du possessoire a le droit de s'aider des titres pour s'éclairer sur la question de la possession; mais il n'y a pas pour lui obligation de consulter les titres; la partie qui les a invoqués essayerait en vain de se faire un grief contre la décision rendue au possessoire de ce que le juge aurait refusé d'entrer dans l'examen auquel il était convié. Le juge a pu négliger les titres si l'état des lieux et les faits de possession l'éclairaient suffisamment (Cass., 14 août 1833 et 20 janvier 1863).

Titres et pièces. — V. *Dépositaires publics de titres et pièces.*

Traitement des juges de paix. — Les juges de paix ont droit à un traitement (L. 21 juin 1845) fixé par le gouvernement (Décr. 27 sept., 2 oct. 1860, art. 4).

Les droits et vacations qui leur ont été accordés par le tarif du 16 février 1807 sont supprimés; mais il leur est alloué une indemnité de transport quand ils se rendent à plus de 5 kilomètres du chef-lieu de canton (L. 21 juin 1845, art. 1er).

Cette indemnité est fixée: 1° en cas de transport à plus de 5 kilomètres, à 5 francs; 2° en cas de transport à plus d'un myriamètre, à 6 francs; si les opérations durent plus d'un jour, l'indemnité est fixée, suivant la distance, à 5 ou 6 francs par jour (Ord. 6-12 déc. 1845).

V. *Menues dépenses des justices de paix.*

Transport (Déplacement). — V. *Traitement des juges de paix.*

Transport par terre et par eau. — V. *Marchandises; Voituriers.*

Tutelle. — Le dernier mourant des père et mère a le droit de choisir un tuteur à ses enfants mineurs (C. N., 397 et s.), par acte de dernière volonté ou par une déclaration faite, soit devant le juge de paix assisté de son grffier, soit devant notaire (C. N., 392).

La mère remariée et non maintenue dans la tutelle a perdu ce droit (C. N., 399).

Le choix d'un tuteur aux enfants de son premier mariage, fait par la mère remariée et maintenue dans la tutelle, n'est valable qu'autant qu'il est confirmé par le conseil de famille (C. N., 400).

Le tuteur élu par le père ou la mère n'est pas tenu d'accepter la tutelle s'il n'est d'ailleurs dans la classe des personnes qu'à défaut de cette élection spéciale le conseil de famille eût pu en charger (C. N., 401).

Bien que la mère survivante soit tutrice légale de ses enfants mineurs, le père peut lui nommer un conseil spécial sans l'avis duquel elle ne peut faire aucun acte relatif à la tutelle; cependant la nécessité de l'avis de ce conseil peut être restreinte à certains actes spécifiés dans l'acte de nomination (C. N., 391), laquelle peut être faite par acte de dernière volonté ou par une déclaration devant le juge de paix assisté de son greffier ou bien devant notaire (C. N., 392).

V. *Conseil de famille*, notamment § 3, I.

Tutelle officieuse. — C'est le juge de paix du domicile de l'enfant qui dresse le procès-verbal des demandes et consentements relatifs à la tutelle officieuse (C. N., 361 et s.).

Tuteur. — V. *Conseil de famille; Tutelle.*

Urgence. — V. *Citation; Conciliation; Dimanches et fêtes; Ordonnances.*

Usage locaux. — Notre droit civil, composé avant 1789 d'usages et de précédents aussi variés, aussi divers que les circonstances et les lieux qui les avaient fait naître, a été depuis uniformément codifié pour toute la France, que le législateur a soumise à une unité de forme et à des règles identiques; cependant, pour quelques cas assez rares, le nouveau droit se réfère aux usages locaux dont il doit être fait application; c'est ainsi que dans les matières suivantes les usages locaux ont conservé toute leur force, savoir :

1° Coupe de bois par l'usufruitier (C. N., 590 et 593);

2° Contestations entre propriétaires auxquels les eaux courantes peuvent être utiles (C. N., 644 et 645; L. 14 floréal an 11, art. 1er; 29 avril 1845; 10 juin 1854);

3° Hauteur des murs de clôture entre voisins (C. N., 663);

4° Distances prescrites pour les plantations d'arbres et haies (C. N., 671);

5° Distances et ouvrages prescrits pour creuser un puits ou une fosse d'aisance près d'un mur mitoyen ou non; y construire cheminée ou âtre, forge, four ou fourneau, y adosser une étable, ou établir contre ce mur un magasin de sel ou amas de matières corrosives (C. N., 674);

6° A défaut de convention, durée de bail à loyer de maison, ou de bail des meubles fournis pour garnir une maison entière, ou un corps de logis entier, ou tous autres appartements (C. N., 1757);

7° Durée de bail d'un appartement meublé (C. N., 1758);

8° Délai pour donner congé, soit que le bail ait été fait sans écrit (C. N., 1736); soit qu'après l'expiration d'un bail écrit, il y ait eu tacite reconduction (C. N., 1708 et 1759);

9° Réparations de menu entretien à la charge du locataire (C. N., 1754);

10° Payement anticipé du sous-locataire (C. N., 1753);

11° Choses à laisser entre les fermiers entrant et sortant (C. N., 1777);

12° Interprétation de clauses ambiguës (C. N., 1159);

13° Clauses non exprimées au contrat (C. N., 1137 et 1160).

Lorsque l'usage allégué n'est pas contesté, si son existence est généralement connue, le juge doit l'admettre comme constant;

dans le cas contraire, la partie qui l'invoque doit en faire la preuve (C. N., 1315).

A défaut de preuve écrite, la preuve testimoniale peut être admise (Bourges, 16 oct. 1830; Poitiers, 7 janv. 1834).

A défaut de règlement ou d'usage local, il faut consulter ceux de l'arrondissement ou du département (Moniteur des tribunaux, 1863, p. 617).

Vacations. — V. *Traitement des juges de paix.*

Ventes. — Les juges de paix ont qualité pour autoriser plusieurs ventes par ordonnances. V. *Bois et forêt; Douane; Lazaret; Marchandises; Octroi; Ordonnances.*

Vices rédhibitoires. Le juge de paix du domicile du défendeur (C. pr., 2) connaît des actions pour vices rédhibitoires (C. N., 1641 et s.; L. 20 mai 1838).	100 fr.	200 fr.	1er.

Mais c'est le juge de paix du lieu où se trouve l'animal qui nomme l'expert ou les experts chargés de la vérification du vice (L. 20 mai 1838, art. 5).

Visa. — Sont soumis au visa du juge de paix :

1° Le jour même de leur remise au greffe, les actes reçus sans la participation du greffier par les suppléants des juges de paix, à raison des difficultés de communication (Décis. minist., 13 août 1810);

2° Les citations données à l'Etat, au trésor public, aux administrations et établissements publics, à l'Empereur pour les domaines et aux communes (C. pr., 69 et 70) ;

3° Ceux des rapports de douanes qui sont dispensés de la formalité de l'enregistrement. V. *Enregistrement.*;

4° Les certificats de vie délivrés par les maires aux rentiers viagers et pensionnaires de l'Etat, qui, pour cause de maladie ou d'infirmités, ne peuvent se transporter au domicile du notaire certificateur de leur arrondissement (Décr., 23 sept. 1806, art. 1er);

5° Les certificats d'indigence délivrés pour faciliter le mariage des indigents, la légitimation de leurs enfants naturels et le retrait de ces enfants déposés dans les hospices (L. 10 déc. 1850, art. 6);

6° Les états de frais du greffier. V. *Greffier*, § 4, x.

V. *Légalisation.*

Visa pour timbre. — En règle générale, les actes qui jouissent de la faculté du visa pour timbre gratis peuvent être présentés simmultanément à la double formalité du visa pour timbre et de l'enregistrement gratis (Décis. du ministre des finances du 20 mars 1843; Instruct. générale, n° 1689).

Il en est de même des actes qui jouissent de la faculté du visa pour timbre en débet (Circul., 1155, 1566, § 14, 33 et 34; Instr. générale, 290, § 7, 400, n° 2, 613, 953, 1074, 1102, 5696 et 6353, Journal de l'enregistrement).

V. *Greffier*, § 4, VIII.

Visite de lieux. — Les juges de paix peuvent ordonner que l'enquête soit faite sur les lieux lorsque la vue de ces lieux leur paraît utile pour faciliter l'intelligence des dépositions, spécialement dans les actions pour déplacement de bornes, usurpations de terres, arbres, haies, fossés ou autres clôtures et pour entreprises sur les cours d'eau (C. pr., 38).

Ils doivent ordonner la visite lorsqu'il s'agit soit de constater l'état des lieux, soit d'apprécier la valeur des indemnités et dédommagements demandés (C. pr., 41).

Le jugement qui ordonne la visite des lieux doit en énoncer clairement l'objet avec les faits et circonstances (C. pr., 34).

Le greffier accompagne le juge et porte la minute du jugement préparatoire (C. pr., 30).

Dans les affaires en premier ressort, il est dressé procès-verbal de la visite (C. pr., 42); dans celles en dernier ressort, l'opération est constatée par le jugement (C. pr., 43).

Il est procédé immédiatement au jugement ou, au plus tard, à la première audience (C. pr., 39).

V. *Enquête; Expertise.*

Il n'est alloué d'indemnité de transport aux juges de paix qu'autant que le transport, expressément requis par l'une des parties, a été trouvé nécessaire par le juge (Tarif du 16 février 1807, art. 8).

V. *Transport.*

Visite des navires du commerce. V. *Navire.*

Voies de fait. V. *Rixes.*

Voitures de voyage. — Les contestations pour fournitures, salaires et réparations faites aux voitures de voyage (C. N., 1787 et s.) doivent être portées devant le juge de paix du domicile du défendeur (C. pr., 2; L. 11 avril 1838, art. 1er).	100 fr.	1500 fr.	2, n° 4.

Voituriers par terre et par eau. — Les contestations pour retards, frais de route et avaries d'effets (C. N., 1382 et s.; 1782 et s ; C. comm., 106 à 108) doivent être portées devant le juge de paix du domicile du défendeur, (C. pr., 2; L. 11 mai 1838, art. 1er).	100 fr.	1500 fr.	2, n° 3.

V. *Avarie et perte d'effets*; *Contrainte par corps; Dépôt nécessaire; Marchandises; Messageries; Naufrage*; *Navire*; *Ordonnances.*

Voyage (indemnité de). — V. *Traitement des juges de paix.*

Voyageurs. — V. *Aubergistes; Voitures de voyages; Voituriers par terre et par eau.*

ERRATA-APPENDICE.

AU FAUX-TITRE :

Ligne 9, *lisez :* matières de simple police.

A L'INTRODUCTION :

Page VI, ligne 19, *lisez :* officiers de police judiciaire...

Pag. VII, ligne 16 et 17, *lisez :* ne peuvent pas être pour eux une lettre morte; ils doivent...

AU TEXTE :

Page 1, au titre ; *lisez :* attributions extrajudiciaires et administratives.

— 4, après la 6e ligne, *ajoutez :* De celles intentées par les commis ou facteurs contre leurs patrons, en payement des sommes dues par ces derniers pour appointements, et des demandes reconventionnelles formées par les patrons contre leurs commis en restitution de sommes qui auraient été détournées (Cass., 20 mars, 1865).

— 7, ligne 9, *lisez :* nouveau détenteur.

— » lig. 27, *lisez :* injure ou diffamation.

— 15, après la ligne 23, *ajoutez :* Cependant il a été jugé que le maire, autorisé par le conseil de préfecture à intenter une action, peut agir sans le concours et malgré le refus d'autorisation du conseil municipal; du moins que l'autorité judiciaire ne peut pas déclarer l'action non recevable, tant que l'arrêté du conseil de préfecture n'a pas été annulé par l'autorité compétente (Cass., 7 mars 1865; Besançon, 16 février 1864).

— » lig. 29, *ajoutez :* et 8 mai 1865, chambre des requêtes.

— » lig. dernière : remplacez le point par deux points.

— 16, lig. 18, *ajoutez :* Toutefois, la Cour de Paris a décidé, les 20 juin 1863 et 9 décembre 1864, que les juges de paix sont seuls compétents, aux termes de l'art. 2 de la loi du 25 mai 1838, pour connaître des contestations entre les voyageurs et les voituriers, relativement aux pertes et avaries d'effets accompagnant les voyageurs, alors même que ces contestations présentent un caractère commercial (*Annales des justices de paix*, 1865, p. 54).

Pag. 23, lig. 29, *ajoutez : Bail à loyer de meubles.*

— 25, lig. 11, *ajoutez :* Le juge de paix saisi d'une action en bornage, ayant à appliquer les titres aux terrains, peut en interpréter à cette fin les stipulations, si les parties ne soulèvent pas devant lui des prétentions contraires sur cette interprétation. Il n'y a pas alors contestation dans le sens du n° 2 de l'art. 6 de la loi de 1838, par laquelle le juge devrait se déclarer incompétent (Cass., 26 avril 1865).

— 29, lig. 36, *ajoutez : Bail à loyer de meubles.*

— — dernière ligne, *au lieu de :* 9 novembre 1864, *lisez :* 19 décembre 1864.

— 31, lig. 9, *ajoutez :* La compétence du juge de paix s'étend au cas où le terrain annexé à la voie publique est couvert de constructions (Cass., 21 décembre 1864).

— 41, lig. 6, *lisez :* accomplis au moment de sa nomination, ou de 70 ans, s'il a été nommé avant d'avoir 65 ans.

— 47, après la ligne 6, *ajoutez* le paragraphe suivant :

Désaveu de paternité. C'est par le conseil de famille et non par le tribunal que doit être nommé le tuteur *ad hoc* dont l'art. 318 C. N. veut que l'enfant mineur soit pourvu pour défendre à l'action en désaveu de paternité. Et c'est d'après les règles de l'art. 407 du même Code que doit se former le conseil de famille appelé à nommer ce tuteur (Cass., 14 mai 1854 et 9 mai 1864; Paris, 22 juin 1842; Liége, 3 mai 1853).

— 64, lig. 4, *ajoutez :* et l'errata-appendice sur la page 47.

— 74, lig. 16 et 17, *lisez :* Si les reproches sont admis...

— 96, ligne dernière, *lisez :* certificat régulier d'indigence.

— 97, lig. 10, *ajoutez : V. Visa pour timbre.*

— 101, 2e colonne du tableau, 2e ligne de chiffres, *lisez :* 5 fr. » c.

— 116, lig. 23, *lisez : Moniteur des tribunaux.*

— 117, lig. 29, *ajoutez :* Et même après avoir décidé qu'il irait visiter les lieux, ordonner que cette visite se fera par délégation (Cass., 8 mai 1865, chamb. civ).

Pag. 124, lig. 19, *lisez :* et à celles...
— 129, lig. 3, *au lieu de :* 4 juin 1863, *lisez :* 4 juin 1853.
— 132, lig. 3, *remplacez:* le point-virgule par une virgule.
— » lig. 33, *lisez :* même loi, art. 26; Conseil d'État, 2 septembre 1829.
— 140, lig. 35, *lisez :* des 27 janvier...
— 141, lig. 15, *lisez :* pour connaître des difficultés...
— » lig. 24, *lisez :* devant le juge de paix.
— 143, lig. 15 et 16, *lisez :* par voie d'exception à...
— 181, lig. 12, *ajoutez :* V. *Visite de lieux.*

Paris. — Imprimerie de E. DONNAUD, rue Cassette, 9.

www.ingramcontent.com/pod-product-compliance
Ingram Content Group UK Ltd.
Pitfield, Milton Keynes, MK11 3LW, UK
UKHW020123200726
13856UKWH00002B/701